JACOB - RODRIGUES

PEREIRE.

OUVRAGES DU MÊME AUTEUR.

(35, Rue du Rocher).

———

1º Résumé de ce que nous avons fait pendant quatorze mois, ESQUIROL et SEGUIN, 1838.

2º Conseils à M. O. sur l'éducation de son enfant idiot, 1839.

3º Théorie et pratique de l'éducation des idiots (leçons aux jeunes idiots de l'hospice des Incurables, à Paris, deux semestres, deux livraisons, 1841-1842).

4º Hygiène et éducation des idiots, 1 vol., 1843.

5º Images graduées à l'usage des enfans arriérés et idiots, 1846.

6º Traitement moral, hygiène et éducation des idiots et des autres enfants arriérés ou retardés dans leur développement, agités de mouvements involontaires, débiles, muets, bègues, etc., 1846.

Sous presse.

7º Éducation physiologique, 2 vol.

8º Traitement du bégaiement, broch.

IMPRIMERIE DE A. GUYOT,
rue Neuve-des-Mathurins, nº 18.

PEREIRE

Premier Instituteur des Sourds et Muets en France (1744-1780), Pensionnaire
et Interprète du Roi, Membre de la Société Royale de Londres, etc.,

NOTICE

SUR SA VIE ET SES TRAVAUX,

ET

ANALYSE RAISONNÉE DE SA MÉTHODE,

Par EDOUARD SEGUIN,

PRÉCÉDÉES

DE L'ÉLOGE DE CETTE MÉTHODE

PAR BUFFON.

PARIS,

J.-B. BAILLÈRE, LIBRAIRE DE L'ACADÉMIE ROYALE DE MÉDECINE,
Rue de l'École-de-Médecine, 17.
A. GUYOT ET SCRIBE, IMPRIMEURS-LIBRAIRES,
Rue Neuve-des-Mathurins, 18.
LONDRES. H. BAILLÈRE, 219, REGENT STREET

1847

AVANT-PROPOS.

Obligé, par la nature de mes travaux, de rechercher les écrits des auteurs qui ont traité avant moi la question de l'enseignement de la parole, j'en ai compulsé beaucoup, avant de remarquer dans Buffon le passage suivant :

Un sourd de naissance est nécessairement muet ; il ne doit avoir aucune connaissance des choses abstraites et générales. Il serait cependant possible de communiquer aux sourds ces idées qui leur manquent, et même de leur donner des notions exactes et précises des choses abstraites et générales

1

par des signes et par l'écriture. Il y en a
même dont on a suivi l'éducation avec assez
de soin pour les amener à un point plus difficile encore, qui est de comprendre le sens
des paroles par le mouvement des lèvres de
ceux qui les prononcent; rien ne prouverait
mieux combien les sens se ressemblent au
fond, et jusqu'à quel point ils peuvent se
suppléer...

Nous pouvons citer à ce sujet un fait tout
nouveau dont nous venons d'être témoins.
M. Jacob Rodrigues Pereire, Portugais (1),
ayant cherché les moyens les plus faciles
pour faire parler les sourds et muets de
naissance, s'est exercé assez long-temps
dans cet art singulier pour le porter à un
grand point de perfection. Il m'amena, il y
a environ quinze jours, son élève, M. d'Azy
d'Étavigny. Ce jeune homme, sourd et muet
de naissance, est âgé de dix-neuf ans; M. Pe-

(1) On appelait alors indifféremment *Juifs portugais* ou *nouveaux chrétiens* les premiers Israélites admis légalement en
France par les ordonnances de Henri II.

reire entreprit de lui apprendre à parler, à lire, etc..., au mois de juillet 1746; au bout de quatre mois, il prononçait déjà des syllabes et des mots; et, après dix mois, il avait déjà l'intelligence d'environ treize cents mots, et il les prononçait tous assez distinctement. Cette éducation, si heureusement commencée, fut interrompue pendant neuf mois par l'absence du maître, et il ne reprit son élève qu'au mois de février 1748. Il le trouva bien moins instruit qu'il ne l'avait laissé; sa prononciation était devenue très-vicieuse, et la plupart des mots qu'il avait appris étaient sortis de sa mémoire, parce qu'il ne s'en était pas servi pendant un assez long temps pour qu'ils eussent fait des impressions durables et permanentes. M. Pereire commença donc à l'instruire, pour ainsi dire, de nouveau, au mois de février 1748, et, depuis ce temps, il ne l'a pas quitté jusqu'à ce jour (juin 1749). Nous avons vu ce jeune sourd et muet à l'une de nos assemblées de l'Académie; on lui a fait plusieurs questions par écrit, il y a très-

bien répondu, tant par l'écriture que par la
parole ; il a, à la vérité, la prononciation
lente et le son de la voix rude (1), mais cela
ne peut guère être autrement, puisque ce
n'est que par l'imitation que nous amenons
peu à peu nos organes à former des sons
précis, doux et bien articulés, et comme ce
jeune sourd et muet n'a pas même l'idée
d'un son, et qu'il n'a par conséquent jamais
tiré aucun secours de l'imitation, sa voix ne
peut manquer d'avoir une certaine rudesse,
que l'art de son maître pourra bien corriger
peu à peu et jusqu'à un certain point. Le
peu de temps que le maître a employé à
cette éducation, et les progrès de l'élève,
qui, à la vérité, paraît avoir de la vivacité
et de l'esprit, sont plus que suffisants pour
démontrer qu'on peut, avec de l'art, ame-

---

(1) Ce qu'il y a d'étonnant, ce n'est pas que la prononciation du jeune d'Azy fût lente, ni que sa voix fût rude, c'est
que, n'ayant jamais émis un son de la voix humaine, ni une
articulation jusqu'à l'âge de seize ans, il se soit trouvé une
méthode assez puissante, un maître assez ingénieux et assez
dévoué pour ressusciter en lui la fonction de la parole.

ner tous les sourds et muets de naissance au point de commercer avec les autres hommes ; car je suis persuadé que, si l'on eût commencé à instruire ce jeune sourd et muet dès l'âge de sept ou huit ans, il serait actuellement au même point où sont les sourds qui ont autrefois parlé, et qu'il aurait un aussi grand nombre d'idées que les autres hommes en ont communément (1).

Telle est l'opinion de Buffon sur Pereire, telle est l'opinion que Pereire a su inspirer à Buffon.

Eh quoi !....... Il y a aujourd'hui cent ans que Pereire a montré en France le prodige de sourds de naissance auxquels il avait appris à parler ; que Buffon proclamait, devant l'Académie royale des Sciences, Pereire l'homme unique, l'homme nécessaire de cet art inconnu ; que la Société royale de Londres ouvrait ses rangs à Pereire, dont le nom venait d'être inscrit dans *l'Histoire naturelle ;* et le nom de Pereire est oublié (2), et sa méthode est

(1) Buffon, *Hist. nat.*, 1ʳᵉ édit.

(2) Quand je dis oublié, j'entends que l'on n'a pas permis à ce nom de descendre dans les masses ; car, pour les hommes spéciaux, ils connaissent si bien, pour la plupart, la puissance de ce nom, qu'ils se gardent de le prononcer.

perdue!... La Renommée est-elle donc aveugle comme l'Amour et la Fortune, qu'elle puisse ainsi fausser compagnie à un homme qu'elle avait pris en quelque sorte par la main dès le début de sa carrière, et qu'elle a laissé s'éteindre dans l'obscurité? Ou bien les hommes sont-ils donc si oublieux des services rendus, que celui auquel ils ont fait entendre le doux nom de gloire n'ait pas même survécu à sa mort physique? Ou encore Palissot avait-il raison de supposer que la qualité de juif avait pu être la cause de ce déni de justice, et la raison de la mise hors la science de ce courageux penseur, qui porta si noblement ce nom de juif, proscrit ou toléré? Ou bien, enfin, ne sait-on plus lire en France, si Buffon n'y est pas lu, et si ses jugements souverains, auxquels l'Europe entière souscrit encore, n'ont plus même chez nous la force d'une mention honorable?..... Tristes suppositions qui m'assaillirent à la lecture de ce passage, où Buffon semble formuler une protestation anticipée contre l'injustice qui allait se consommer.

Toutefois, pour désirer connaître, dans leurs minutieux détails, les travaux du modeste audacieux qui avait tenté de rendre la parole aux sourds et muets, il fallait être pressé du besoin de remonter à la source d'une méthode féconde en résultats imprévus. Alors je ne tardai pas à m'apercevoir qu'en recherchant une méthode perdue, je retrouvais, dans l'auteur de cette méthode, une des têtes éminentes du dix-huitième siècle.

A cette découverte, consulter les documents imprimés de cette époque, recourir aux titres de famille qui me furent ouverts par les petits-fils de Jacob Rodrigues Pereire eux-mêmes, et par leur respectable oncle, M. J. Rodrigues, tel fut mon premier élan.

Dans les pièces accumulées devant moi par la piété de la famille, que ne vis-je pas? Jacob Rodrigues Pereire dévoué à son art jusqu'à l'oubli de ses intérêts, et ne laissant pour héritier de sa découverte qu'un enfant ; la révolution prenant cet enfant et en en faisant un soldat, qui devint plus tard négociant, parce que le désintéressement de son père ne lui avait pas laissé d'autres ressources ; ce fils, toujours occupé de revendiquer la gloire paternelle, au milieu du souci constant des affaires, mourant lui-même et ne laissant qu'une veuve et des enfants de deux à six ans ; ces enfants, élevés par leur mère dans le ferme espoir de relever la gloire de leur aïeul, arrivés à l'âge viril, faisant venir à eux la dernière élève de Pereire, et lui demandant le secret qu'il lui avait confié ; et cette femme, qui avait appelé en vain pendant quarante années les héritiers de Pereire pour leur rendre ce dépôt sacré, elle arrive si vieille, en 1823, — Pereire l'instruisait en 1756 —, que sa mémoire se trouble,

que ses souvenirs vacillent, et que la méthode de son
maître ne peut sortir de cette bouche de sourde et
muette de naissance qui parle encore, mais qui ne
peut plus répéter que les témoignages de sa reconnaissance.

En recueillant les pages égarées de cette vie
pleine de dévouement, je voyais surgir les principes vrais de l'art que Pereire avait élevé au plus
haut degré de perfection, et qui, depuis lui, n'a pu
se maintenir à la hauteur d'une pratique scientifique.
Je compris alors qu'en racontant le courage et les
déceptions de cet homme de cœur, je n'avais dit
que la moitié de son existence ; la vie intellectuelle
aurait manqué à ce portrait du dernier représentant
de la science secrète de nos aïeux : Isis voilée, dont
ont trop médit les disciples de la science moderne ;
je vis que ma Notice sur Pereire ne serait complète
qu'à la condition de la faire suivre de considérations
étendues sur sa méthode.

J'ai déjà eu ailleurs (1) occasion de relever la lé-
gèreté avec laquelle sont traités trop souvent les
procédés anciens ; et notamment (en ce qui regarde le traitement des aliénés), j'ai montré que de
tous les traitements qui leur ont été appliqués, le
premier en date comme en mérite, le *traitement*

(1) *Traitement moral de l'Idiotie*, p. 718.

moral, était une découverte fort ancienne que les Espagnols ont, sinon faite, du moins portée à son plus haut degré de perfection. Par un singulier hasard, — et le hasard ici est du génie, — les Espagnols, qui ont créé le traitement moral de l'aliénation mentale, se trouvent avoir inventé, non pas une fois, mais deux fois la méthode d'éducation physiologique des sourds et muets. Une fois, Pierre Pons la découvre, l'applique, et meurt emportant son secret; une seconde fois, Pereire (Espagnol), le premier en France, instruit et fait parler des sourds et muets, mais il meurt également sans dire sa méthode : et un Français, étranger à la tradition scientifique de cet art y attache irrévocablement son nom. Second hasard, — et celui-ci est bien positivement aveugle, — qui dépouille par deux fois une nation de son plus beau titre de gloire; car, qui songe aujourd'hui à Pierre Pons, à Pereire et à l'Espagne (1), berceau de l'art d'instruire les sourds et muets ?

La France du dix-huitième siècle, qui n'avait ce-

---

(1) J'ai réservé exprès pour la fin, dans la vue de fermer avec une clé d'or ce discours et tout le livre, la plus noble invention espagnole, invention à laquelle on peut accorder la préférence sur toutes celles que l'on connaît : *ce secret merveilleux* est l'art de faire parler les muets sourds de naissance (don Feyjoo, *Cartas eruditas*).

pendant pas besoin d'ajouter ce rayon à son auréole, a cru pouvoir, au nom de la philanthropie, s'attribuer cette découverte ; mais ce pieux sacrilége ne lui a pas porté bonheur. Depuis que l'art d'instruire les sourds et muets, fallacieusement appelés *sourds-muets*, est devenu une invention française, il est tombé dans une impuissance qui équivaut à l'abdication.

Et c'est là le fait qui ressortira de la seconde partie de cet ouvrage. La méthode d'enseignement des sourds et muets qui a prévalu chez nous, il y a soixante-quinze ans, parce que son auteur l'offrit pour rien, a déjà coûté des millions et elle n'est pas encore formulée !... Chaque professeur l'enseigne à sa manière, chaque élève l'emploie à la sienne, chaque institution a son systême, chaque livre *ad hoc* y apporte quelque modification : l'anarchie est partout, le progrès n'est nulle part. La pratique se partage entre les novateurs impuissants et les indifférents qui exploitent le sourd et muet, comme on exploite ailleurs le malade, l'aliéné, l'invalide ; et le pouvoir central hésitant, à bon droit, entre un présent insoutenable et des projets impossibles, ne manifeste qu'un mécontentement vague, mais profond.

Personne, parmi les hommes compétents et désintéressés, ne se dissimule la gravité des désordres qui minent les institutions fondées à la voix du bon abbé de l'Épée ; mais, personne, en France du moins, ne veut remonter à l'origine de ces désordres qui menacent de faire rentrer les sourds et muets dans l'isolement, dont on avait conçu l'espoir de les tirer.

Tous les praticiens, les plus droits comme les plus adroits, se trouvent chez nous tellement engagés sur cette question, qu'aucun d'eux n'ose lever les yeux au-delà de la date (1771) des premiers écrits de l'abbé de l'Épée.

Si vous insinuez que Pierre Pons (1), et depuis lui nombre de physiologistes ont réussi en Allemagne, en Italie, en Espagne, à instruire des sourds et muets, on vous répondra : où sont leurs livres ? Si vous montrez les écrits de Cardan, de Bonnet, de Wallis (2), d'Amman, ce sont des théories ; si vous lisez dans Buffon, dans Rousseau, dans Diderot, la preuve impérissable des éclatants succès de Pereire, on s'écriera qu'il n'eut point d'école, et qu'il emporta son secret.

---

(1) « Abdormivit in Domino F. Petrus de Ponce hujus omniensis domus benefactor, qui inter cæteras virtutes, quæ in illo maximè fuerunt, in hoc præcipuè floruit, ac celeberrimus toto orbe fuit habitus, silicet mutos loqui docendi : obiit anno 1584, in mense augusto (*Extr. du Nécr. du Mon. d'Ona*).

(2) C'est l'illustre mathématicien d'Oxford. Du reste, on verra plus loin qu'aucun homme médiocre n'a osé se mesurer avec l'enseignement des sourds et muets tant que cette question est restée une affaire de science.

Il en avait donc un?

C'est là le point qu'il s'agit d'examiner.

Et si ce secret, qui a produit les merveilleux résultats qui sont consignés dans l'*Histoire naturelle* de Buffon et dans l'histoire de l'Académie des sciences, était devenu aujourd'hui la seule méthode acceptable d'instruire les sourds et muets ; et si ce secret n'avait pas été si mystérieusement célé par l'inventeur, qu'il ne fût possible de le retrouver, et de remettre en vigueur cette excellente pratique, qui a eu pour elle les suffrages de tous les hommes compétents du dix-huitième siècle, il arriverait que, du même coup, on aurait rendu un éminent service à une classe nombreuse d'infortunés, et un tardif hommage à un nom qui a été étouffé dans le complot du silence.

Or, il est constant, malgré les intérêts qui s'obstinent à taire ce nom, que Pereire, le premier en France, instruisit méthodiquement des sourds et muets.

Il est constant qu'il ouvrit le premier, à Paris, une école de sourds et muets, et qu'il eut dans cette école plusieurs élèves réunis (de 1749 à 1780), pendant plus de trente et un ans.

Il est constant que, à l'égard des élèves trop âgés pour apprendre jamais à parler aisément, son enseignement suppléait à la faculté de la parole par la *dactylologie*, langage manuel aussi prompt que la parole, aussi précis que l'écriture; et il est constant que le premier, le seul en France, il réussit à faire parler des sourds et muets, *comme parle tout le monde;* et il est possible que les renseignements que nous avons recueillis et les déductions que nous avons nous-même tirées de ces renseignements, permettent un jour de reconstituer cette partie de la méthode de Pereire.

Enfin, il est avéré que les maîtres français les plus distingués tentent de reconstruire la dactylologie de Pereire, sans le nommer; tandis que l'Allemagne et l'Italie, moins oublieuses, essaient, avec Pereire, l'enseignement de la parole; et que, plus justes, elles prononcent encore son nom comme celui d'un des bienfaiteurs de l'humanité.

JACOB RODRIGUES PEREIRE.

Jacob Rôdrigues Pereire naquit à Berlanga, ville de l'Estramadure, le 11 avril 1715 ; il était un des fils aînés de Abraham Rodrigues Pereire et de Abigaïl-Ribca Rodriguez qui eurent neuf enfants. Il se distingua très-jeune dans les sciences mathématiques, et tout porte à croire qu'il n'embrassa pas d'autre carrière que celle de l'étude.

Mais quand, comment et pourquoi Pereire commença-t-il à s'occuper des sourds et muets? Questions délicates ou obscures qui touchent à la conscience, et que nul scrutateur ne saurait sonder. Pourquoi cet homme chercha-t-il à accomplir une œuvre réputée impossible? Par quelle voie secrète fut-il conduit à ce but, qui avait alors sa folie comme la croix? Qui peut le dire? Pourquoi l'oiseau monte-t-il au ciel? Pourquoi la feuille va-t-elle se perdre dans le torrent?.....

S'il était permis de sonder une conscience avec une

autre conscience, je chercherais dans la mienne, et
je trouverais peut-être ce qu'on ne saurait trouver
dans les livres. Ainsi, je relevais à peine d'une maladie mortelle, fermement convaincu que, si je re-
naissais à la vie, ce ne pourrait être que pour accomplir une œuvre unique et singulière à laquelle
j'étais destiné; un idiot se présente, je le soigne,
ayant encore besoin de soins moi-même; et ma vocation se décide, et, à travers toutes les disgrâces
que me suscite une rivalité impudente, je poursuis,
et me voue au traitement de l'idiotie, comme on se
vouait au cloître : je reste avec ma tâche, seul,
comme Siméon-Stylite.

Et Pereire, qui a pu le porter à se mesurer avec
cet autre impossible, le mutisme des sourds de
naissance? *L'amitié et la communication d'une personne muette, lui a suscité cette idée.* Cet homme,
qui n'a pas eu de plus grand ennemi que sa modestie, n'en dit pas davantage, et je dois à sa mémoire de respecter son sentiment le plus délicat, en
n'ajoutant pas un mot à celui-ci, qu'il ne dit qu'une
fois (1). Quand Pereire commença, il sortait presque
de l'adolescence : il continua jusqu'à sa mort; il
souffrit toutes les angoisses de l'enfantement d'une
idée, toutes les tortures de la déception, sans se

(1) Discours prononcé par Pereire devant l'Académie des Belles-Lettres de Caen.

plaindre; il endura tout pour cette idée, et mourut dans son dévouement à cette cause qu'il avait aimée.

Il est aisé de rattacher cette circonstance décisive de sa vie et de sa vocation à une date précise, car dès 1734, c'est-à-dire à dix-neuf ans, Pereire recevait une lettre sur laquelle il a écrit de sa main : *répondu ce 9 septembre* 1734, qui prouve qu'il recherchait dejà les documents propres à s'éclairer sur ce point, où la tradition était si obscure, qu'elle passait par le monde pour apocryphe.

Voici cette lettre, qui montre mieux que je ne pourrais le faire, l'estime particulière que le talent de ce jeune homme inspirait déjà à un érudit.

« Puisque vous voulez, Monsieur, que je vous envoie ce que je trouve dans mes recueils sur les sourds et muets de naissance, vous allez être obéi (suit une longue nomenclature d'ouvrages à consulter sur cette question). Je trouve dans mes recueils plusieurs autres choses sur les sourds *ou* muets, mais il ne s'agit pas de ceux qui le sont de naissance.

« Voilà, Monsieur, les matériaux grossiers que j'ai trouvés dans mes recueils ; ce n'est qu'une table, mais, *à un entendeur comme vous*, il ne faut qu'un demi-mot, et vous surpasserez aisément ceux qui vous ont précédé.

« De Bordeaux, ce 23 aoust 1734.

« *Signé*, BARBOT. »

Cette lettre trouva donc Pereire déjà occupé des sourds et muets en 1734, c'est-à-dire vers le temps où ses rivaux étaient encore, pour me servir de la charmante expression de Conrad Amman, dans les espaces imaginaires. Remarquons en passant que s'il ne se fût agi que de copier l'un ou l'autre des écrivains qui ont publié des traités généraux sur l'art de faire parler les muets, Pereire pouvait le faire dès ce temps-là, et produire des élèves parlants ; car il était déjà, à dix-neuf ans, *un bon entendeur*, comprenant à demi-mot. Mais, selon le pronostic de M. Barbot, dont nous ne savons autre chose, sinon qu'il avait la connaissance des livres et la préscience des hommes, Pereire devait surpasser tous ceux qui l'avaient précédé dans l'enseignement des sourds et muets.

Quels travaux préparatoires fut-il obligé de faire pour atteindre ce haut point de perfection dans un art négligé de son temps? C'est ce que l'on ignore : il est à croire que ces travaux furent pénibles et lents, car il n'en transpira rien pendant dix ans, sinon qu'il recevait chez lui, gratuitement, des sourds et muets ; qu'il les instruisait et essayait de les faire parler : plusieurs témoins oculaires l'attestent ; mais les résultats de ses efforts ne sont consignés nulle part. Tout ce que l'on sait de Pereire durant cette période, c'est qu'il vint se fixer à Bordeaux avec sa mère et ses sœurs ; qu'il s'y acquit promptement l'estime générale; que M. le comte de St-Florentin le distingua, quoique Pereire fût bien jeune encore; que son avis eut du poids dans les affaires de la nation juive de la Guyenne, et que l'on reconnaît *son style,* dit l'auteur de l'histoire des juifs de Bordeaux, dans l'ordonnance par laquelle le Roi régla alors l'état des juifs Portugais et Avignonnais. Si ces preuves par déduction ne suffisaient pas, nous en trouverions de toutes faites dans les certificats que Pereire reçut à diverses reprises de ses co-religionnaires pour les bons offices désintéressés qu'il se plut toujours à leur rendre.

Quelques soins d'ailleurs que lui occasionnât sa position, Pereire n'en poursuivait pas moins dans le silence les études pour lesquelles il s'était renseigné aux sources précieuses que possédait M. Barbot. Il ne serait pas impossible que le désir de s'assurer le concours de cet érudit distingué eût contribué à la résolution que le jeune Pereire avait prise de fixer sa résidence à Bordeaux. Là, bien renseigné sur la tradition, plein d'une ardeur juvénile, après avoir lu, médité et expérimenté long-temps, il chercha à appliquer ses théories sur l'enseignement de la parole aux sourds et muets.

Cette occasion se fit-elle attendre? Fit-il plusieurs tentatives infructueuses avant de réussir? Plusieurs de ses élèves apprirent-ils à parler avant que l'occasion se présentât de donner des preuves de son art? L'une et l'autre hypothèse sont admissibles, mais incertaines. L'histoire ne se compose que de faits avérés, et le premier fait avéré est celui que je vais rapporter.

C'est au commencement de 1745, après dix ans d'études tenues secrètes, que Pereire, se trouvant à La Rochelle, fut sollicité de produire en public un enfant de treize ans, nommé Aaron Beaumain, qu'il avait mis en état, en peu de jours, de connaître et de *nommer* les lettres de l'alphabet, et même d'articuler certaines phrases usuelles : l'expérience en fut faite plusieurs fois devant l'Académie et au collège des jésuites.

A ces expériences inouïes en France, assistait M. d'Azy d'Etavigny, directeur des cinq grosses fermes de La Rochelle. Ce n'était pas un curieux ordinaire, ce directeur des cinq grosses fermes, c'était un homme riche, influent, et qui plus est, le père d'un enfant sourd et muet de naissance, que tous les médecins célèbres de l'Europe avaient déclaré incurable. La première chose à faire pour un homme comme M. d'Etavigny, confier son fils à Pereire, ce fut précisément ce qu'il ne fit pas, — il était directeur des cinq grosses fermes de La Rochelle. — Pereire aurait fait payer son temps ; acheter le livre d'Amman était plus économique. Cette considération l'emporta dans l'esprit de M. d'Etavigny, qui envoya le livre d'Amman à deux savants hommes de ses amis, le prieur dom Cazeaux et le bénédictin dom Bailleul, Principal du collége de Beaumont, où était son fils, *pour, par eux, être fait au coût d'une éducation ordinaire, ce que Pereire avait fait à La Rochelle.*

Dom Cazeaux et dom Bailleul acceptèrent le livre par amour pour la science, et se mirent, à l'envi l'un de l'autre à lire et à commenter Amman, à gesticuler et à vociférer avec le jeune d'Azy. Ils n'ignoraient pas sans doute, ces deux bénédictins, que le livre du célèbre médecin d'Amsterdam n'était qu'un prospectus savant d'une pratique tenue secrète, les inventeurs de ce temps-là ne procédant pas autrement. Mais ils espéraient, — et que n'espère-t-on pas quand on a du savoir, de l'esprit, et des précédents, — ils espéraient trouver la clé de la charade physiologique recelée dans le livre d'Amman, comme dans ceux du capitaine d'artillerie Bonnet et du mathématicien Wallis. Mais ils se trompaient, d'abord parce que les livres ci-dessus ne donnent pas, tant s'en faut, les termes de la question à résoudre, et semblent même écrits principalement dans le but de détourner l'attention des chercheurs du fait radical dans l'enseignement de la parole aux muets; ils se trompèrent ensuite, parce qu'ils considérèrent J. R. Pereire comme un commentateur heureux d'Amman; ils se trompèrent enfin, en fait et en pratique, tant et si bien, qu'après une année d'expériences, désabusés sur la réalité de ce que l'on a appelé niaisement la méthode d'Amman, et las de chercher à deviner ce qu'un autre savait à coup sûr, dom Cazeaux et dom Bailleul conseillèrent à M. d'Etavigny de confier son fils au seul homme qui eût dû en être chargé, à Pereire.

« Dom Cazeaux et dom Bailleul, dit Fréron, mirent tout en œuvre pour faire réussir les préceptes d'Amman ; leurs efforts furent inutiles, et après un an de tentatives infructueuses, il fallut recourir au talent de M. Pereire, qui vint à bout de ce qu'ils n'avaient pas pu exécuter. La capacité et les talents des RR. PP. que l'on vient de citer sont trop connus pour que l'on puisse accuser leur habileté ; c'est donc à la différence de méthode qu'il faut attribuer la différence de succès.» Il fut donc constant dès lors que Pereire avait une méthode à lui, de faire parler les sourds de naissance.

Force fut enfin à M. d'Etavigny de revenir à Pereire. Mais du moins, dans cette extrémité, essaya-t-il de tourner pour lui toutes les chances. Il prendra Pereire, puisqu'il ne peut pas se passer de Pereire ; mais Pereire sera tenu de quitter sa famille, de s'enfermer avec son élève dans le collége de Beaumont, de donner ses leçons, non pas sous les yeux, mais à côté des deux amis de M. d'Etavigny, qui ont essayé de deviner sa méthode ; mais Pereire sera tenu de faire prononcer, à son élève, tant de mots en tant de jours, chaque progrès aura son échéance préfixe : ainsi le veut M. d'Azy, qui paie Pereire aux termes convenus. — On est directeur des cinq grosses fermes ou on ne l'est pas.

Pereire souscrit à tout : lisez plutôt.

Première convention passée entre M. Pereire et M. d'Azy d'Etavigny.

« Il a été convenu le jour d'hier entre M. d'Azy, directeur des cinq grosses fermes de cette ville, et moi, J. R. Pereire, que j'apprendrai à Monsieur son fils, sourd et muet de naissance, à lire et prononcer le français, et de plus à concevoir les noms des choses visibles les plus ordinaires et nécessaires à la vie (1); le mettant en état de savoir par la parole les demander à mesure qu'il en souhaitera : sur quoi le prix m'a été fixé à 3,000 livres par ledit Monsieur. Les 3,000 livres susdites me devront être délivrées par tiers : le premier, quand M. d'Azy fils sera en état de prononcer quelques mots, dont il aura en même temps l'intelligence ; le second, quand il saura lire, prononcer et concevoir la plus part des choses visibles et ordinaires, qui, par quelqu'un, lui seront montrées sur un livre ; et le troisième,

(1) On voit que le premier maître du jeune d'Azy n'avait pas poussé fort avant son éducation.

lorsque j'aurai entièrement rempli mon engagement.

« De même il a été convenu : 1° qu'il me sera permis de prendre toutes les précautions nécessaires pour conserver le secret de mon art ;

« 2° Qu'il ne me sera imputé à faute que M. d'Azy fils fasse quelques fautes dans la prononciation de quelques syllabes, qui tantôt se prononcent d'une façon, tantôt d'une autre ;

« 3° Que je serai obligé de rester à La Rochelle pendant une année; mais qu'après ladite année, quand même l'éducation ne serait pas achevée, il me sera permis d'aller à Paris, où M. d'Azy devra m'envoyer M. son fils pour la continuer.

« 4° Afin de rendre dans tout le jour possible l'étendue de mon engagement à l'égard des *mots*, dont, outre la *prononciation*, je m'oblige à apprendre à M. d'Azy fils l'intelligence; il a été ainsi convenu que ce seront les mots contenus et indiqués dans la liste suivante (1), desquels il se servira seulement dans le sens principal et le plus simple.

« Sur l'emploi que les articles doivent avoir, je ne réponds pas de l'exactitude, au contraire. Je déclare que M. d'Azy y fera plusieurs fautes, soit en

(1) Cette nomenclature ne se retrouve pas dans les papiers de Pereire.

se servant quelques fois du masculin à la place du féminin, soit en les prenant au nominatif à la place de quelqu'autre cas, soit enfin en se trompant entre les nombres singulier et pluriel.

« Sur les noms, M. d'Azy fils aura l'intelligence de ceux qui dénotent des choses réelles, visibles, les plus nécessaires à la vie, et les plus communes à nommer, comme : *le pain, le vin, la viande, l'eau, la maison, le lit, la table, la rue, le jardin, le carrosse.*

« Des adjectifs il concevra les plus sensibles comme : *grand, petit, bon, mauvais, noir, blanc, haut, bas, etc., etc.*

« A l'égard des participes, il comprendra aussi quelques-uns de ceux qui se peuvent prendre comme de véritables adjectifs, tels par exemple que : *mort, perdu, etc.*

« Sur les noms de nombre, M. d'Azy fils aura quelques connaissances par le moyen des chiffres ordinaires ; mais sa science sera beaucoup plus limitée : 1° pour les prononcer étant écrits ; 2° pour les comprendre étant écrits par des lettres ; 3° pour s'exprimer sur ce fait autrement que par des chiffres ou par des signes.

« Sur les pronoms, il connaîtra les démonstratifs : *ce, ceci, cela,* de même que les personnels : *moi, toi, lui, elle, je, tu, il, vous, ils, elles,* quoique le plus souvent il se servira de *moi, toi, lui,* à la place de *je, tu, il.*

4

« Sur les verbes, il aura l'intelligence des infinitifs simples, de ceux dont on se sert le plus ordinairement, comme : *manger, dîner, dormir, promener, monter, etc.*

« Pour ce qui est finalement des adverbes, des prépositions et des conjonctions, il est plus dificile d'en donner une juste idée. Néanmoins, je me propose de faire comprendre à M. d'Azy toutes les *dictions* qui vont suivre : *oui, non, beaucoup, peu, moins, plus, trop, assez, un peu, point, bien, mal, vite, doucement, peu-à-peu, devant, derrière, dessus, dessous, ici, là, ailleurs, où, loin, aujourd'hui, ce matin, ce soir, hier, demain, hier matin, demain au soir, avant-hier, après-demain, à cette heure, à présent, tantôt, d'abord, tout à l'heure, de bon matin, toujours, jamais, à côté, à droite, à gauche, à la mode, à mon gré, après, quand, pourquoi, comment, combien, une fois, deux fois, etc., avec, chez, contre, dans, dès, et, on, ni, comme, c'est-à-dire, etc.* (1).

« A l'égard de l'article 3 du présent engagement, dès qu'il ne sera question de prolonger le terme d'un an que j'y ai fixé que de deux ou trois

----

(1) Je n'ai pas besoin de prévenir que ce programme des premiers progrès à faire accomplir à un élève ne représente pas toute la méthode de Pereire, cette méthode qui a produit Saboureux et Mademoiselle Marois.

mois pour perfectionner mon ouvrage, je m'y soumets et j'y consents.

« *Signé,* Pereire, *et écrit de sa main.* »

« Lesdites conventions transcrites doubles, dont l'un des exemplaires a été remis à M. J. R. Pereire, et j'ai gardé l'autre pardevers moi.

« A La Rochelle, le 14 juin 1746.

« *Signé,* d'Azy d'Estavigny, *et écrit de sa main.* »

Voici donc enfin Pereire publiquement à l'œuvre : il a un élève dont personne ne pourra nier l'existence, dont il assigne le point de départ, un enfant qui ne sait ce que c'est que les mots *maison, pain, vin,* il s'engage à faire accomplir à cet élève tels et tels progrès dans un temps donné ; il le fera comme il le dit, vous verrez. Mais il a près de lui deux surveillants, les RR. PP. dom Cazeaux et dom Bailleul : qu'est-ce que cela lui fait ? Mais ces deux hommes ont essayé de deviner son secret, et, s'ils eussent réussi, et ils avaient toute capacité pour réussir, adieu la gloire que Pereire espérait de la possession exclusive de son art ; que lui importe ! Les Pères sont d'honnêtes gens, trop curieux de la science d'autrui, mais ce défaut ne l'emportera pas en eux sur la probité, et Pereire fera si bien que les amis de M. d'Etavigny, le voyant faire, n'éprouveront plus d'autre désir que celui de rendre hommage à son dévouement pour un art ingrat, —moins ingrat pourtant que ceux à qui il vient en aide.

Fort de sa consience et de son talent, Pereire commenca donc à s'occuper du jeune d'Azy comme si lui et son élève eussent été seuls au monde; les deux bénédictins l'admiraient, et trois mois étaient à peine écoulés, que considérant le travail qui s'exécutait devant eux comme un prodige de science, ils emmenaient Pereire et son élève devant l'Académie des belles-lettres de Caen, que dom Cazeaux avait fait convoquer extraordinairement à l'effet d'y lire le discours suivant :

DISCOURS du R. P. Dom Cazeaux, Prieur de l'abbaye de Notre-Dame de Beaumont-en-Auge, en Normandie, et l'un des Membres de l'Académie royale des Belles-lettres de Caen, prononcé dans la séance du 22 novembre 1746.

Messieurs,

« Mon absence n'a rien pris sur les sentiments d'estime et de reconnaissance que je vous dois. C'est pour vous en donner les preuves que j'ai voulu que vous fussiez les premiers instruits d'un phénomène aussi singulier qu'intéressant pour la société.

« On a entrepris de faire parler un sourd et muet de naissance ; la chose a été commencée et se perfectionne sous mes yeux, et je vous ai amené le maître et le disciple, afin que vous puissiez vous assurer par vous-mêmes de la vérité de cette importante découverte.

« Je sais que plusieurs grands hommes ont pensé qu'il n'était pas impossible d'apprendre à parler aux sourds et muets de naissance. MM. Wallis et Amman ont proposé leur système sur cela, je n'entreprendrai point d'en faire l'analyse ; quelque curieuse qu'elle soit, je la crois inutile dans les circonstances présentes. Je dois me borner aujourd'hui à vous faire connaître le jeune homme qu'on a entrepris de faire parler, à constater son parfait mutisme avant l'arrivée de son maître au collége de Beaumont, et à vous apprendre les progrès qu'il a faits depuis quatre mois qu'on l'instruit.

« M. d'Azy d'Etavigny est un fils unique, enfant de famille, âgé de seize ans. Ses parents n'ont rien négligé pour découvrir si la surdité était incurable ; ils ont consulté tout ce qu'il y a d'habiles médecins et chirurgiens, à Paris, en Italie, en Allemagne. La surdité ayant été jugée sans remède, M. d'Etavigny envoya son fils à Amiens pour le faire instruire avec quatre ou cinq autres muets qui s'y trouvaient et qui étaient dirigés par un vieux sourd et muet, très-habile à s'expliquer par signes (1). Le

____

(1) De tout temps, on a plus ou moins appris aux sourds et muets à s'exprimer par *signes ;* de tout temps, un petit nombre

· 4.

jeune d'Etavigny a passé sept à huit ans dans cette école, il y a appris à demander par signes les choses les plus nécessaires à la vie. Enfin, il est arrivé au collége de Beaumont le 4 octobre 1743. Le directeur du collége qui l'y a reçu et qui est ici présent, vous assurera que depuis trois ans qu'il est confié à ses soins, il ne lui a pas entendu prononcer une syllabe. Comme je suis à Beaumont depuis dix-huit mois, je puis aussi vous certifier le parfait mutisme de M. d'Etavigny. Il demeure donc pour constant que notre jeune homme n'a jamais rien articulé jusqu'à l'arrivée de M. Pereire, son maître. Il faut à présent vous dire en peu de mots par quel hasard M. Pereire est venu à Beaumont et s'est engagé d'apprendre à parler à M. d'Etavigny.

« Les affaires de M. Pereire l'ayant obligé de se rendre à La Rochelle, il trouva un sourd et muet de naissance, à qui il apprit à prononcer quelques mots.

« M. d'Etavigny père, qui réside dans cette ville depuis quelques années, en ayant eu connais-

---

de sourds et muets, ainsi enseignés, ont trouvé dans la sève de leur intelligence un jet intellectuel assez vigoureux pour produire des phénomènes de perception assez étendus; mais, que ces signes soient simplement naturels ou assujétis à une méthode, ils n'en ont pas moins laissé l'immense majorité des sourds et muets dans l'infériorité et dans l'isolement.

sance, souhaita de voir M. Pereire et son disciple. Les sons articulés qu'il entendit prononcer au jeune muet, lui firent espérer que M. Pereire pourrait également réussir à faire parler son fils ; ses espérances se fortifièrent, quand il eut appris que le jeune muet qui était présent n'était pas le premier sur qui M. Pereire eût fait des expériences de son art. Ils convinrent donc que M. Pereire se rendrait à Beaumont, et qu'il se chargerait de l'instruction du jeune d'Etavigny, aux conditions énoncées dans l'accord passé entre eux le 14 juin 1746. Cette pièce est trop singulière pour ne pas vous en faire lecture. Vous y verrez à quoi M. Pereire s'est engagé, et vous jugerez, après avoir entendu le jeune M. d'Etavigny, si on peut se flatter que M. Pereire remplisse un jour ses engagements.

« Ce fut le 13 juillet que M. Pereire arriva à Beaumont. Sa première attention fut d'examiner s'il ne se trouvait point quelques vices de conformation dans les organes de la parole du jeune d'Etavigny. Ayant reconnu que tout le mal était dans les organes de l'ouïe, M. Pereire me parut ne pas douter du succès de son entreprise. Huit jours après son arrivée, il parvint à faire prononcer à son disciple les mots *papa, maman,* il me l'amena aussitôt pour me donner le plaisir de l'entendre. Je vous avoue, Messieurs, que ma surprise fut extrême, car j'avais de la peine à me persuader que M. Pereire pût réussir dans son entreprise. Mais, je n'eus pas plutôt entendu la prononciation de ces deux mots, que je conçus les espérances les plus flatteuses. Je crus que si M. Pereire avait pu faire comprendre à son disciple quels étaient les mouvements des lèvres et de la langue, nécessaires pour prononcer ces deux mots, il ne lui fallait que du temps et de la patience pour lui en faire prononcer beaucoup d'autres ; je ne me suis pas trompé dans mes conjectures. Dès le 18 du mois d'août, M. Pereire me donna une liste de plus de cinquante mots que son disciple prononçait assez distinctement. Comme M. Pereire exigeait de moi que j'écrivisse à M. d'Etavigny qu'il avait déjà rempli les premières conditions de son engagement avec lui, je fis prononcer moi-même au jeune d'Etavigny, tous les mots contenus dans la liste, en changeant l'ordre dans lequel M. Pereire les avait distribués, et, pour m'assurer qu'ils les prononçait avec intelligence, je voulus qu'il y joignît les signes propres à me persuader qu'il avait des idées claires et distinctes des mots qu'il prononçait : j'eus lieu d'être content des progrès de M. d'Etavigny, et je ne balançai pas un moment à écrire à son père.

« Depuis cette époque, M. Pereire s'est appliqué à faire prononcer à son disciple toutes les lettres, à lui faire combiner les différents sons de notre langue et à en assembler les syllabes, travail long et pénible de la part du maître, mais qui ne me paraît pas avoir rien de rebutant pour le disciple ; car je ne me suis pas aperçu que notre jeune muet marquât de l'éloignement pour les instructions qu'on lui donne. Il me paraît au contraire plus gai qu'à l'ordinaire, et M. Pereire m'a assuré qu'il était quelquefois obligé de modérer le zèle avec lequel il se porte à prendre ses leçons.

« M. Pereire a cru qu'il était inutile d'apprendre à son muet un plus grand nombre de mots avant que de lui avoir fait combiner tous les différents sons de notre langue. En effet, quand on aurait appris à M. d'Etavigny cinq ou six cents mots, quand même on l'aurait mis en état de *répéter quelques phrases suivies,* tout cela aurait été peu de choses, puisque ne sachant pas assembler les syllabes il n'aurait pas pu prononcer les mots qui ne se seraient point trouvés dans la liste de ceux qu'on lui aurait appris (1). Mais, M. d'Etavigny ayant commencé par assembler des syllabes, rien ne l'embarrassera dans la suite, et il s'accoutumera insensiblement à prononcer tous les mots quels qu'ils soient.

____

(1) Réflexion pleine de sens et qui s'applique aussi bien à la parole qu'à la lecture. L'abbé de l'Épée n'a jamais pu faire parler ses élèves, parce qu'il ne leur apprenait qu'à réciter ; dom Cazeaux semblait prédire que cela aurait lieu ainsi.

« Je pense, Messieurs, que quand vous réfléchirez aux difficultés que nous rencontrons à bien prononcer une langue étrangère, quoique rien ne nous manque du côté de l'ouïe, vous ne serez pas surpris que M. d'Etavigny en rencontre de beaucoup plus grandes, lui qui se trouve privé de ce secours. MM. Wallis et Amman ne veulent pas qu'on précipite rien dans l'instruction d'un sourd et muet. Ils croient que le maître doit être content quand il a appris, dans deux ou trois jours à son disciple, à bien prononcer une syllable. Ces grands hommes qui avaient beaucoup réfléchi sur le mécanisme de la prononciation, et qui n'ignoraient pas toutes les difficultés qu'on rencontre à instruire les sourds, auraient peut-être *regardé comme un prodige que M. d'Etavigny soit en état, après quatre mois d'instruction, de prononcer, quoique imparfaitement, un si grand nombre de mots de notre langue.*

« Je finis, Messieurs, par une remarque que je crois nécessaire sur la prononciation encore peu assurée de M. d'Etavigny. L'inaction où a été sa langue depuis seize ans ne lui permet pas de la plier et de la mouvoir avec la facilité qui serait nécessaire pour une prononciation aisée et agréable; il en est sans doute des mouvements de la langue comme de ceux des autres parties du corps; un long exercice peut seul les rendre souples et agiles. Un homme qui aurait eu le bras droit attaché et immobile pendant deux ans, ne pourrait pas d'abord le remuer avec la même facilité qu'il remue le bras gauche dont les mouvements n'auraient pas été interrompus. Il est donc encore moins surprenant que la langue de M. d'Etavigny, immobile depuis seize ans (du moins pour les mouvements nécessaires à la prononciation), ne puisse pas sitôt se plier et se mouvoir avec la facilité nécessaire pour une prononciation exacte: le temps et l'exercice la perfectionneront; j'ai d'autant plus lieu de le croire, que j'ai remarqué qu'il prononce mieux aujourd'hui les mots qu'on lui a appris il y a trois mois.

« C'est à vous, Messieurs, à approfondir toutes ces choses, à examiner ce qu'on peut espérer du système de M. Pereire, et à faire part à l'Europe savante, d'une découverte aussi singulière et aussi intéressante pour la société. »

A la suite du discours de dom Cazeaux, Pereire prononça lui-même le discours suivant:

« J'ai l'honneur, Messieurs, d'exposer à votre judicieux examen, une partie du fruit que j'ai recueilli de plusieurs années de réflexion et d'expériences réitérées, dans le but d'apprendre à parler aux sourds et muets de naissance.

« Ce problême, dont l'importance est bien connue dans cette illustre assemblée, n'a fait jusqu'à présent qu'augmenter le nombre des fables dans l'opinion

commune ; bien des savants ont cru trop l'honorer
en le mettant au rang de la pierre philosophale et des
longitudes sur mer. Les méthodes même qui ont paru
ci-devant sur cette matière, au lieu de l'éclaircir,
n'ont servi, par leur insuffisance, qu'à la persuader
impossible, et à rendre incroyables, par conséquent,
les faits que leurs auteurs nous rapportent là-dessus.

« Ces difficultés pourraient seules dégoûter les
personnes à qui les sciences sont les plus familières,
et dans un homme dépourvu de ces avantages, elles
font paraître son entreprise téméraire, même après
le succès. Mais il est aisé de croire que c'est à l'i-
gnorance où j'étais que je dois d'avoir été assez
hardi pour combattre l'opinion à cet égard. C'est
donc à l'ignorance où j'étais de ces opinions, que
je suis redevable de l'obtention de cette découverte.

« Heureusement pour moi, Messieurs, l'amitié et
la communication d'une personne muette m'ayant
suscité cette idée, les conséquences que je tirai d'un
grand nombre d'observations, et le résultat de leur
pratique sur plusieurs sourds et muets, me firent
concevoir quelque espérance d'y réussir avant que
j'eusse connu les véritables obstacles. Et cette connaissance qui, quelque temps auparavant, eût sans
doute détruit mon dessein, ne fit alors que me le
représenter plus glorieux, et m'engager à redoubler
mes soins et mon application plus opiniâtrement que
jamais.

« Ce n'est point, Messieurs, que je n'aie douté moi-même, dans quelques occasions, de la réussite. Accablé bien des fois par mes continuelles fatigues, d'ordinaire infructueuses, j'eusse abandonné mon entreprise, si j'avais pu me résoudre à la croire absolument impossible. D'ailleurs, la grandeur de la plupart des obstacles m'empêchant de les voir tous à la fois, je crois ne les avoir vaincus que parce que successivement je croyais combattre le dernier en chacun d'eux.

« Je suis finalement venu à bout, Messieurs, de pouvoir apprendre, aux sourds et muets de naissance, l'articulation des mots d'une langue, et, ce qui est encore plus difficile et plus important, à les mettre en état de comprendre le sens de ces mots, et de produire d'eux-mêmes, tant verbalement que par écrit, toutes leurs pensées, au moyen de quoi ils seront aussi capables que les autres hommes de tout ce qui ne dépendra point de l'ouïe.

« Les progrès de quatre mois de leçons de M. d'Etavigny, sourd et muet de naissance, vont, Messieurs, vérifier une partie considérable de mes propositions. Il restera encore assez de lieu à de savantes objections; mais je ne crois pas qu'il y en ait une seule (au moins sur tout ce qui est essentiel), que je n'aie prévue et à laquelle je n'aie trouvé une solution praticable. »

Séance tenante, l'Académie de Caen interrogea le

jeune d'Azy, qui répondit de vive voix à toutes les questions, et une commission formula le rapport que l'on va lire.

« Le mardi 22 novembre 1746, dans la séance publique et extraordinaire à laquelle présidait Monseigneur d'Albert de Luynes, évêque de Bayeux, protecteur de l'Académie, et où se trouvèrent MM. d'Ifs, alors directeur ; Hébert, lecteur ; de Verrières, Larm, le R. P. Porée, de Biéville, le Gay, des Pins, Blot et le R. P. André, tous académiciens, le père Cazeaux, prieur de l'abbaye de Beaumont en Normandie, entra dans l'assemblée avec le sieur Pereire, Portugais, et M. d'Azy d'Etavigny, âgé de seize ans, fils de M. d'Azy d'Etavigny, directeur des cinq grosses fermes à La Rochelle. Le père Cazeaux, en présentant ces deux personnes à l'Académie, lut un discours dans lequel il attesta les faits suivants.... (suit la citation de la partie du Discours du R. P. Cazeaux, dont la commission ratifie les éloges donnés à Pereire).

« Cette lecture faite, le jeune d'Etavigny se présenta devant M. l'Évêque auquel il dit: *Mon-seigneur je vous sou-hai-te le bon-jour,* en mettant des poses entre les syllabes, de la manière que la phrase est écrite ci-dessus. En suite M. le Protecteur écrivit sur une carte ces mots: *Le père Cazeaux est bon;* le jeune d'Etavigny les ayant lus, répondit: *Ou-i,* accompagnant sa réponse d'un

sourire obligeant qu'il adressa au père Cazeaux.
M. le Protecteur écrivit sur une autre carte, ces
mots : *Le père Cazeaux est mauvais ;* le jeune
d'Etavigny les ayant lus, répondit sur le champ :
Non. M. le Protecteur écrivit encore ces autres
mots : *Tavigny est mauvais ;* le jeune d'Etavigny
les ayant lus, rejeta le papier et dit d'un air fâché :
Non. Ensuite plusieurs personnes lui demandèrent
par signes comment on nommait une épée, une
chemise, un chapeau, il répondit distinctement :
é-péc, che-mi-se, cha-peau, en mettant toujours des
poses entre les syllabes de chaque mot, en la manière qu'on vient de les écrire. »

On aurait tort d'accorder peu d'importance à ce
jugement, en se fondant sur ce qu'il a été porté par
une académie de province ; nos idées de centrali-
sation sont mal propres à juger ces foyers de lumière qui jetaient un éclat doux et bienfaisant sur
les localités avoisinantes où ne descendaient pas,
où ne pénètrent peut-être pas encore les hautes sen-
tences de l'Académie suprême. Les hommes les plus
éminents de toute une province siégaient dans ces
académies, et il était rare qu'il ne s'y trouvât pas un
ou plusieurs membres de l'Académie royale des
sciences. C'est ce qui arriva précisément à la séance
ou dom Cazeaux présenta Pereire et son élève. Cette
présentation eut pour témoin le célèbre P. Porée, et
donna au P. André, aussi présent, l'occasion de pro-

duire bientôt après, sous le titre de *Divination sur l'art de faire parler les muets,* un de ses chaleureux mémoires aussi pleins d'érudition que de tempérament littéraire.

A peine le travail de Pereire avait-il reçu l'approbation de cette Académie de Caen, que le *Journal des Savants* enregistrait ce succès ; et l'on remarquera combien il était éloigné de blâmer le secret que Pereire entendait garder sur sa méthode.

« On sera sans doute curieux de savoir quelque chose de la méthode que suit M. Pereire pour instruire les sourds et muets de naissance ; mais il ne nous est pas possible de satisfaire le lecteur sur ce point, c'est un secret qu'il se réserve parce qu'il le regarde comme son patrimoine. Tout ce que nous en savons, c'est que ce n'est point la méthode qui a immortalisé Wallis et Amman, qu'il trouve insuffisante et impraticable. »

Le *Journal de Verdun,* rendant compte des expériences faites au collége de La Rochelle et devant l'Académie de Caen, ajoute à son récit une appréciation aussi juste aujourd'hui qu'il y a cent ans.

« Il est très-peu important d'entrer dans l'examen de ces histoires (Aaron Beaumain et d'Etavigny). Il suffit que M. Pereire ait trouvé une méthode plus aisée que celles que l'on a imaginées jusqu'à lui, il suffirait même qu'il réussît par les méthodes d'Amman et de Wallis, pour mériter une place illustre parmi les bienfaiteurs de l'humanité. Que peut-il ambitionner de plus que d'être en état d'apprendre aux sourds et muets l'articulation des mots d'une langue quelconque; et, ce qui est bien plus difficile et bien plus important, de leur faire comprendre le sens de ces mots, et de leur faire produire d'eux-mêmes, tant verbalement que par écrit, tout ce qui fait l'objet de leurs pensées ?

« Il ne nous reste que deux observations à faire : la première, que la méthode de M. Pereire est douce, et que, loin d'avoir rien de rebutant pour les enfants, les élèves s'attachent si fort à lui, et prennent tant de goût pour ce genre d'étude, qu'on est obligé de les en distraire pour ménager les forces de leur esprit: c'est ce dont le jeune d'Etavigny est l'exemple vivant; la seconde, que M. Pereire agit avec toute la candeur qui caractérise les plus honnêtes gens : car, non-seulement il n'exige rien d'avance, mais ce n'est qu'après des progrès bien certains et qui répondent d'un succès satisfaisant, qu'il fixe le premier paiement, auquel on ajoute successivement à mesure que l'élève fait de plus grands progrès. »

Il y a loin, comme on voit, de cette juste et triple appréciation aux insinuations malveillantes dont Pereire a pu être l'objet de la part de ses compétiteurs. Le secret de sa méthode était dans son droit, la rémunération de ses soins était dans son droit. Nous verrons, du reste, que Pereire usa toujours de ce droit avec une sobriété que l'on exploita souvent, et qui fit plus d'une fois tort à ses intérêts. Et au moment même de sa vie que je raconte, il donna une preuve de ce juste et sévère dévouement, qui pour n'être pas de l'abnégation, n'en est pas moins noble.

A peine le succès de Pereire était-il constaté, que M. le Directeur des cinq grosses fermes crut pouvoir se passer de l'instituteur, et prétendit continuer lui-même le travail si heureusement commencé. Ce fut vers avril suivant que Pereire fut ainsi remercié de son zèle et de ses succès ; sans souci de ses intérêts compromis par un déplacement, et par le leurre qu'on lui avait fait goûter de rester au moins une année en possession des faibles avantages attachés à son séjour près du jeune d'Azy. A ce sujet comme dans toutes les circonstances analogues qui se présentèrent par la suite, Pereire ne proféra aucune plainte ; il se contenta de demander, au Principal du collége où il s'était enfermé avec tant de dévouement, un certificat constatant ce qu'il avait fait au collége de Beaumont.

Dom Bailleul, Principal du collége de Beaumont, lui délivra le certificat suivant :

« Je soussigné, prêtre, religieux de la congrégation de St-Maur, et Principal du collége de monseigneur le duc d'Orléans, premier prince du sang, à Beaumont en Normandie, certifie que M. Pereire

est arrivé au collége le 13 juillet 1745, en étant prié
par M. d'Azy d'Etavigny, pour apprendre à son fils,
sourd et muet de naissance, demeurant dans ledit
collége depuis le 4 octobre 1743, à articuler et à
parler, en faisant usage des moyens que le sieur Pereire a inventés pour cela.

« J'atteste donc que le sieur Pereire commença
ses leçons dès le jour de son arrivée, et que quelques jours après j'entendis le jeune d'Azy, son
élève, articuler et prononcer plusieurs mots, comme
papa, maman, madame, chapeau, château, et
quelques autres ; que ses progrès ont avancé à proportion du temps et des leçons qu'il a reçues de son
maître, ce qui détermina à le conduire à Caen, où il
parut, le 22 novembre dernier, devant l'Académie
assemblée. Il y fut examiné et interrogé par écrit
plusieurs fois ; il répondit toujours verbalement et
de façon à prouver qu'il avait une idée juste des
mots qu'il prononçait, avec cette différence seulement qu'il y en avait de plus ou moins bien articulés. Depuis ce temps, ses connaissances et sa facilité dans l'articulation ont augmenté, au point
qu'il prononce aujourd'hui 1,300 mots dont il a
l'intelligence ; qu'il dit plusieurs phrases pour exprimer sa pensée, et que dans la construction de
celles qu'il prononce le mieux, il ne diffère de nous
que parce qu'il met les verbes à l'infinitif et qu'il
transpose certains mots, comme pour dire : je veux

aller à Paris, il dira : moi vouloir aller à Paris, et ainsi des autres ; de sorte que je ne doute nullement que M. Pereire ne pût conduire son disciple à un degré de perfection suffisant pour énoncer toutes ses pensées et demander tous ses besoins.

« En foi de quoi je lui ai délivré le présent certificat et apposé le sceau du collége.

« Le 6 mai 1747.

« *Signé,* DE BAILLEUL, *Principal.* »

Pereire se rendit à Paris.

Sa renommée l'y avait précédé. Le *Mercure de France,* le *Journal des Savants* et tous les échos littéraires du temps, répétaient son éloge dans un concert unanime ; l'Allemagne et l'Italie apprirent son nom : on lui demandait des conseils, on lui faisait des offres à éblouir tout homme moins modeste que lui.

Don Emmanuel de Valguera lui écrivait entre autres, au mois d'octobre, pour lui demander s'il voudrait bien consentir à passer en Sicile pour y entreprendre l'éducation de sa nièce, la jeune princesse Dona Mariana de Valguera, résidant à Palerme. Pereire sachant combien l'élève qu'il venait de quitter était en péril dans les mains paternelles, et jaloux avant tout de terminer l'éducation du jeune d'Azy, fit traîner cette correspondance de Turin d'une manière décourageante pour la famille Valguera ; ainsi, il écrivait encore le 2 mars 1748, à don Emmanuel de Valguera :

« Monseigneur, il ne m'a pas été possible de faire une plus prompte réponse aux deux dernières lettres que j'ai eu l'honneur de recevoir de votre excellence. Je n'ai pu me dispenser de m'engager de nouveau à porter à sa perfection l'instruction de mon ancien élève, M. d'Etavigny (que je n'avais laissé, après l'avoir instruit sur la première partie de ma méthode, que parce que *Monsieur son père s'imaginait qu'il pourrait lui-même le perfectionner*). Je n'ai cependant conclu ce nouvel engagement que pour quinze mois. Ainsi, je ne pourrais faire le voyage de Palerme avant l'été de 1749, etc.... »

Si Pereire n'avait songé qu'à sa fortune, il lui suffisait pour l'obtenir d'aller à Palerme apprendre à parler à la fille du Vice-Roi de Sicile. Mais il avait placé son ambition dans une sphère plus relevée. Après dix années d'expérience et de succès ignorés, il avait produit le jeune d'Etavigny devant un corps savant ; une commission officielle avait pris date, constaté les premiers succès, encouragé le patient instituteur à persévérer ; Pereire n'était pas libre, devant cet engagement moral qui l'attachait à son premier élève connu, de contracter un nouvel engagement qui l'eût mis dans l'impossibilité de continuer l'éducation de ce jeune homme qu'il affectionnait déjà comme son enfant.

3.

M. d'Azy d'Etavigny, voyant que son fils commençait à ne plus parler du tout, grâce à ses soins paternels, avait sollicité Pereire d'en reprendre la charge, et Pereire avait tout quitté, le 13 février 1748, pour aller retrouver le jeune d'Azy au collége de Beaumont, où il amenait avec lui son frère, qui devait le seconder près de son élève. M. le directeur des cinq grosses fermes ne put contenir sa joie à cette nouvelle, et il écrivit sur le champ à Pereire.

24 Février 1748.

« Le P. Valois, Monsieur, m'a communiqué ce matin la lettre que vous lui avez écrite le 12, par laquelle vous lui mandez que vous partez le lendemain pour vous rendre à Beaumont continuer l'instruction de mon fils. Je ne puis trop vous témoigner toute la satisfaction que j'en ressens ; donnez-moi souvent de vos nouvelles et instruisez-moi des progrès de votre disciple. Je me flatte qu'avant qu'il soit peu je pourrai vous en procurer d'autres ; je m'y emploierai d'inclination, et de cœur, et par reconnaissance, etc... »

Ce père d'Azy d'Etavigny est vraiment bien bon ! Il va s'employer d'inclination et de cœur pour Pereire, il lui signe une déclaration de reconnaissance, et il s'engage à faire endosser la susdite reconnaissance par le premier père de sourd et muet qu'il rencontrera : quel cœur d'or ! Mais, il était directeur des cinq grosses fermes de La Rochelle, et cette circonstance atténuante vint encore plus d'une fois retenir l'expansion de sa nature généreuse (1).

Pereire et son frère remplirent l'engagement qui les liait pour une année à la famille d'Etavigny, et il en passa un nouveau, le 4 mars 1749, par lequel il se chargeait de continuer à Paris l'éducation qu'il avait si bien commencée au collége de Beaumont.

Avant de quitter pour toujours le directeur des cinq grosses fermes de La Rochelle, voyons, encore une fois, à quelles conditions nouvelles il confiait son fils à Pereire.

« Aujourd'hui, quatrième jour de mars 1749, etc. M. Pereire partira pour Paris dans le courant du mois d'avril prochain, pour y continuer et parfaire l'éducation de M. d'Etavigny fils. M. d'Etavigny père accorde à M. Pereire la somme de 1,000 livres par an pour prendre son fils chez lui, à condition de l'y nourrir, à peu près sur le même pied qu'il l'était au collége de Beaumont, de le loger décemment, de le blanchir, de le chauffer, et de fournir aux dépenses

(1) Quand on a eu à faire, comme Pereire, à des directeurs de grosses fermes quelconques, on connaît l'influence démoralisante des grosses fermes, et on pardonne aux malheureux qui en sont affligés. Je possède des lettres qui témoignent de la reconnaissance des gros fermiers de ce temps-ci, et co .ne sera pas ma faute si elles sont publiées.

de linge de table et de lit, ainsi qu'à celles que la biensćance et la propreté exigent, telles que celles de baigneur, décrotteur, etc... Le sieur Pereire prendra aussi sur son compte les frais de fiacres et de carrosses de remise, quand il jugera à propos de s'en servir pour l'utilité de son élève, son instruction et même son plaisir. De plus, comme M. d'Etavigny fils a nécessairement besoin d'un précepteur pour être instruit des mystères de notre sainte religion (1), M. d'Etavigny père veut bien encore faire les frais de payer à M. Pereire la somme de 700 livres, à la condition que lui, sieur Pereire, recevra le

(1) A côté de la lésinerie de province qui s'étale sur ce sous-seing privé dans tout son lustre, on est forcé de reconnaître que M. d'Azy fit preuve envers Pereire d'une confiance dont peu de catholiques sérieux seraient capables aujourd'hui même. Confier, à un Israëlite, le soin de pourvoir à l'enseignement catholique de son fils, à la nourriture et aux appointements de l'ecclésiastique chargé de cet enseignement, déléguer à Pereire ses droits paternels, etc., tout cela prouve que M. d'Etavigny estimait beaucoup plus la haute probité de Pereire qu'il ne payait son talent. Mais, si l'on considère que ce sont des ecclésiastiques, des Bénédictins, dom Bailleul et dom Cazeaux, qui conseillent en cette affaire la famille d'Etavigny ; quand on voit le R. P. Valois et l'abbé d'Azy lui-même intervenir auprès de Pereire pour le prier de se charger du gouvernement moral de ce fils de famille, on comprend de suite quelle élévation éclatait dans cet homme, pour que devant elle tous les préjugés de caste et de religion disparussent.

précepteur qui lui sera donné par ledit sieur d'Etavigny, qu'il le logera, nourrira, etc... Et lui paiera
les honoraires dont lui et le sieur Pereire convien-
dront entre eux; en outre, M. d'Etavigny père accorde au sieur Pereire 200 livres pour la nourriture
d'un domestique destiné à servir M. son fils. Ainsi,
les sommes pour la pension de M. d'Etavigny fils,
celle de son précepteur, y compris les honoraires de
ce dernier, et celle du domestique, font ensemble la
somme de 1,900 livres que M. d'Etavigny paiera annuellement, en deux paiements et d'avance au sieur
Pereire. »

Ces sommes, montant ensemble à 1,900 livres,
que M. d'Etavigny accordait magnifiquement pour
nourrir, loger, etc., trois personnes, dont une à
gages, parurent suffisantes à Pereire; ou plutôt, la
hâte qu'il avait de revoir Paris les lui fit accepter.
Il se logea, avec l'état-major du jeune d'Etavigny,
à l'hôtel d'Auvergne, quai des Augustins, tout proche de l'Académie des sciences.

C'était là, en effet, que visait Pereire. S'il avait
pu croire un instant que la fortune était au bout de
sa découverte (1), la générosité avec laquelle on le

(1) Arnoldi déclare que *tous* ses élèves, sourds et muets, lui
ont été retirés par leurs parents avant que leur éducation eût
été entièrement achevée. Pereire le savait, et il savait aussi
que c'était le moindre danger auquel l'exposât la reconnais-

rémunérait lui aurait appris que les soins donnés
aux infirmités humaines sont des services honteux
que les familles paient à regret, le moins cher et le
moins long-temps possible. En se vouant irrévocablement à l'instruction des sourds et muets; en en-
gageant avec lui son frère et ses sœurs dans cette
carrière ingrate, Pereire savait qu'il n'en devait espérer, pour sa famille, d'autre avantage que celui de
l'éclat attaché au mérite de l'invention et de la pratique d'un art nouveau. C'est pourquoi son premier
soin dans cette position était de faire constater l'excellence et les résultats de sa méthode. Or, à qui demander un jugement souverain en matière de science,
sinon à l'Académie des sciences. L'idée de faire juger un travail comme le sien, par des curieux, par des
oisifs sortant du Palais-Royal ou de St-Roch, ne vint
certes pas à son esprit; celle de prendre pour juges
les hommes supérieurs de son siècle, devint l'objet
de son ambition.

Arrivé à Paris en avril 1749, Pereire se trouva
en mesure de se présenter avec son élève le 11 juin
suivant, devant l'Académie des siences, où il fut
autorisé à lire un mémoire dont le passage suivant
a été conservé.

sance des familles : on pardonne si difficilement à l'homme
dont la présence vous rappelle tous les jours l'infériorité de
votre race.......

ACADÉMIE ROYALE DES SCIENCES.

Séance du 11 juin 1749.

« Après les applaudissements que la savante Académie des belles-lettres de Caen et nombre de personnes éclairées m'ont si généreusement prodigués sur ma méthode pour apprendre à *parler* et à *raisonner* aux sourds et muets, rien n'a pu détourner mon esprit d'aspirer au bonheur de mériter l'approbation d'une compagnie qui fait l'admiration de l'Europe et l'ornement le plus solide de la France.

« C'est dans une vue si flatteuse que je viens vous supplier, Messieurs, d'examiner les effets que mes soins ont jusqu'ici produits sur **M.** d'Azy d'Etavigny, sourd et muet de naissance, que j'ai l'honneur de vous présenter.

« Ses progrès actuels fourniront à votre pénétration admirable assez de matière pour porter un jugement décisif sur tous les avantages que les sourds et muets devront attendre de mon art. J'ai rédigé sur ce sujet un mémoire, daignez, Messieurs, en entendre la lecture.

MÉMOIRE. « Ce jeune sourd et muet prononce distinctement, quoique très-lentement encore, les lettres, les syllabes, les mots, soit qu'on les lui écrive, soit qu'on les lui indique par signes. Il répond de son chef, verbalement ou par écrit aux questions familières qu'on lui fait ; il en forme lui-même très-souvent, il agit en conséquence de ce qu'on lui propose de faire, soit qu'on lui parle par écrit ou par l'alphabet manuel dont son maître se sert avec lui, sans qu'il soit besoin d'y ajouter aucun autre signe qui indique ce qu'on veut qu'il fasse. Il demande, par le moyen de quatre langues, les choses dont il a besoin journellement. Il récite par cœur le Décalogue, le Pater et quelques autres prières, et répond avec intelligence à plusieurs questions du Catéchisme. En grammaire, il donne l'article convenable à chaque nom (rarement il s'y trompe), il en connaît un peu la valeur des cas; il a une médiocre connaissance, principalement dans la pratique des pronoms dont on se sert le plus communément. A l'égard des verbes, non-seulement il les sait conjuguer dès qu'ils sont réguliers, mais il en dit encore la personne quand on la lui demande séparément, de quelque nombre, temps et mode qu'elle soit (son plus fort cependant est sur l'indicatif). Sur les autres parties du discours ainsi que sur la syntaxe, il connaît, à quelque chose près, ce qu'il y a de plus nécessaire dans les expressions les plus communes et les plus familières; il ne donne pas, par exemple, un adjectif féminin à un substantif masculin, ni un pluriel à un singulier, il ne se trompe que rarement sur les temps, les nombres et les personnes des verbes qu'il fait entrer dans ses expressions, surtout si c'est au mode indicatif qu'il doit les employer ; il évite déjà bien des répétitions par le moyen des pronoms et particules relatifs qu'il emploie le plus souvent fort à propos. Finalement il observe quelques règles d'orthographe passablement bien.

« Il est de plus à remarquer: 1° que si on lui fait des fautes en lui écrivant, il s'en aperçoit pour l'ordinaire et même les corrige, dès qu'on lui permet de le faire ; 2° il change sa prononciation en différentes façons, il parle haut ou bas suivant qu'on l'exige de lui ; il imite par le ton de sa voix, mais pas encore bien exactement, les différences qu'on fait sentir lorsqu'on interroge, qu'on récite, qu'on prie, qu'on commande, etc...; 3° quoique les lettres, et principalement les voyelles, soient, dans le français, susceptibles de différentes prononciations, n'y en ayant aucune qui n'en admette plusieurs et qui ne devienne muette dans quelques rencontres, néanmoins, M. d'Azy d'Etavigny ne manque point à leur donner la valeur convenable. S'il s'y trompe quelquefois, ce n'est que dans des mots qui lui sont inconnus ; il sait, en arithmétique, quoique sans fractions, les quatre règles, les deux premières, même par livres, sous et deniers,et il nombre verbalement toutes les sommes qu'on lui propose en chiffres. En géographie, il distingue sur la carte les quatre parties du monde, les principaux royaumes de l'Europe, dont il nomme les capitales ; il étend

son savoir sur la France, aux provinces et aux villes
les plus remarquables. Il a encore quelques autres
connaissances qu'on pourrait rapporter à la chrono-
logie, comme la division qu'il fait de l'année, du
mois, de la semaine; à l'histoire, comme la création
du monde, et même à des sciences plus abstraites,
mais il serait difficile d'en donner par écrit une juste
idée.

« On observe, outre la lenteur, une certaine rudesse dans la prononciation de ce jeune homme;
elle provient en partie des vices contractés pendant
les dix mois d'interruption qu'il a eus, mais principalement de la roideur de ses organes, lesquels
avaient beaucoup perdu de leur flexibilité lorsque
Pereire a commencé à les faire agir, son élève ayant
déjà dans ce temps-là, seize ans.

« On juge bien, au reste, que ces défauts diminue-
ront considérablement chez lui à proportion qu'il continuera, sous les soins de son maître, à faire usage
de la parole; car il n'est point douteux que les parties qui la forment n'acquièrent par l'usage plus de
souplesse et d'agilité, et ne lui rendent par conséquent l'articulation plus facile et plus régulière... (1).

« On voit, par le contenu de ce mémoire, que
les vues de Pereire sur l'instruction des sourds et

______

(1) Ici se trouve une lacune dans ce mémoire, qui n'a été
malheureusement imprimé qu'en partie.

muets s'étendent, non-seulement à prononcer tous les mots de la langue française (1), mais encore, ce qui est plus essentiel, à comprendre le sens de ces mots et à produire d'eux-mêmes, tant verbalement que par écrit, toutes leurs pensées *comme les autres hommes ;* ce qui par conséquent les rendra capables d'apprendre et de pratiquer quelque art ou quelque science que ce soit, si l'on en excepte seulement, à l'égard de la pratique, les choses pour lesquelles l'ouïe est indispensablement nécessaire.

« On pense bien que pour parler aux élèves de Pereire il faudra se servir de l'écriture. Outre ce moyen, on en emploie un autre bien plus séant que les signes ordinaires que l'on fait aux muets, c'est un alphabet manuel *qu'il a appris en Espagne,* mais, qu'il lui a fallu augmenter et perfectionner considérablement pour le rendre propre à parler exactement le français. Il s'en sert avec une briéveté qui approche plus de la promptitude de la langue que de la lenteur de la plume. Cet alphabet est contenu dans les doigts d'une seule main, laquelle suffit encore à Pereire pour exprimer en chiffres toutes sortes de sommes, et pour enseigner à ses élèves, bien plus facilement et bien plus sûrement que par les méthodes ordinaires, les quatre règles d'arithmétique (2).

(1) Ou de toute autre langue que possédait Pereire.

(2) Jusqu'ici Pereire n'enveloppe sa méthode d'aucun voile :

« Mais, ce ne sont pas là les seules ressources qui pourront adoucir le malheur de la surdité dans les élèves de Pereire : ils auront encore la facilité d'entendre, au mouvement naturel des lèvres, des yeux, de la tête, des mains des personnes qui les fréquenteront, ce qu'elles voudront leur dire. Cette façon de concevoir demande cependant un temps considérable. »

Après cette lecture, Pereire continua :

« Ce serait abuser de votre complaisance, Messieurs, que d'oser m'arrêter à vous exposer ici nombre d'observations que je pourrais faire sur le contenu de ce mémoire. J'espère d'ailleurs qu'il sera plus convenable de vous les adresser, si vous me le permettez, à mesure que vous examinerez les progrès de mes élèves, et que vous daignerez me continuer l'honneur de votre attention sur chacun d'eux en particulier. »

L'Académie ayant entendu cette lecture avec une faveur marquée, nomma, séance tenante, des commissaires qu'elle chargea de lui rendre compte des ré-

l'éducation de la masse des sourds et muets par sa dactylogie, voilà qui est bien, on peut la lui emprunter, il met tout le monde sur la voie de cette pratique ; mais, ce qui va suivre ne concernant que la reddition de la parole aux muets, et étant un moyen pénible pour le maître, il ne le donne pas et entre dans son secret.

sultats que Pereire annonçait avoir obtenus par l'emploi de sa méthode. Ces commissaires, MM. d'Ortous de Mairan, de Buffon et Ferrein (1), se réunirent un grand nombre de fois, et examinèrent longtemps le jeune d'Azy d'Etavigny. Son degré d'intelligence acquise, ses progrès dans l'aptitude à parler, ses habitudes, tout ce qui en ce jeune homme intéressait la science de l'homme et celle de l'enseignement fut, de la part des rapporteurs, l'objet d'une attention dont on retrouvera les preuves sommaires dans le rapport qu'ils présentèrent à l'Académie· le 9 juillet suivant, et dont j'extrais les passages suivants pour éviter les répétitions inutiles.

Rapport de Buffon, Mairan *et* Ferrein *sur la méthode de* Pereire.

« Nous avons vu, par ordre de l'Académie, un mémoire que M. Pereire a lu dans l'assemblée du 11 du mois dernier, sur les effets de son art pour *apprendre à parler* aux sourds et muets de naissance, et nous avons en conséquence examiné en particulier ce qu'il y rapporte de M. d'Azy d'Eta-vigny, son élève, sourd et muet de naissance.

(1) Ferrein était le premier anatomiste de son temps. Mairan avait essayé lui-même, avec persévérance et quelque succès, d'appliquer la méthode d'Amman à un sourd et muet; Buffon, enfin, c'était........ Buffon.

Nous ne doutons point que d'autres auteurs n'aient
encore écrit et donné au public des méthodes sur
cet art ; mais, l'exemple de M. d'Azy d'Etavigny est
le premier et le seul dont nous ayons connaissance.

« On voit, par le mémoire et par les certificats
que rapporte M. Pereire, qu'il avait déjà fait d'autres essais de cette nature avec succès (1).

« M. Pereire rapporte dans son mémoire, et nous
avons vérifié par l'expérience, que ce jeune sourd
et muet lit et prononce distinctement toutes sortes
d'expressions françaises ; qu'il donne des réponses
très-sensées, tant verbales que par écrit aux questions qu'on lui fait, et qu'il observe, dans la construction de la phrase et dans l'orthographe, plusieurs règles avec assez d'exactitude. On voit même
avec surprise que souvent il corrige les fautes que
l'on fait en écrivant contre l'orthographe ou contre
la syntaxe ; que malgré les différentes prononciations qu'on donne à chaque lettre et à chaque syllabe, il les articule néanmoins de la manière que
l'on doit faire ; qu'il parle à son gré haut et bas, et
qu'il fait sentir quelque différence dans les tons,
entre la question et la réponse, la prière et le commandement, etc....

(1) On remarquera que Buffon, Mairan et Ferrein affirment
ici avoir vu la première partie des documents qui nous manquent pour écrire l'histoire des travaux de Pereire.

« **M.** d'Azy sait les quatre règles d'arithmétique et connaît, sur la carte, les parties du monde, les royaumes et les capitales de l'Europe, les provinces et les villes principales de France.

« Nous trouvons que les progrès que **M.** d'Azy a faits en si peu de temps prouvent très-suffisamment la bonté de la méthode que **M.** Pereire suit dans son instruction et démontre la singularité de son talent pour la pratiquer ; qu'il y a tout lieu d'espérer que par ce moyen les sourds et muets de naissance pourront non-seulement prononcer et lire toutes sortes de mots, et comprendre la valeur de ceux qui désignent des choses visibles, mais encore, acquérir des notions abstraites et générales qui leur manquent, et *devenir sociables*.

« *Nous pensons* aussi que l'alphabet manuel de **M.** Pereire, pour lequel il n'emploie qu'une seule main, deviendra, s'il le rend public, d'autant plus commode pour ses élèves et pour ceux qui voudront commercer avec eux, qu'il paraît extrêmement simple et expéditif, par conséquent aisé à apprendre et à pratiquer.

« Nous jugeons donc que l'art d'apprendre à lire et à parler aux muets, tel que **M.** Pereire le pratique, est extrêmement ingénieux, que son usage intéresse beaucoup le bien public, et qu'on ne saurait trop encourager **M.** Pereire à le cultiver et à le perfectionner.

« Au reste, il nous paraît qu'il n'a rien d'exagéré dans son mémoire.

« Fait à Paris, ce 9 juillet 1749.

« *Signé* D'ORTOUS DE MAIRAN, BUFFON, FERREIN. »

« Je certifie l'extrait ci-dessus, et des autres parties, conforme à son original et au jugement de l'Académie. »

« *Signé* GRANDJEAN DE FOUCHY,
« *Secrétaire perpétuel de l'Académie des Sciences.* »

Ainsi, dès le 9 juillet 1749, l'Académie royale des sciences *pensait* que l'alphabet manuel de Pereire, pour lequel il n'employait qu'une seule main, deviendrait d'autant plus commode pour ses élèves et pour ceux qui voudront commercer avec eux, qu'il paraît extrêmement simple et expéditif, par conséquent aisé à apprendre et à pratiquer ; et l'Académie JUGEAIT que l'art d'apprendre à lire et à parler aux muets, tel que Pereire le pratiquait, était extrêmement ingénieux, que son usage intéressait le bien public, et qu'on ne saurait trop encourager Pereire à le cultiver et à le perfectionner.

Or, le jugement porte la date 1749, ne l'oublions pas.

En le publiant dans son plus prochain volume, le *Journal des savants* crut devoir le faire précéder des réflexions suivantes :

« Nous nous sommes fait un plaisir de rendre
compte au public, dans notre journal de juillet 1747,
des tentatives heureuses qu'avait faites M. Pereire,
Portugais, sur *plusieurs* (1) sourds et muets de
naissance auxquels il avait commencé à apprendre
à parler et à joindre les idées des choses signifiées
aux mots destinés à les transmettre à ceux à qui
l'on parle. »

Je pourrais citer également le *Mercure de France,*
la *Gazette de Verdun,* etc…. Mais, à quoi bon ; toute
la presse fut unanime ; depuis Madrid jusqu'à Stoc-
kholm, le nom de Pereire retentit partout et pénétra
à Versailles même, où le Roi manifesta le désir de
voir Pereire.

Ce désir, qui était un ordre, flatta Pereire, mais
ne l'émut pas. Comme il avait présenté son élève à
l'Académie, il le présenta à Sa Majesté ; et il est
curieux d'observer, dans les circonstances qui pré-
cédèrent cette solennité, combien il était peu ému,
peu distrait de son but, combien peu il songeait à
tirer un parti personnel de ce qu'il faisait pour les
sourds et muets. D'autres, à cette nouvelle, auraient rédigé des compliments au Roi, les eussent
fait apprendre, réciter, se fussent montré courti-

(1) Le rapport de Buffon ne parle que du jeune d'Azy ; mais
il est certain que Pereire avait, dès ce temps-là, présenté plusieurs élèves à l'appréciation de l'Académie.

sans. Lui, Pereire, ne songea qu'à son travail, à l'avenir de ses élèves, à l'intérêt que le spectacle de leurs progrès pouvait inspirer pour eux à ce prince, et il passa le temps, qui précéda sa présentation à rédiger un précis des principales connaissances de son élève, comme si la Cour eût été un corps savant.

C'est sur ce précis que l'élève de Pereire fut interrogé, non-seulement par les seigneurs de la Cour et les ministres, mais encore par le Roi lui-même qui en avait pris connaissance avant que Pereire et le jeune d'Etavigny fussent introduits près de sa personne. L'audience dura près d'une heure, et ce spectacle soutint constamment l'attention de Louis XV ; à la fin, au moment où Pereire se retirait, M. le duc de Luxembourg, capitaine des gardes, chargé de lui témoigner la satisfaction du Roi, lui dit en propres termes : « M. Pereire, je vous félicite, c'est merveilleux ! C'est merveilleux ! Le Roi en est dans l'admiration. »

Au sortir de cette audience à laquelle assistait le Dauphin, père de Louis XVI, Pereire, de retour de Choisy où se tenait la Cour, reçut par exprès la lettre suivante :

« Le Roi me charge, Monsieur, de vous mander de revenir ici demain avec M. d'Azy d'Etavigny, parce que Mesdames, qui sont arrivées après le départ de M. le Dauphin, désirent de vous voir. Je suis charmé de la nouvelle occasion que cela vous procurera de faire connaître les services que vous rendez, et le succès de vos talents.

« *Signé*, DUC DE CHAULNES. »

Les princesses témoignèrent la même surprise et la même admiration que Pereire avait provoquée la veille.

La sensation que produisit cette présentation valut à Pereire l'honneur d'une gratification de 800 livres dont M. d'Argenson lui annonça la signature dans les termes suivants :

Versailles, ce 31 mars 1750.

« Le Roi à qui j'ai rendu compte de votre art, Monsieur, et du succès avec lequel vous en avez fait l'épreuve, a bien voulu vous donner une marque de la protection qu'il accorde aux talents. Sa Majesté vient de vous accorder une gratification de 800 livres, et l'ordonnance vous en sera incessamment expédiée. C'est avec plaisir que je vous donne avis d'une grâce dont la distinction doit vous exciter vivement à perfectionner votre découverte. »

« Je suis, Monsieur, entièrement à vous. »

« *Signé* D'ARGENSON,
« *Ministre Secrétaire-d'État.* »

Si la somme n'était pas considérable, les éloges dont elle était accompagnée l'étaient davantage ; en la lui offrant aussi gracieusement, le ministre faisait voir que s'il connaissait la délicatesse de Pereire, il connaissait également sa position d'homme vivant de son travail, gagnant peu, et obligé de prendre sur son traitement les frais de carrosse quelconques que lui occasionnait le jeune d'Etavigny. Or, on ne va pas souvent à l'Institut, à la Cour, etc., avec dix-neuf cents livres.

Cette présentation de Pereire à la Cour fut pour lui l'occasion d'être connu de plusieurs personnages distingués, qui ne seraient pas descendus sur le quai des Augustins, à l'hôtel d Auvergne pour y trouver le modeste et patient instituteur. De ce nombre fut M. le duc de Chaulnes ; dès qu'il eut l'occasion de connaître et d'apprécier Pereire, ce seigneur fit si bien, qu'en peu de temps il trouva un sourd et muet à confier à Pereire, et ce sourd et muet fut le plus beau cadeau que Pereire ait reçu de sa vie, c'était Saboureux de Fontenay.

M. le duc de Chaulnes se trouvait être parrain du jeune Saboureux de Fontenay, fils d'un officier ; ce jeune homme avait déjà treize ans accomplis et vivait, fort délaissé, dans les environs de Montpellier, quand ce seigneur le fit venir à Paris et le mit en pension chez Pereire, le 26 octobre 1750.

On a dit, et c'est un homme consciencieux qui a dit cela (1) : « Les deux élèves que Pereire présenta à

(1) De Gerando, t. 1, p. 400.

l'Académie, avaient déjà obtenu, avant de passer par ses mains, un commencement d'instruction. Le jeune d'Etavigny avait reçu, à Amiens, des leçons d'un vieux sourd et muet dont l'esprit était, disait-on, orné de fort belles connaissances. Le jeune Saboureux avait déjà également reçu un commencement d'instruction, par les soins de M. Lucas, entrepreneur de bâtiments à Ganges, etc..... » A lire ce passage d'un homme qui allia toujours un grand fonds d'équité naturelle à une faiblesse excessive pour tout ce qui touche à la tradition de l'Institution Royale de Paris qu'il administrait, on serait tenté de croire que Pereire a pris ces deux élèves fort avancés. Nous avons cependant vu, dans des pièces signées de M. d'Etavigny père, à quel point d'ignorance était resté son fils, après sept ans passés à l'abbaye de Saint-Jean d'Amiens; Saboureux va nous dire lui-même, car il n'a pas besoin de truchement, quels progrès lui avait fait accomplir son instituteur bénévole, M. Lucas.

« M. Lucas aîné, entrepreneur des bâtiments du Roi, pour les ouvrages de plomberie, ayant été envoyé de Paris à Ganges, petite ville du Bas-Languedoc située à sept lieues de Montpellier, pour y faire bâtir une caserne en 1746, il m'y a trouvé déjà arrivé de Paris deux ans avant lui; quelque temps après, sachant que j'étais âgé de huit ans et demi, il a bien voulu profiter de ses loisirs pour entreprendre mon instruction ; il a commencé par m'enseigner à écrire et me montrer les signes de l'alphabet manuel ordinaire, pour pourvoir me faire lire devant lui des ouvrages. Ensuite, il m'a donné l'intelligence de nombre de mots d'un usage journalier et les noms des amis et des lieux ; je ne dis amis que parce qu'à Ganges j'étais toujours seul et sans parents. Il m'a appris à compter, à calculer et à dater du lieu et du quantième de la semaine, du mois, de l'année. Mais, la construction de la caserne étant achevée au printemps de 1749, il m'a quitté pour revenir à Paris, laissant mon instruction imparfaite.

« Pendant ces commencements, j'ai fait des observations sur des personnes connues et inconnues, pour voir si elles entendaient, de la même manière, des mots que je leur écrivais et dont je connaissais la signification ; je les ai priées de m'écrire d'autres noms des choses que je leur montrais ; j'ai rapporté ces noms que je retenais bien, ma mémoire étant naturellement heureuse, aux personnes avec qui je prenais mes repas ; j'ai été fort étonné qu'elles me montrassent les choses désignées par ces noms ; j'ai bien vu que tout le monde était parfaitement d'accord pour entendre les mots, et peu *mes signes ordinaires*. Je me suis mis donc à remarquer les effets de la conversation de vive voix, de la lecture, de l'écriture, etc..... ; j'ai cru entrevoir l'impossibilité où j'étais d'être aussi instruit qu'aucun enfant de mon âge, nonobstant le résultat des observations que j'avais faites dans les écoles des diocèses de Montpellier et d'Alais, où je m'amusais toute la journée à copier des leçons du nouveau Testament et d'autres livres, sans en avoir acquis l'intelligence, soit pendant que M. Lucas était à Ganges, soit depuis son retour à Paris. »

Exemple frappant de l'éducation du sourd et muet par les signes ! Saboureux avait de l'esprit naturel, une ardeur d'apprendre insatiable, la langue des signes ordinaires à sa disposition ; mais, *cette langue ne concordait pas avec la pensée écrite*, et toutes les méthodes du monde ne produiront pas cette concordance ; aussi, à peine entré chez Pereire, il commence à s'apercevoir que l'instrument intellectuel lui manque pour accomplir les progrès qu'il souhaite si ardemment de faire.

« D'abord, — écrivit plus tard Saboureux, car cet élève de Pereire a publié plusieurs mémoires intéressants, — d'abord, j'ai vu M. Pereire parler par les signes de son alphabet manuel avec M. d'Azy d'Etavigny, son premier élève, et tous deux m'ont fort exalté l'utilité de la connaissance de la langue, dont M. Pereire allait me donner l'intelligence ; ils m'ont prouvé les inconvénients de *mes signes ordinaires*, pour m'encourager à étudier. Je me suis porté de mon gré à recevoir les instructions de M. Pereire, après avoir appris que mon camarade,

M. d'Azy d'Etavigny, était sourd et muet de naissance comme moi ; enfin, à force de surmonter avec beaucoup de patience et de constance les peines et les difficultés d'une étude qui m'avait d'abord fait trembler, d'entendre et de répéter le français, et de connaître les idées intellectuelles, abstraites et générales, désignées par les mots, phrases et façons de parler, j'ai fini par renoncer à l'idée que j'avais de l'impossibilité de rendre les sourds et muets de naissance aussi savants, aussi instruits, aussi capables de raisonner, de réfléchir comme il faut, que les autres personnes, etc., etc.... »

Mais, en empruntant, à Saboureux lui-même (1), les détails relatifs aux premières leçons qu'il reçut, j'anticipe sur les événements de mon récit. Ce que Saboureux raconte en cinquante pages, coûta plusieurs années de soins à Pereire. Saboureux se rappelle qu'il eut besoin de beaucoup de patience et de constance ; voyons également ce qu'il fallut de constance, de patience et de génie pour faire de Saboureux un écrivain plein de fougue, d'imagination et d'originalité ?

Quelle grosse affaire, quelle pénible charge que ces éducations dans lesquelles Pereire excellait, non-

(1) Lettres de M. Saboureux de Fontenay, sourd et muet de naissance, à mademoiselle X.....

seulement à donner au sourd et muet des moyens
de communication précis avec les autres hommes,
mais encore à les relever à leurs propres yeux, de
manière à leur faire sentir qu'ils pourraient un jour
lutter contre tous, d'intelligence, de savoir, d'esprit
de conduite. C'était même un pénible travail pour
le sourd et muet, car Saboureux s'en exprime sans
détour ; mais avec qu'elle élévation de sentiment le
fait-il, et combien peu de nos bacheliers de collége
trouveraient, dans leur bagage classique, la matière
et l'expression d'une pensée aussi philosophique.
« L'éducation de la jeunesse, dit-il quelque part,
étant la première affaire de conséquence dans cette
vie, l'art de gouverner l'âge, la mémoire, l'intelligence, l'esprit, le cœur d'un sujet, est triste. Il est capable de faire faire des réflexions sur le pêché originel, sur ses effets et sur ses suites. La justice divine
rendant le gouvernement de la jeunesse effrayant,
exige absolument une satisfaction proportionnée à
la grandeur de la faute de nos premiers parents.
Ainsi, le maître et l'élève ne réussissent dans leurs
exercices qu'en supportant, comme il faut, les peines et les difficultés de l'étude que Dieu leur impose
pour leur pénitence. Par tout ce que je viens de dire
de la nature de l'instruction des sourds et muets,
vous sentirez que généralement, pour l'entière intelligence du langage et des matières enseignées,
elle est, on ne peut concevoir à quel degré, plus

difficile et plus pénible que l'éducation ordinaire de la jeunesse et l'étude des langues. » Que diront, de ce passage, les personnes qui douteraient de la capacité des élèves de Pereire, et celles qui eussent craint pour leur orthodoxie? Ce fragment rappelle à l'esprit de tout lecteur impartial, autant pour la forme que pour le fond, la manière de l'archevêque de Cambray dans son traité de l'éducation des filles : l'analogie est frappante.....

Pereire ne s'était pas occupé de cet élève plus de trois mois que, le 27 janvier 1751, il le présenta à l'Académie des sciences, — Pereire ne reconnaissait pas d'autre juge, — pour que les progrès que Saboureux venait d'accomplir, et ceux qui lui restaient à faire, fussent pertinemment constatés ; l'Académie chargea de cette commission les auteurs du remarquable rapport cité plus haut.

Extrait des registres de l'Académie royale des sciences, du 27 janvier 1751.

« Nous avons examiné, par ordre de l'Académie, les progrès du nouvel élève que M. Pereire lui présenta le 13 de ce mois.

« M. de Fontenay, sourd et muet de naissance, âgé de treize à quatorze ans, fils de M. de Fontenay, maréchal des logis des chevau-légers de la garde, a commencé à recevoir les instructions de M. Pereire, le 26 octobre 1750.

« Il a prononcé déjà toutes les lettres, toutes les diphthongues et syllabes distinctement et clairement, sans excepter les plus compliqées, telles que *blanc, franc, blond, grand.*

« Il a récité le *Pater* à l'Académie, et a prononcé le nom de plusieurs choses qu'on lui a indiquées par signes, *chapeau, habit, bouton, épée.*

« Malgré l'irrégularité de la prononciation des syllabes françaises, il ne s'y méprend pas ordinairement.

« Il prononce : *ca, se, si, co, cu,*

« Et non : *sa, que, qui, so, su ;*

« Il prononce : *ga, je, ji, go, gu,*

« Et non : *ja, gue, gui, jo, ju, etc.*

« De même, il prononce *tentacion*, et non *tentation ; mézon*, et non *ma-ï-son ; bôcoup*, et non *be-a-uco-up ; caillou*, et non *ca-i-lo-u, etc. etc.....* Ces différentes prononciations qu'on donne aux mêmes lettres et aux mêmes syllabes, forment, dans les méthodes ordinaires d'enseigner à lire, un grand obstacle aux progrès des enfants.

« L'élève de M. Pereire fait déjà la différence de l'*é* masculin et de l'*e* muet.

« Il comprend déjà le sens de plusieurs expressions familières, de façon qu'en lui mettant par écrit, asseyez-vous, levez-vous, embrassez-moi, allez-vous-en, et plusieurs autres, il exécute cela exactement.

« Outre ces connaissances, il a encore celle de l'alphabet manuel de son maître, par le moyen duquel il comprend tout ce qu'on veut lui faire prononcer. Cet alphabet est contenu dans les doigts d'une seule main, laquelle suffit encore au sieur Pereire pour exprimer, en chiffres, toutes sortes de sommes, et pour enseigner l'arithmétique à ses élèves. Il se sert aussi d'une machine d'arithmétique de son invention qu'il croit d'une utilité beaucoup plus générale que celles qui ont été inventées en ce genre ; le sieur Pereire compte la rendre publique afin de faciliter, aux enfants en général, la science des nombres (1).

« Cet exposé fait voir que M. Pereire a un talent *singulier* pour apprendre à parler et à lire aux sourds et muets de naissance : que la méthode dont il se sert doit être excellente ; les enfants qui ont tous leurs sens ne faisant pas communément autant de progrès dans un si petit espace de temps (le sieur Pereire est persuadé que, par sa méthode, les enfants ordinaires pourraient apprendre à lire couramment, c'est-à-dire sans épeler, dans quinze jours ou dans vingt au plus).

« Cela suffit pour confirmer le jugement que nous

(1) On n'a aucun renseignement sur ce compteur, qui, s'il a été publié, porte le nom de quelqu'autre que Pereire.

fîmes dans notre rapport du mois de juillet 1749;
et pour faire sentir que sa manière d'instruire les
muets ne peut être que très-ingénieuse, que son
usage intéresse le bien public, et qu'on ne saurait trop encourager celui qui s'en sert avec tant
de succès.

Signé, D'ORTOUS DE MAIRAN, DE BUFFON, FERREIN.

« Je certifie le présent extrait conforme à son
original et au jugement de l'Académie.

Signé, GRAND-JEAN DE FOUCHY,
Secrétaire perpétuel de l'Académie royale des Sciences.

L'Académie des sciences, après avoir ainsi solen-
nellement déclaré dans deux jugements successifs :

1° Que Pereire possédait une méthode à l'aide de
laquelle il enseignait aux jeunes sourds et muets à
prononcer toutes les lettres, toutes les dyphtongues,
toutes les syllabes distinctement et clairement, sans
en excepter les plus difficiles, comme il venait de le
prouver pour la seconde fois en faisant parler, en
moins de trois mois, un jeune sourd et muet déjà
âgé de treize ans;

2° Que les progrès intellectuels que Pereire a fait
accomplir également à son élève sont tellement notables, que l'Académie (sans même avoir communication de la méthode dont s'est servi Pereire),
proclame cette méthode excellente, puisque les en-

fants qui ont tous leurs sens ne font pas communément autant de progrès que l'élève de Pereire en a faits dans un si court espace de temps.

Après avoir dérogé ainsi à toutes ses habitudes en préconisant l'inconnu, une méthode dont on ne lui disait pas le secret, l'Académie passa encore par dessus ses habitudes de réserve en publiant, à la suite du rapport précité, quelques *remarques* explicatives sur ce que Pereire laissait entrevoir de sa méthode, et de plus une sorte de prospectus, vraisemblablement rédigé par Pereire lui-même.

L'Académie ayant ordonné l'insertion de ces deux pièces dans ses bulletins, on aurait mauvaise grace à en trouver la reproduction déplacée dans cet ouvrage, où la première servira de point de départ à nos réflexions sur la méthode de Pereire ; et la seconde montrera la façon loyale et généreuse avec laquelle l'inventeur traitait de gré à gré avec les familles qui avaient recours à son *singulier talent :* voici ces deux pièces réunies.

« Cet art du sieur Pereire, ne contient rien de la médecine ni de la chirurgie, comme quelques personnes ont pensé. Il consiste dans une méthode très-pénible pour lui ; mais qui n'est pour ses élèves qu'une espèce d'amusement.

« C'est par lui-même et par son frère seulement, que le sieur Pereire pratique son art. Il pourrait néanmoins se faire aider par Mademoiselle sa sœur, s'il était question d'instruire quelque personne du sexe (1).

« Le sieur Pereire divise son instruction en deux parties principales, la prononciation et l'intelligence (2).

« Il apprend aux sourds et muets, par la première, à lire et à prononcer le français, mais sans s'attacher à leur faire comprendre autre chose que quelques phrases les plus familières et les noms des choses d'un usage journalier, tels que les aliments et les habillements ordinaires, les meubles d'une maison, etc.

« Dans la seconde partie, il leur apprend tout le reste de l'instruction, c'est-à-dire à comprendre la valeur des mots contenus dans toutes les parties du discours, et à s'en servir à propos, soit en parlant,

(1) Ce qui, précisément, ne tarda pas à avoir lieu.

(2) « Il y a une grande différence, laquelle est beaucoup plus considérable chez les muets que chez les autres hommes, entre savoir et prononcer. Cela échappe ordinairement aux personnes qui n'y font point attention ou qui n'ont appris d'autre langue que celle de leur pays. Qu'on se donne la peine d'y réfléchir, on verra qu'à l'exception des dictions qui signifient des choses visibles, presque tous les mots d'un dictionnaire sont très-difficiles à expliquer aux sourds et muets; et que, pour l'ordinaire, on ne leur donne que des idées confuses et imparfaites. » (*Note* de J.-R. Pereire, insérée dans le *Bulletin de l'Académie*.)

soit en écrivant conformément aux règles grammaticales et au génie particulier de la langue.

« Dans quelques jours d'instruction, le sieur Pereire met ses élèves en état de prononcer quelques mots intelligiblement. Pour les instruire sur la première partie de son art, il lui suffit de douze ou quinze mois, surtout s'ils sont d'un âge encore tendre; mais, pour la parfaite instruction sur la seconde partie, il lui faut un temps plus considérable. »

« On pourra convenir avec lui, pour la première partie, d'un prix payable en trois paiements.

« Le premier ne lui devra être délivré qu'après que son élève articulera distinctement quarante à cinquante mots.

« On ne lui donnera le second que lorsque l'élève saura prononcer quatre à cinq cents mots.

« Ni le troisième, que quand le sieur Pereire se sera acquitté de cette première partie de son instruction (qui a pour objet d'apprendre à parler intelligiblement).

« Le prix de la seconde partie de l'instruction se réglera sur celui de la première; et l'on aura égard au temps que M. Pereire aura dû y employer.

« Afin d'informer, d'une manière satisfaisante les parents qui ne résident pas à Paris, des progrès des élèves, le sieur Pereire soumettra au jugement de l'Académie royale des sciences, ou à celui de quelques personnes éclairées dont on conviendrait avec

lui, la décision de ces progrès, pour être en droit
d'exiger les récompenses qui lui en seront dues.

« Si au lieu du français il fallait apprendre, à
quelque personne muette, l'espagnol ou le portugais, le sieur Pereire le ferait d'autant plus volontiers, que l'orthographe en est bien plus aisée et
qu'il possède ces deux langues (1). Pour instruire
un muet dans un langage différent d'un des trois
mentionnés, il faudrait au sieur Pereire apprendre
lui-même cette langue, auparavant: la langue ita-
lienne, dont il a quelque connaissance, lui serait
pour cet effet la moins difficile. »

L'insertion, dans le bulletin de l'Académie, d'une
pareille *réclame,* comme on dirait aujourd'hui,
montre jusqu'à quel point ce corps savant et ses
illustres rapporteurs estimaient Pereire, et le cas
qu'ils faisaient de sa méthode, *dont l'usage intéresse le bien public.* L'intérêt public, l'estime la
mieux fondée, la plus soutenue, voilà quels furent
les titres des deux opuscules que je viens de citer à
faire partie du monument académique. Ces pièces
n'avaient alors d'autre mérite que celui d'appeler
l'attention sur les travaux de Pereire, et ne paraissaient revêtues du sceau de l'Académie, que pour
attirer plus sûrement, à l'école qu'il avait ouverte,

______

(1) Pereire savait également l'hébreu et le latin.

un plus grand nombre d'élèves ; elles ont acquis aujourd'hui une importance nouvelle, par ce qu'elles laissent entrevoir de sa méthode et de la marche qu'il suivait avec ses élèves.

C'est donc, au plus tard, en 1751 que Pereire ouvrit, non pas son école, retirons le mot s'il blesse quelques oreilles, mais son pensionnat. Il se vouait alors définitivement à cet art dont il était le rénovateur, sinon le premier inventeur.

En ce moment même de la vie de Pereire, dans cette éducation si brillante du jeune Saboureux de Fontenay, une occasion décisive se présenta de comparer avec la méthode de Pereire le procédé des *signes naturels* qu'on a présenté depuis comme une méthode rivale de la sienne. Le jeune Fontenay faisant de rapides progrès, sa famille, et son protecteur le duc de Chaulnes, désirèrent qu'il reçût une éducation religieuse. Je voudrais raconter comment les choses se passèrent en cette circonstance, mais ici encore Saboureux a pris la plume et je dépose la mienne.

« ..... Vers le septième mois de mon instruction, mon oncle Lesparat, depuis avocat au Parlement, s'étant chargé, par un effet de sa bonne volonté, de m'instruire de la religion, les dimanches et fêtes, s'est attaché principalement à m'expliquer, de façon à me les rendre intelligibles, mais sans gesticulations ni estampes, les catéchismes de Paris, de

Montpellier et de M. l'abbé Fleury. Pour cet effet, comme il n'a que sept ans de plus que moi, il s'est mis à raisonner avec M. Pereire et avec feu le R. P. Vanin, prêtre de la doctrine chrétienne de St-Julien des Ménétriers, à Paris, touchant la manière de me catéchiser et de m'expliquer le langage consacré à la religion.

« Il m'a fait réciter, par cœur, les réponses du catéchisme, correspondantes aux questions qu'il me faisait par les signes de l'alphabet manuel, après m'avoir défini et expliqué exactement chaque terme, chaque phrase en français d'un usage habituel. Il m'a enseigné, à la façon de M. Pereire, à exprimer un même fonds d'idées de mille manières différentes ; par exemple, cette pensée, *vivre chrétiennement,* s'exprime diversement : vivre en pratiquant le bien que l'église chétienne nous ordonne et en évitant le mal qu'elle nous défend ; vivre de telle manière que le chrétien attire sur lui la grace de Dieu ; vivre selon les règles de la doctrine chrétienne ; vivre conformément à l'esprit de la religion chrétienne ; vivre suivant les principes de l'Évangile, etc., etc. (1).

(1) Pereire ne gardait donc pas si rigoureusement son secret, puisqu'il communiquait volontiers aux parents de ses élèves les moyens propres à avancer leur éducation religieuse.

« Quant à la méthode d'enseigner, *par gesticula-tions et autres signes,* la langue et la religion, j'ai à vous dire, qu'auparavant le R. P. Vanin m'avait enseigné par signes et par estampes l'Histoire Sainte et la doctrine chrétienne, et m'a expliqué, de cette façon, des mots et des phrases qui se trouvaient au bas de ces estampes. J'ai cru que Dieu le père était un véritable vieillard résidant au ciel, que le Saint-Esprit était une colombe environnée de lumière, que le Diable était un monstre hideux, demeurant au fond de la terre, etc..... Ainsi, j'ai eu des idées *sensibles, matérielles, machinales* sur la religion. »

Voilà à quel point de connaissances menait l'emploi des images et des signes naturels. — Il est vrai que ces signes n'étaient point encore assujétis à une *méthode,* et nous verrons plus loin ce qu'y ajoute la méthode ; — mais, les résultats de l'enseignement des sourds par les signes étaient si évidents, que leur véritable promoteur, le R. P. Vanin, n'en eut pas plutôt fait l'épreuve comparativement avec la méthode de Pereire, qu'il cessa spontanément une concurrence dans laquelle il se voyait dépassé.

Cette circonstance, aux détails de laquelle Saboureux semble se complaire, est omise dans toutes les histoires relatives aux sourds et muets, sans doute parce qu'elle est décisive ; décisive par rapport à la supériorité de la méthode ; décisive sur le

chef des personnes. De plus, le P. Vanin n'est pas
mort, comme on l'a dit, au moment où il commençait l'éducation des deux sœurs sourdes et muettes
que l'abbé de l'Epée a recueillies; le **P.** Vanin a
abandonné toute pratique de cet art, plusieurs années avant sa mort et a fait confier des élèves, un
élève au moins, le jeune Lecouteux, à son intelligent
rival: noble exemple de loyauté, unique dans ce
récit.

Cependant, en 1753, Saboureux, le charmant
narrateur de cette chronique secrète et piquante de
l'enseignement des sourds et muets, n'était pas encore l'écrivain des fragments qu'on vient de lire.
Pendant plus de trois ans, il reçut des leçons assi-
dues de Pereire, chez qui il demeurait, et de son
oncle, **M.** Lesparat, dont le nom mérite d'être conservé. **M.** le duc de Chaulnes continuait à porter au
jeune Saboureux un cher et vif intérêt: présent, il
le visitait, assistait à ses leçons, y prenait part, lui
commandait de petits travaux proportionnés à son
degré d'instruction et chaque jour plus difficiles;
absent, il s'inquiétait de ses progrès, s'en faisait
rendre un compte fréquent et même régulier; et, à
ce sujet, autant que pour la véritable affection qu'il
portait à Pereire, il entretenait avec ce dernier une
correspondance dont je puis donner un échantillon.

Chaulnes, 12 octobre 1753.

« J'ai reçu avec grand plaisir, mon cher Pereire, la lettre du petit Fontenay et la vôtre. J'en ai été d'autant plus content que vous me marquez, et que l'on s'aperçoit qu'elle est réellement de ses idées. Ses progrès sont étonnants ; ses phrases commencent à être plus liées, et si le catalogue qu'il fait de ses connaissances paraît nombreux, cela prouve qu'il les acquiert avec satisfaction. Je lui réponds une lettre que je joins ici, parce que j'imagine qu'elle lui fera plaisir et que cela augmentera son émulation. Bon soir, mon cher Pereire, je vous assure que j'ai grand plaisir d'être utile à des gens qui ont autant de talents que vous, et qui les dévouent comme vous à l'utilité de l'humanité.

« Signé, DE CHAULNES. »

Saboureux répondit et au-delà aux espérances que son protecteur avait conçues de lui. Il était recherché pour son esprit, vif dans ses réparties, âpre à l'attaque, curieux d'hypothèses hardies. Il a publié, anonymes, nombre de traductions d'ouvrages anglais qui lui étaient commandées par des éditeurs, ainsi que le rapporte de Gérando ; la volonté de son maître fut le seul obstacle à la publication de ses nombreux écrits méthodiques et polémiques sur l'art d'instruire les sourds et muets, et les jour-

naux de son temps, même les plus savants (1), ac-
cueillirent ses productions. D'Alembert tenait à honneur de présenter lui-même les mémoires de Saboureux à l'Académie des sciences ; ce n'est même
pas la faute de Saboureux, si le bon abbé de l'Épée
s'est trompé, avec la plus grande bonne foi du
monde, dans sa tentative d'assujétir les signes naturels à une méthode pour en faire une langue universelle ; et puis, tant que vécut Saboureux, les titres de Pereire furent, si non respectés, du moins
défendus avec une vigueur âpre et juvénile que le
grave instituteur dédaignait d'employer dans sa propre cause ; et, enfin, la courageuse épouse du fils
de Pereire avait raison de s'écrier en 1813 : « Si
Saboureux de Fontenay eût vécu plus long-temps,
le nom de son instituteur ne serait certes pas tombé
dans un injuste oubli ; il en aurait relevé la gloire,
ainsi qu'il l'avait entrepris dans la controverse
qu'il soutint avec tant d'avantage contre l'abbé de
l'Épée (2). »

De plus, Saboureux lui-même avait formé quelques
élèves, entre autres une demoiselle de Rennes dont
Le Bouvier Desmortiers cite quelques écrits d'un
bon style et vivement pensés. Mais on aurait tort

(1) Le *Journal de Physique.*
(2) Nous dirons plus loin un mot de cette polémique.

de croire, avec de Gérando, que les explications de
cette demoiselle puissent jeter un grand jour sur
la pratique de Pereire ; car la théorie de Saboureux
différait essentiellement de celle de son maître, par
cette raison fondamentale que lui, Pereire, attri-
buait le premier rôle dans l'enseignement à la parole, et que son élève attachait peu d'importance à
l'exercice de cette fonction. Pereire avait bien pu lui
apprendre à parler, sans que l'usage de la parole lui
devînt familier : et cette incapacité relative s'explique par l'inaction dans laquelle étaient demeurés
ses organes de la parole jusqu'à treize ans. Quoi
qu'il en soit, Saboureux eut des élèves sourds et
muets, et réussit à les instruire en employant la
seule dactylologie, pour laquelle il avait une préférence. Il eut des élèves, il se consacra à l'art qui
l'avait sauvé lui-même de l'ignorance et de la pitié,
cela fait l'éloge de son cœur, plus, à mon sens,
que celui de son jugement.

On a attaché, je ne l'ignore pas, un intérêt immense à ce fait de sourds et muets devenant capables
de se consacrer à l'éducation de leurs frères d'infortune, lorsqu'il s'agissait de Massieu, de Clerc, de
Ferdinand Berthier ; mais on oubliait — toujours
par hasard — de nommer Saboureux de Fontenay,
élève de Pereire. Or, Saboureux réussit dans cet art
avant tous ces Messieurs, que les besoins d'une tactique ont fait porter si haut. Mais les sourds et muets

sont-ils, à mérite égal, aussi capables que d'autres professeurs d'instruire un sourd et muet? Je ne le pense pas, et je crois, au contraire, que sans parler de l'enseignement de la parole, auquel ils doivent renoncer, l'enseignement général qu'ils cherchent à donner à leur semblable est toujours moins complet que celui des professeurs ordinaires. Cependant, il est bon que Pereire et son élève n'aient pas même laissé, aux pseudo-inventeurs, le plaisir d'inventer cette application de l'art nouveau, bien qu'elle soit plus curieuse qu'utile. C'est pourquoi, à mon sens, Fontenay brille surtout par ses travaux intellectuels. Il ne se contentait pas de savoir plusieurs langues, de posséder plusieurs sciences, il avait composé un grand nombre d'ouvrages destinés à l'impression (1), et ceux qui nous restent, ses *lettres sur la dactylologie* et son mémoire inséré dans le *Journal de physique,* en 1770, sont des travaux saisissants d'érudition et de fantaisie. Et c'est là le cachet de la méthode de Pereire, qu'elle n'enseigna pas seulement aux sourds et muets à apprendre et à connaître, mais aussi à inventer et à produire. Les œuvres de celui-ci ont été consultées par tous les hommes spéciaux, et quand il s'agira de la méthode de Pereire, je serai heureux de les retrouver.

(1) De Gérando, t. 1, p. 403.

Après ce que nous venons de dire de Saboureux de Fontenay,. est-il besoin de rapporter les vers si connus qui lui furent adressés? Oui, sans doute, car l'opinion de contemporains est souveraine en matière d'esprit, et les contemporains de Saboureux s'exprimaient volontiers en vers.

> Ne formez, Fontenay, ni plainte ni murmure,
> Le sens dont vous manquez doit peu vous chagriner,
> Chez vous l'art a si bien corrigé la nature,
> Qu'où les autres perdraient, il vous a fait gagner.
> On ne peut s'empêcher de prendre
> Pour vous l'intérêt le plus tendre :
> Chacun s'émeut, vous plaint, gémit quand il vous voit ;
> Mais, votre esprit qui tout conçoit,
> A pour se faire entendre une si grande aisance,
> Que le plaisir qui naît de votre intelligence,
> Fait oublier bientôt la pitié qu'on vous doit.

Mais, je m'aperçois qu'à suivre les progrès de ce fougueux élève de Pereire, j'ai laissé bien loin derrière moi le maître, celui qui était le principe, la cause initiale de ce prodige appelé Saboureux de Fontenay.

Abandonnons à la foule l'effet qu'elle admire, et remontons à la cause.

Après le second rapport de Buffon sur la méthode et les succès de Pereire, après les mentions honorables que firent de cette découverte les recueils savants et les gazettes de toute l'Europe, M. d'Argenson n'hésita pas à demander au Roi une pension de 800 livres pour Pereire, et il lui écrivit:

Fontainebleau, 26 octobre 1751.

« Le Roi vous a donné, Monsieur, l'année dernière, une marque de son attention à protéger les talents en vous accordant une gratification de 800 livres. S. M. vient de faire encore plus en votre faveur, et elle a bien voulu vous régler une pension annuelle de la même somme. C'est avec plaisir que je vous donne avis de cette grace, qui vous met en état de perfectionner votre art et de répondre avec un nouveau zèle aux bontés dont S. M. vous honore.

« Je suis, Monsieur, parfaitement à vous,

« *Signé,* D'ARGENSON. »

Ci-joint le brevet.

« Aujourd'hui vingt-deuxième du mois d'octobre mil sept cent cinquante et un, le Roi étant à Versailles, S. M., toujours attentive à protéger les talents, a bien voulu donner un témoignage de sa bienveillance à **M.** Jacob Rodrigues Pereire, Portugais de nation, en considération de l'art qu'il s'est acquis de pouvoir apprendre à parler aux sourds et muets de naissance, et leur donner une éducation dont ils avaient été jusqu'alors regardés comme incapables. S. M., pour cet effet, lui a accordé et fait don de la somme de 800 livres de pension pour chacun an, à prendre sur les deniers, tant ordinaires qu'extraordinaires de son trésor royal; pour, de ladite pension de 800 livres, jouir et être payé sa vie durant, sur ses simples quittances, par les gardes du trésor Royal présents et avenir, en vertu des ordonnances que S. M. en fera expédier et délivrer d'année en année audit Pereire.

« M'ayant, S. M., pour assurance de ce qui est en cela de sa volonté, commandé d'expédier le présent brevet, qu'elle a signé de sa main et fait contre-signer par moi, son conseiller, secrétaire d'État et de ses commandements et finances.

« *Signé*, Louis.

« *Signé*, d'Argenson. »

L'école de Pereire était constituée, son titre d'instituteur, de premier instituteur des sourds et muets en France, reconnu par un ministre du Roi dans un acte officiel, sa méthode était approuvée par les seuls juges que l'on eût dû consulter en telle matière : c'était, pour un homme remuant et personnel, le moment de se faire valoir, de se mettre en avant, d'attiser l'éloge, de souffler l'enthousiasme, de se donner de la gloire par la fi-

gure (1). Ce fut pour Pereire le moment de se
renfermer avec ses élèves dans le silence de l'é-
tude : fort du jugement de l'Académie, il ne de-
manda rien de plus, et il crut que cet arrêt devait
suffire pour lui amener des élèves. Ce n'est pas la
seule faute contre ses propres intérêts que commit
Pereire, mais c'est une des plus graves, c'est celle
qui compromit le plus la fortune de son nom, et
nous la signalons ici en passant, parce que c'est
précisément à partir de cette époque qu'il ne fit
plus rien pour s'attirer l'estime de ses contemporains, et qu'il se consacra tout entier à la mériter.

Le jeune d'Azy continua encore quelques années
à suivre ses leçons avec fruit ; Saboureux de Fontenay marcha à pas de géant dans la carrière de
l'intelligence. Ce dernier apprit à parler, et s'il préféra toujours la dactylologie à la parole comme
moyen d'exprimer sa pensée, nous en avons dit la
raison : Saboureux était trop âgé pour se servir de
la parole ; Pereire avait bien pu lui donner la faculté de parler, mais Saboureux préférait, à l'usage
de cette faculté, l'emploi de la dactylologie, comme
se rapprochant davantage du langage des signes
qu'il parlait dans sa jeunesse ; et ce fut toujours

______

(1) « N'est-ce pas assez pour votre gloire d'être destiné à
partager la mienne. » (*Lettre* de l'abbé de l'Épée à M. Sicart,
1785.)

son mode favori d'expression, cette dactylologie,
dont il avait trouvé lui-même le nom, et dont il disait avec enthousiasme : « Elle s'apprend en trois
heures (1) ; elle est aussi prompte, aussi rapide que
la prononciation, et aussi expressive que l'écriture
bien faite, etc., etc..... (2) »

C'est en ce temps là que Buffon, J.-J. Rousseau,
La Condamine, d'Alambert, Diderot, Lecat, le P. André et nombre d'autres savants assistèrent si souvent aux leçons de Pereire, que plusieurs d'entre
eux devinrent ses amis.

Rousseau, qui demeurait dans la même rue que
Pereire, et qui lui portait une estime et une affection que l'éloignement ne put altérer, cite Pereire
comme le seul homme de son temps qui fit parler
les muets ; ailleurs il dit (3) : « Les muets ne chantent pas, ils ne forment que des voix sans permanence, des rugissements sourds que le besoin leur
arrache : JE DOUTERAIS QUE PEREIRE, AVEC TOUT SON TALENT, pût jamais tirer d'eux aucun chant musical. »

Diderot qui, comme Jean-Jacques, avait souvent
vu Pereire à l'œuvre, prenait occasion de ses

____

(1) *Institution des signes méthodiques*, par l'abbé de l'Épée,
1776, p. 101.

(2) Deuxième Lettre sur la *Méthode de Pereire*, par Saboureux de Fontenay.

(3) *Dictionnaire de Musique*, art. *Chant.*

charmantes lettres sur les sourds et muets, pour le louer en ces termes délicats :

« Je vous avoue que je ne suis pas en état de répondre aux questions que vous me proposez sur les sourds et muets de naissance. Il faudrait recourir au muet, mon ancien ami (Saboureux), ou, ce qui vaudrait mieux, consulter M. Pereire. »

Et encore, Diderot semble ne s'être chargé de l'article *muet*, dans l'Encyclopédie, qui est fort court, que pour consigner dans ce catalogue de l'esprit humain, la découverte de Pereire. « Pereire, né en Espagne, y est-il dit, doit sa méthode à son génie : on peut voir ses succès dans l'histoire de l'Académie des sciences. »

Cependant Lecat, qui fut le premier physiologiste français du dix-huitième siècle et dont l'autorité, toute spéciale, a autant de poids que celle de Buffon, Lecat, p. 295, t. 2 de son *Traité des sensations*, est plus explicite sur Pereire et sa méthode, parce que les travaux de Pereire venaient en aide à ses propres doctrines physiologiques.

« Personne, dit-il, n'a poussé aussi loin que le célèbre Pereire l'art de corriger les défauts des sourds et muets de naissance ; non-seulement il les fait lire et écrire, mais encore il les fait parler, converser, disserter avec une étendue de connaissances presque égale à celle des autres hommes..... (Mention d'Etavigny).

« Je me suis assuré de ce prodige par moi-même, il m'a paru que **M.** Pereire parvenait à ce degré d'éducation des sourds et muets, par plusieurs moyens réunis dont on voit une partie dans la conversation avec eux, et dont il ne me paraît pas difficile de deviner le reste; au moins, presque tout ce qu'on voit chez lui, c'est que ses élèves *l'entendent* d'abord par le mouvement des lèvres.

« Le second moyen de s'entendre, établi entre **M.** Pereire et ses élèves, est une suite de signes faits avec les doigts, dans le genre de ceux que se font en classe les écoliers pour se parler sans bruit.

« Mais tout cela suppose la connaissance des mots et des objets qu'ils désignent, c'est donc par là que doit débuter **M.** Pereire, *et voici comment je conçois qu'il l'exécute :*

« Il montre à son élève chaque lettre de l'alphabet; il en prononce le nom distinctement, de façon qu'il n'y a rien d'équivoque dans le mouvement des lèvres, de la langue, etc. ; le maître lui fait entendre, par des signes (dans lesquels les sourds et muets ont une intelligence singulière), qu'il faut joindre des sons à ces mouvements. Par exemple, en prononçant avec force il lui montrera sa poitrine et son gosier en mouvement; il lui fera sentir ce mouvement en lui faisant appliquer la main sur ces organes; l'élève qui le comprend donne les sons accompagnés du mouvement des lèvres et de la langue, montrés par le maître; les mouvements déterminent le son; et si ce son n'est point exact, on lui fait signe qu'il n'y est pas encore. Quand il l'a attrapé, on l'applaudit, on le caresse. Ce seul exercice lui montre la liaison qu'il y a entre les mouvements des lèvres, de la langue, etc., et le forme dans le moyen de converser le plus général.

« Quand M. Pereire a réussi à leur faire prononcer et connaître le son et la figure de toutes les lettres, il accompagne cette prononciation de signes arbitraires faits avec les doigts, parce qu'ils sont beaucoup moins équivoques et plus distincts, et que d'ailleurs l'un fortifie l'autre.

« Après cela, il leur prononce et leur fait prononcer des mots entiers, en leur faisant voir les choses et les actions que ces mots expriment. Par exemple, *du pain:* en leur montrant cet aliment et le mot écrit qui le représente, il leur dit *manger du pain,* en exécutant l'action même de le manger; *je mange du pain,* en se montrant soi-même d'une main et portant de l'autre du pain à sa bouche; *vous mangez du pain,* en faisant les mêmes manœuvres sur l'élève, et de même à un tiers pour la troisième personne.

« Cette base de l'art étant posée pour les noms substantifs, comme *pain, vin, etc.,* on pense à exprimer les adjectifs *bon, mauvais, aigre, doux, etc.,* mais ce n'est là encore qu'un second degré très-facile, parce que le sourd a des sens qui donnent les sensations de ces épithètes ; mais le très-difficile est la suite des substantifs relatifs, comme *père, mère, oncle, cousin, etc.,* comme *Dieu, roi, magistrat, etc.,* et tout ce qui concerne les verbes qui doivent ou lier ou séparer les idées.

« Cette dernière partie de **M.** Pereire est *un chef-d'œuvre de sagacité par lequel il l'emporte sur tous ceux qui l'ont précédé ;* chef-d'œuvre d'un détail immense, et qui demande grand nombre d'années d'éducation suivie.

« On ne saurait douter qu'il n'y soit parvenu, quand on s'entretient avec ses élèves, quand on a lu les discours que quelques-uns d'entre eux ont prononcés, et la dissertation de l'un d'eux insérée dans *le Mercure de France.*

« Il était réservé à **M.** Pereire de transformer un sourd et muet de naissance en *orateur* et en savant, de rendre à la société une partie de notre espèce qui paraissait condamnée, par la nature, à faire une classe mitoyenne entre les brutes et nous.

« Il faut convenir qu'il mérite, par cela seul, d'être placé au rang de ceux qui ont le mieux mérité les suffrages du public, la reconnaissance de tout le genre humain et les encouragements de toutes les puissances. »

Rousseau, Diderot, Mairan, La Condamine, Bou-

gainville, Lecat, et Fréron, plus difficile à séduire
qne tous les autres ensemble, furent unanimes
dans l'expression de l'admiration que leur inspirait le talent et surtout le dévouement du premier
instituteur des sourds et muets en France: les uns
lui consacrèrent des chapitres entiers de leurs
écrits (1); les autres, après une épithète élogieuse
ajoutée au nom de Pereire, se contentaient de renvoyer leurs lecteurs à l'*Histoire de l'Académie* ou
à l'*Histoire naturelle* de Buffon.

Eux tous, ces hommes de science et de conscience, ils virent opérer l'instituteur sans chercher à surprendre son secret. Ils parlèrent de son
mérite, mais aucun d'eux, sauf le P. André, ne
tenta de soulever le voile sous lequel sa méthode
restait enveloppée. Ce dernier, sans penser à mal,
— et d'ailleurs il n'en fit point, — ne put cependant retenir sa plume, et au sortir de ces longues
séances où les élèves de Pereire donnaient chaque
jour des preuves nouvelles de la capacité de leur
maître, le P. André publia, sous le titre de DIVINA-
TION *sur la manière d'apprendre à parler aux
muets,* une de ces dissertations chaleureuses qui
brillent sans éclairer: Pereire resta, comme devant,
seul possesseur de son secret.

(1) Freron, dans le *Journal Étranger;* le P. André, dans ses
OEuvres.

Mais il ne l'appliquait, dira-t-on, qu'à peu d'é-
lèves? Ce n'est pas lui qui manqua jamais aux
sourds et muets, ce furent les sourds et muets qui
lui manquèrent; et, d'ailleurs, s'il n'en eût jamais un
grand nombre, il en eut toujours quelques-uns;
ainsi, de 1751 à 1756, il s'occupa de plusieurs,
parmi lesquels on connaît par leur nom d'Azy d'E-
tavigny, Saboureux de Fontenay, et Lecouteux, que
lui avait fait confier le P. Vanin, quand il se fut convaincu de la supériorité de la méthode de Pereire
sur ses propres tentatives, et il en eut d'autres encore, les uns connus, et de Gérando en compte
jusqu'à douze, les autres inconnus; et il ne m'a
pas été possible de recueillir le moindre renseignement à leur égard. Mais, quel qu'en ait été la quantité disséminée sur une pratique de trente-cinq ans,
il n'y avait pas là matière à occuper un esprit aussi
actif : le gros de l'instruction de ces jeunes gens
reposait sur M. Pereire jeune, que Jacob-Rodrigues
avait déjà mis en état d'appliquer ses procédés au
collége de Beaumont en 1749; Pereire l'aîné, qui
avait continué ses travaux de mathématique et de
physique, songea donc à tourner une partie de son
activité intellectuelle vers d'autres objets d'intérêt
général.

Justement, l'Académie des sciences venait de
mettre au concours, pour 1753, une question grosse
d'avenir. M. Rouillé de Meslay ayant fondé un

prix destiné au meilleur mémoire sur l'art de la na-
vigation, l'Académie avait proposé pour sujet de ce
prix de 1753 : *la manière de suppléer à l'action du
vent sur les grands vaisseaux, soit en appliquant
les rames, soit en employant quelque autre moyen
que ce puisse être.*

Si Pereire n'avait été qu'un patient instituteur
des sourds et muets, il fût demeuré complètement
indifférent à la publication de ce programme académique ; mais son esprit, à la fois généralisateur
et analytique, ne pouvait se renfermer dans l'hori-
zon de sa propre découverte. Porté en quelque
sorte d'instinct vers les grandes choses, son génie
propre avait une affinité toute spéciale pour les pro-
blêmes qui touchaient d'une part à la science, dans
son acception encyclopédique, de l'autre à des intérêts profonds et généraux. Tel avait été pour lui
le double attrait du problême de l'éducation des
sourds et muets, question de physiologie, de psy-
chologie, de pédagogie, d'humanité surtout ; tel devait être l'attraction complexe par laquelle il se lais-
serait emporter toutes les fois que nous le verrons
sortir de ses habitudes d'esprit et de l'isolement de
son école.

Cette question, *de la manière de suppléer à l'action du vent sur les grands vaisseaux,* ne le prit
pas au dépourvu. Savant comme on l'était de son
temps, c'est-à-dire amoureux de toutes les hypo-

6

thèses avec lesquelles l'intelligence aime à se jouer, Pereire n'avait pas attendu l'appel de l'Académie pour étudier cette question, qui ne devait être résolue que dans le siècle suivant.

Étant en mer, vers 1739, dans une traversée de Cadix à Bordeaux, le vaisseau qui le portait fut, pendant plusieurs jours, immobilisé par le calme en vue de la côte. La diminution des vivres, l'imminence d'un échouage firent réfléchir le jeune Pereire sur le manque de moyens propres à suppléer à l'action du vent, et il était déjà sur la voie d'une solution, quand l'Académie proposa le prix fondé' par M. Rouillé de Meslay ; il y avait donc déjà treize ans que Pereire, préoccupé de cette importante question, avait, selon l'heureuse expression d'un de nos amis, *pressenti la vapeur.*

Il répondit à l'appel de l'Académie ; son mémoire, enregistré sous le n° 10 avec cette épigraphe : *Herculis ex humero longinquam respicit oram Pygmœus,* remporta l'accessit et dut être imprimé avec ceux qui avaient été couronnés. On a dit, en 1753, que « ces dernières pièces ne l'avaient emporté sur celle de Pereire, que par la nouveauté des calculs sur la force des hommes, plutôt que par des applications pratiques de cette force à l'objet proposé ; » mais qu'importe aujourd'hui le pourquoi de cette seconde place assignée à Pereire dans une joute à laquelle toute l'Europe savante était conviée ? Les

plus grands mathématiciens avaient concouru, et
veut-on savoir le nom des vainqueurs?.... Daniel
Bernouilli et Euler !...... Le prix fut partagé entre
ces deux grands géomètres, et l'accessit fut accordé
à Pereire, qui s'était attaché surtout aux conditions
les plus ingénieuses de l'emploi de la force des
hommes, sinon à la mesure mathématique de cette
force. Depuis, Pereire, revenant sur ce fait très-hono-
rable dans une lettre qu'il écrivit à M. de Sartine,
en 1779, le rappelait avec une simplicité qui n'appartient qu'à lui : « J'eus un accessit pour ce coup
d'essai, dit-il, et j'en fus d'autant plus satisfait,
que mes connaissances en géométrie étaient comme
nulles auprès de celles de ces savants. En partant
de quelques principes connus et de quelques expériences sur la force des hommes, je n'avais cherché
qu'à en tirer le meilleur parti pour le sillage des
grands vaisseaux en calme, ou désemparés de leur
mâture. » C'est donc un travail d'ingénieur que
Pereire avait présenté à l'Académie, et qu'il continua d'élaborer dans les heures où il se reposait
des fatigues de l'enseignement.

Content d'avoir payé son tribut aux besoins généraux pour lesquels il se passionnait si naturellement, Pereire rentra dans le calme de sa vie d'instituteur des sourds et muets.

On a dit que l'histoire d'un peuple était d'autant
plus intéressante que ce peuple avait été plus misé-

rable, et que l'histoire d'une nation parfaitement
heureuse serait parfaitement insipide ou même impossible à écrire. Cette assertion ne doit pas manquer de vérité, car je remarque, en ce qui concerne
Pereire, que les années les plus douces de sa vie
sont aussi celles qui présentent le moins d'intérêt,
et celles qui n'ont presque pas laissé de traces dans
ses papiers. Cette période muette et calme comprend les années 1753 à 1756, pendant lesquelles
le patient instituteur des sourds et muets développait l'intelligence de ses élèves, et rendait Saboureux de Fontenay, en particulier, capable d'é-
tudier les sciences les plus abstraites, et de fixer
à son tour l'attention de l'Académie par ses curieuses
hypothèses.

Mais, je le répète, cette tâche, que nul autre
que lui n'osait encore entreprendre, n'occupait pas
si exclusivement l'activité de Pereire, qu'il ne
trouvât encore le temps de rendre, à ses coreligionnaires, des services précieux ; pour cela, il mit généreusement à profit les relations que lui avait créées
son talent avec le ministère, avec les grands, avec
les savants, relations dont il ne songea pas un instant à se servir pour lui-même. Satisfait d'être
ce qu'il était, le restaurateur d'un art délaissé, le
promoteur en France de l'instruction des sourds et
muets, et comptant sur la justice de sa cause, il se
fia tout entier à son bon droit, et tant qu'il entrevit

la possibilité de fonder, sur des bases honorables, cet enseignement dont il fut réellement inventeur, il ne songea pas à tirer parti de la position que son mérite lui avait fait, ni à tirer profit des services qu'il pouvait rendre, et qu'il rendait, à ses coreligionnaires avec autant de zèle que de désintéressement. C'est alors qu'il refusa la rémunération qui lui fut offerte par les juifs portugais de Bordeaux ; c'est alors que nulle décision ministérielle ne fut prise à leur égard sans que Pereire n'ait été consulté ; et ces décisions, ai-je dit, d'après l'auteur de l'histoire des juifs de Bordeaux, portent toutes l'empreinte de ses idées d'équité, quelques-unes même sont de son style.

Au nombre des exceptions vexatoires dont les israélites étaient frappés dans beaucoup de localités, la défense de demeurer dans l'intérieur de certaines villes, et la nécessité de se retirer au coucher du soleil dans un faubourg souvent mal sain, était une de celles dont souffraient le plus leur intérêt et leur honneur. Pereire fit abroger cette coutume pour ses coreligionnaires de Bayonne, et ce succès lui coûta des démarches et des peines inouies pendant plusieurs années. Ces détails seraient perdus, avec tant d'autres que sa modestie se plaisait à enfouir dans l'oubli, si les délibérations des syndicats israélites n'en avaient conservé les preuves.

Par l'une d'elles, en date de 1753, Pereire est en

vain prié d'accepter une lettre de change pour les
frais et les dépenses que lui ont occasionnés les
soins assidus qu'il a donnés aux affaires de la nation ; par une autre, en date de 1756, il est accré-
dité par ses coreligionnaires en qualité d'agent de
la nation juive portugaise, à Paris, titre créé pour
lui, et dont il avait, de fait, rempli gratuitement les
fonctions depuis 1749.

M. le comte de Saint-Florentin, secrétaire d'État,
dans les attributions duquel les affaires de la nation
juive se trouvaient, eut, dès lors, de plus fréquentes
occasions d'apprécier le mérite de Pereire, et ne
tarda pas à se sentir porté pour lui de cette protection que les hommes éminents accordent spontanément à un esprit distingué, quand leur cœur
n'est pas au-dessous de leur position.

Ayant eu donc de longs entretiens avec Pereire
au sujet des affaires de sa nation, M. le comte de
Saint-Florentin en arriva à lui témoigner une bienveillance toute particulière, dont il ne tarda pas à
lui donner des marques de la manière à la fois la
plus flatteuse et la plus propre à satisfaire l'ambition
du modeste instituteur. Ce fut en plaçant chez Pereire une jeune sourde et muette de naissance, que
le comte de Saint-Florentin voulut lui prouver
toute l'estime qu'il portait à son caractère.

Cette jeune fille était Marie-Magdeleine Marois,
née en 1749, à Châteauneuf, âgée, par conséquent,

de sept ans, orpheline, pauvre, sourde et muette de naissance, ayant enfin dans ses misères même toutes les qualités requises pour être le plus beau cadeau que le ministre pût faire au charitable instituteur.

Marie-Magdeleine Marois entra dans l'institution de Pereire le 2 mai 1756; elle y fut reçue presque le même jour que Marie Lerat de Magnitot, jeune sourde et muette de son âge, que leur commune infirmité rassemblait, que l'amitié la plus cordiale et la plus touchante devait unir jusqu'au dernier jour.

Les papiers de Pereire ayant, comme je le dirai, passé par le feu des révolutions, il ne subsiste presque aucun document sur cette élève. Il ne reste même aucuns détails sur ses progrès, non plus que sur ceux de son amie; mais l'une et l'autre ont fait assez d'honneur à leur maître pour que l'on n'ait **pas** besoin de s'arrêter au détail de leur éducation. Ce que je retrouve sur Marie Marois est postérieur de beaucoup à la mort de son instituteur, et viendra prendre sa place chronologique dans cette histoire.

Mademoiselle Lerat, sœur de M. le juge de paix du deuxième arrondissement de Paris, a moins écrit que Mademoiselle Marois; non qu'elle n'écrivît pas avec facilité, correction et élégance, mais parce que, rentrée dans le sein d'une nombreuse famille, ses sentiments n'avaient pas autant besoin de s'épancher au dehors que ceux de son amie. La fortune, d'ailleurs, avait mis, entre ces deux jeunes filles,

une barrière que leur affection se fit un jeu de franchir, mais qui traça toujours une profonde démarca-
tion dans leurs habitudes. Marie Marois, pensionnée
du duc de la Vrillière, puis réduite à l'hospitalité de
la maison de son beau-frère, obligée enfin, dans sa
vieillesse même, de demander du pain à ses doigts,
n'avait guère d'autre satisfaction que celle de s'entretenir avec les enfants et avec les petits-enfants de
Pereire des moyens de propager sa méthode et de
faire rendre justice à sa mémoire. Mademoiselle Lerat de Magnitot, tout en partageant ces nobles désirs, et, bien qu'ayant elle-même offert de concourir
à la réalisation de ces espérances, avait su se créer
des occupations capables d'atténuer la vivacité des
regrets que lui causait l'oubli où était tombé le nom
de son maître : habile et active aux soins domes-
tiques que réclame une grande maison, patiente et
adroite aux mille petits ouvrages qui remplissent
les parenthèses ouvertes par l'isolement dans la
vie champêtre, passionnée pour les arts, maniant
également bien la brosse et le pastel, ornant le château de Magnitot de peintures à l'huile et de des-
sins estimés des connaisseurs, et que sa famille
conserve encore aujourd'hui avec orgueil ; goûtant
le plaisir de la danse et s'y livrant avec grâce, à
l'aide d'un regard intelligent jeté sur les mouvements de l'orchestre ; bonne, charitable, pieuse,
aimant à aimer qui l'aimait, et n'ayant qu'à choisir

dans une famille dont elle était la joie intérieure ;
causant avec tout le monde, comprenant la parole
de tous ceux qui l'entouraient, comment eût-elle
trouvé le temps de répandre au dehors une existence si abondante en satisfactions intimes ? Et,
en effet, le matin était pris par les soins de l'intérieur ; l'après-midi appartenait à sa chère palette ;
le soir on causait, on jouait, on lisait ; il n'y avait
plus d'apparence d'infirmité dans l'heureuse maison
de Magnitot.

Voici comment le respectable doyen des juges
de France, frère de l'élève de Pereire, raconte cette
scène de famille, qui dura trente ans, et dont il
était alors (il y a soixante-dix ans), le plus jeune et
le plus turbulent acteur. « La personne d'entre nous
qui lisait faisait les signes dactylologiques derrière
le livre, et ma sœur suivait la lecture ; si ma sœur
Marie lisait elle-même et ne voulait plus se donner
la peine de prononcer, elle faisait les signes de la
même manière et quelqu'un de la famille, fût-il au
bout du salon, suivait à haute voix la lecture muette
de ma sœur. Sans qu'il y parût presque, nous par-
lions entre nous devant des étrangers, ne faisant
d'autres gestes que les mouvements dactylologiques si faciles à soutraire à des regards indiscrets.
Si ma mère avait, en public, quelque chose à dire
de particulier à sa fille, elle lui écrivait cela sur le
bras, et ma sœur lui répondait de même avec le

secours du tact dont M. Pereire lui avait appris à se servir également, et elles auraient pu se concerter par ce moyen sur toutes choses et se communiquer les explications les plus minutieuses. »

On remarquera sans doute que voici tout simplement le langage tactyle des aveugles, qui sont en même temps sourds et muets, trouvé par Pereire long-temps avant qu'un autre songeât à l'appliquer.

Telles sont, à cet égard, les réminiscences du vénérable magistrat du deuxième arrondissement de Paris. Supposons que cet homme, considérable par son âge, par ses lumières, par ses services, par son caractère, par sa position, et dont le témoignage vivant est ici d'un poids immense; supposons, dis-je, qu'au lieu d'être beaucoup plus jeune que sa sœur, il eût été son aîné d'un certain nombre d'années? dans ce cas, il n'y a aucune probabilité qu'il se fût encore trouvé, hier dans son salon, en état de porter devant moi un dernier témoignage en faveur de la méthode de Pereire; et, dans cas, il serait arrivé, pour Mademoiselle de Magnitot, cette charmante création morale de Pereire, ce qui est arrivé pour le jeune Lecouteux, pour le jeune Solier, pour le fils du comte de Solar, Piémontais dont on ne sait autre chose, sinon que Pereire en fit des hommes accomplis; ce qui est arrivé pour les élèves de Bordeaux, pour ceux de Romorantin, dont les noms mêmes sont perdus; ce qui est arrivé enfin de presque tout le bien que Pereire a fait durant sa vie : bien recueilli par ceux auxquels il l'a fait, bien perdu pour sa renommée.

Il ne m'est pas possible de quitter ce sujet sans rappeler ce que disait M. l'abbé Lerat de Pereire. C'était l'abbé Lerat qui avait placé sa nièce *en pension* chez Pereire; c'était lui qui plus tard avait prié Pereire d'aller lui continuer ses leçons dans le couvent voisin de sa demeure où elle devait achever son éducation religieuse; c'était l'abbé Lerat qui était convenu que Pereire, l'Israélite, enseignerait à sa nièce SA RELIGION jusqu'à l'évangile exclusivement; après cette marque de confiance avait-il besoin de répéter, comme il le fit toute sa vie, qu'il ne connaissait personne plus dévoué, plus modeste, plus intelligent, plus probe que Pereire; homme accompli, homme parfait, auquel il ne manquait que la foi, ajoutait avec tristesse le pieux ecclésiastique.

Mais Pereire fit bien voir qu'à toutes les vertus de l'homme et du citoyen, il joignait celle des vertus chrétiennes dont il devait avoir le plus besoin, pendant sa longue existence de dévouement, la résignation forte et magnanime.

Voilà donc Pereire chargé de ces deux jeunes et chères enfants, et il commence, aidé de son frère, à les instruire. Mais, ici se présente pour lui un grand embarras; jusqu'à ce jour, il n'a fait d'autres

éducations que celles de jeunes gens plus ou moins
âgés, trop âgés souvent; et il se voit tout à coup
chargé de deux petites filles qui ont autant besoin
d'une mère que d'un instituteur. Or, Pereire avait
à peine entrevu la possibilité d'une pareille charge:
tout entier à son œuvre, aux devoirs de l'enseignement, il a passé dans Paris dix ans sans embrasser
sa mère et ses sœurs, dix ans pendant lesquels nulle
autre voix que celles qu'il a suscitées, ne lui a dit
bonjour le matin, le soir *bonne nuit;* car rien, depuis sa réclusion volontaire au collége de Beaumont, ne révèle autour de lui la présence d'une
femme aimante. Et voilà qu'après dix ans, la venue
de deux pauvres infortunées sourdes et muettes
lui rappelle que la science n'est qu'un point dans
la vie spirituelle, que l'esprit ne vit pas seulement
de doctrines, de méthodes, mais se dilate avant
tout au contact de l'affection qui l'échauffe ou l'em-
brase ; et ce besoin que sa préoccupation avait en-
gourdi en lui-même pour lui-même, se réveille dès
qu'il s'agit de ses deux petites élèves, et il part pour
Bordeaux afin d'en ramener au moins une de ses
sœurs, qui servira de mère à ses deux enfants.

Mais, à peine arrivé à Bordeaux, sa réputation l'y
avait précédé, qu'il est assailli d'abord par la reconnaissance de ses coreligionnaires, ensuite par
des parents de sourds et muets qui lui demandent
un conseil, des leçons, une direction. Voilà pour-

quoi ce voyage, qui n'aurait dû être qu'une course,
a laissé plus d'une trace dans sa vie. Le document
suivant, relatif à cette circonstance, commence cet
épisode.

Lettre de Pereire à M. le comte de Saint-Florentin.

« Monseigneur,

« Faisant usage de la permission que vous avez
bien voulu m'accorder de venir passer un mois avec
les restes de ma famille, que je n'avais pas vue depuis dix ans, je suis absent de Paris et éloigné de la
petite muette (Mlle Marie Marois), que vous avez
confiée à mes soins. J'ai laissé cette enfant entre les
mains de mon frère, que j'ai mis assez au courant de
ma méthode pour pouvoir continuer son instruction
en mon absence : circonstance sans laquelle je n'aurais pas songé à la quitter un seul jour. J'ai la satisfaction d'être informé, tous les ordinaires, de ses
progrès, et de connaitre qu'elle n'a rien perdu sous
la direction de son nouveau maître, ce dont j'espère
que celui-ci aura l'honneur de vous convaincre en
vous amenant la petite à votre première audience.

« Cette considération m'encourage à vous demander, Monseigneur, de continuer mon séjour à
Bordeaux jusqu'à la mi-juin ; et j'ose espérer que
vous daignerez me l'accorder en considération du
motif qui m'engage à vous en faire la proposition,

puisque le bien de l'humanité ne m'y paraît pas moins étranger que celui de ma famille. Ce motif consiste principalement en ce qu'à l'occasion d'une enfant muette, fille de M. Barret, greffier en chef au Parlement de Guyenne, âgée de quatorze ans, je tâche de mettre une de mes sœurs en état d'entreprendre son instruction, dont il me serait très-difficile de me charger à Paris, où le père ne fait point d'ailleurs de difficulté de m'envoyer cette enfant.

« On m'a encore amené, *entre autres,* un jeune muet de onze ans, à l'égard duquel je pense que je pourrais m'accorder avec son père. Celui-ci, M. French, Irlandais catholique, est déterminé à me le donner à Paris. Mais, comme il me faudrait encore quelques jours pour connaître à fond s'il n'y aurait point quelque son dans la langue qu'il ne puisse prononcer, et pour donner aux parents, s'il m'est possible, la consolation de lui entendre dire quelques mots, j'ose espérer qu'ayant égard à toutes ces circonstances, vous daignerez, Monseigneur, m'accorder ma demande et m'en faire informer, sans quoi je ne manquerais point de me mettre en route pour retourner à Paris dès le jour même du retour du courrier.

« J'ai l'honneur d'être, avec le plus profond respect et pénétré de reconnaissance, votre très-humble et très-obéissant serviteur.

« *Signé,* PEREIRE. »

Réponse de M. le comte de Saint-Florentin à
M. Pereire, à Bordeaux.

« J'ai reçu, Monsieur, la lettre par laquelle vous
me marquez que de nouvelles occupations vous re-
tiendront à Bordeaux quelque temps au-delà de ce
que vous aviez projeté. Ne vous gênez point pour
votre retour. Je serai très-aise que vous y ayez des
occasions de faire connaître vos talents et de les
rendre utiles.

« Je suis, Monsieur, entièrement à vous.

« *Signé,* Saint-Florentin. »

Ces lettres, auxquelles nous aurions pu en joindre tant d'autres, si de malheureuses circonstances
ne les avaient fait anéantir, sont considérables.

Il ressort de ces lettres :

1" Qu'en 1756 il y avait déjà dix ans que Pereire
se tenait éloigné de sa famille pour suivre, d'abord
à Beaumont, en Normandie, puis à Paris, son entreprise courageuse d'élever les sourds et muets ;

2° Qu'il avait engagé son frère dans cette difficile
entreprise, et qu'il travaillait dès lors à s'adjoindre
une de ses sœurs.

Ainsi, voilà trois personnes, Pereire aîné, son
frère et sa sœur, qui vont passer leur vie à instruire
des sourds et muets, quand nul homme encore ne
songe à eux ; et l'on n'appellera pas cela un dé-

vouement, et l'on oubliera cette abnégation, et il ne restera rien, pas même le nom de bienfaiteurs des sourds et muets à ces deux frères et à cette sœur qui vont tout quitter pour cette œuvre réputée impossible jusqu'à eux ?...

3° Tandis que Pereire jeune dirigeait l'institution de Paris, où se trouvaient les élèves que nous avons déjà cités, Pereire aîné instruisait des sourds et muets à Bordeaux, où il restait *pour le bien de l'humanité,* et pour *donner* aux parents d'un de ses nouveaux disciples, le jeune French, *la consolation de lui entendre dire quelques mots avant de le quitter ;*

4° Une dernière remarque, la plus importante : pour que Pereire demandât à M. le comte de Saint-Florentin la prolongation d'un congé, pour qu'il appuyât sa demande sur la nécessité où il se trouvait de soigner de nouveaux élèves, pour qu'il promît de revenir s'il ne recevait pas un permis de prolongation de séjour par le même courrier, pour qu'un ministre d'État répondit, courier par courier, à la demande de Pereire, il fallait que l'institution fondée [par lui eût une existence au moins semi-officielle, il fallait qu'elle fût, pour ne pas dire plus, ce que l'on appelait alors protégée par le secrétaire d'État du département des provinces, il fallait en outre que M. le comte de Saint-Florentin appréciât le dévouement et la science de Pereire comme il le faisait, pour répondre lui-même, et si vite, et d'une façon si gracieuse.

Ce séjour à Bordeaux n'eut pas le succès qu'en attendait Pereire, et qui pis est, suscita près de lui une rivalité qui ne tarda pas à se produire. Ses élèves, French et Barret, ne le suivirent pas à Paris. C'est alors qu'à l'aide des renseignements fournis par les parents sur les premières instructions données par Pereire à ces enfants, un instituteur improvisé se chargea, dès le mois de juin, de poursuivre leur éducation, et se servit de ces renseignements pour entamer, quelques années plus tard, contre Pereire, cette agression étrange que le silence, la résignation, la bonne foi, le succès soutenu ne purent désarmer.

Mais, avant que cette crise éclatât, Pereire jouit encore de quelques années heureuses, puisqu'il les passa au milieu de ses élèves et de sa famille entière, qu'il était enfin parvenu à réunir autour de lui et dans son œuvre. Ce serait à tout hasard que je placerais ici les divers voyages que fit Pereire pour commencer plusieurs éducations en province, et, par exemple, son voyage et ses leçons à Romorantin ; mais ces faits ont perdu toute date précise. De cette période de quatre ans environ, comme de celle de 1753 à 1756, nous ne savons rien de remarquable ; les joies intimes de la famille échappent à toute analyse ; celles de l'instituteur ne laissèrent que peu de traces, mais elles durent être vives, car c'est en ce temps-là surtout que grandirent, en grâces, en esprit et en mérite, ces deux œuvres jumelles du talent de Pereire, qui s'appelaient Marie Lerat et Marie Madeleine Marois. Raconter leurs progrès serait impossible; j'ai pu répéter ce que dit encore des progrès de sa sœur, M. Lerat de Magnitot, et l'on jugera de ceux de Mademoiselle Marois par les produits de son intelligence et par les élans de son généreux cœur. Mais, qu'il dut être heureux alors, le modeste savant qui goûtait à la fois tous les plaisirs qu'il avait rêvés ! Sa famille l'entourait, l'aidait; ses élèves, sortant à sa voix de la nuit du silence, entraient dans le monde animé des pensées et des sentiments : bonheur dont il jouissait doublement, parce qu'il était tout entier circonscrit dans les siens, dans ceux qu'il aimait, dans ses élèves, en lui, chez lui.

Les personnes qui ont vu professer le latin et le grec, les professeurs surtout ne comprendraient rien à la satisfaction que Pereire goûtait alors. Le peintre qui sur un champ uniforme et muet arrête des contours, fait saillir des reliefs, anime des carnations, exprime de grandes idées, comprendra mieux ce bonheur; mais qui pourrait en ressentir l'épanouissement infini et comme fébrile, plus que celui qui passa sa vie à animer, avec la voix, l'intelligence et l'activité de créatures chez lesquelles toutes les manifestations supérieures de la vie sont muettes ? Pour moi donc, cette époque quasi-ignorée de l'existence de Pereire me semble digne d'envie. Puisse-t-il avoir gardé toute sa vie la mémoire vive et passionnée de ces jours privilégiés dont la réminiscence suffit à endormir les plaies du cœur ?

Cette douce quiétude dans laquelle vécut, ou plutôt dans laquelle travailla Pereire pendant quatre ans, ne fut interrompue que par quelques visites qu'il recevait de ses savants amis et des parents ou des protecteurs de ses élèves. Si parfois il se hasardait à sortir de sa retraite, il avait fallu pour l'y décider quelque circonstance favorable à l'intérêt de ses élèves.

C'est ainsi qu'il conduisait, de temps à autres, la petite Marois chez M. le comte de Saint-Florentin, son protecteur. Cette visite n'avait d'autre époque prévue et régulière que le premier de l'an. Alors, et dès qu'on annonçait M. Pereire, le secrétaire d'État faisait dire qu'il n'y était pour personne, embrassait l'enfant, écoutait son petit compliment, et ne congédiait le maître et l'élève qu'après avoir remercié Pereire du zèle qu'il mettait à répondre à ses espérances ; c'était pour le ministre une heure de douce joie, pareille à celle que goûtait l'instituteur. Mademoiselle Marois avait conservé le compliment qu'elle fit à son Excellence en pareille occasion, le 1ᵉʳ janvier 1759. Était-ce le premier ? On l'ignore ; mais, quand elle le récita, elle n'était confiée à Pereire que depuis trois ans, et il ne me semble pas indifférent de reproduire cette pièce, avec la mention qui la précède, le tout écrit de la propre main de cette jeune élève.

« Compliment que fit, à M. le comte de Saint-Florentin, une jeune fille âgée de neuf ans et demi, sourde et muette de naissance, de sa terre de Châteauneuf, que la charité de ce ministre a fait instruire par M. Pereire : elle le prononça d'un ton assuré et sans autre secours que celui de sa mémoire. »

« Monseigneur,

« Le commencement de cette année (1759), offre à mon cœur une occasion précieuse de vous renouveler son hommage. Ma langue, qui doit à vos bienfaits l'usage de la parole, ne cessera d'exprimer les vœux que je forme pour votre prospérité. Que le ciel, Monseigneur, daigne les exaucer et vous combler de ses grâces, comme vous me comblez de vos bontés. »

Le roi de Pologne, Stanislas, qui dépensait généreusement les loisirs de sa royauté honoraire à faire et à goûter le bien, voulut, vers ce temps-là, revoir Pereire dont il avait déjà eu l'occasion d'entretenir les élèves à Choisy. Le Dauphin désira être de la partie, et ces deux princes interrogèrent long-temps l'un et l'autre Saboureux de Fontenay, Mesdemoiselles Marois et Lerat et les autres élèves de Pereire, auxquels ils laissèrent des marques de leur satisfaction royale.

C'est ainsi que se passait la vie de Pereire, partagée entre les sciences positives qu'il aimait d'enfance, le dévouement à ses coreligionnaires, l'assiduité à la profession qu'il avait créée, et les démarches propres à procurer à ses élèves tous les avantages qu'ils pouvaient tirer, auprès des grands, des talents dont ils lui étaient redevables. On vieillit vite en dépensant ainsi sa vie pour tous, excepté pour soi ; on donne surtout une envie démesurée à d'autres, d'exploiter à leur profit un art dont on a fait une vertu, et qui peut devenir, dans des mains plus habiles, un instrument de fortune ou de renommée. Pereire, content de bien faire, se soucia peu de bien dire et surtout de dicter ses louanges aux journaux ; aussi, les feuilles de ce temps ne rapportèrent jamais que ceux de ses actes qui touchaient à des faits officiels. Cette attitude, en quelque sorte anormale dans un siècle où la publicité était une souveraine beaucoup plus absolue que le despotisme asthénique de Louis XV, ne pouvait résister au moindre choc d'une rivalité un peu habile ; c'est pourquoi l'habileté, ou plutôt le savoir-faire, cette vertu de ceux qui n'en ont pas d'autre, ne manqua pas au premier qui se présenta dans la lice de l'instruction des sourds et muets, moins pour dépasser leur premier instituteur, que pour escompter les avantages personnels que Pereire avait négligés.

Jusqu'à ce moment, de 1745 à 1759, nous avons vu Pereire demeurer seul en possession d'une méthode d'instruire et de faire parler les sourds et muets. Il a élaboré ce problême dans le silence pendant dix ans au moins, de 1734 à 1745; de 1745 à 1749, il a exercé son art au milieu du doute le plus universel, et les savants auxquels il en donna la preuve à cette époque, déclarèrent que les résultats qu'il obtenait étaient sans précédents, inattendus et prodigieux. De 1749 à 1759, il a continué d'exercer cet art, devenu, grâce à lui, une profession, sous le controle de l'Académie des sciences, sous le regard intelligent et discret des Buffon, des Mairan, des Rousseau ; mais content de mériter une approbation d'élite, il a négligé le public ; il a fait connaître ses élèves, ses résultats, mais sa personne, son individualité sont demeurées dans l'ombre ; ambitieux de l'approbation des hommes supérieurs pour sa méthode, modeste pour lui, il a laissé grandir la renommée de son travail sans s'inquiéter de la place que le monde lui assignerait à lui-même. C'est dans ce moment critique des réputations, au moment où l'homme et la chose qu'il porte en lui doivent se placer de niveau dans la perspective des admirateurs, c'est dans ce moment même que Pereire sembla disparaître derrière son œuvre ; c'est ce moment que choisirent les penseurs à la suite pour s'abattre sur l'idée qu'il avait émise, et à laquelle il ne semblait pas s'inquiéter assez de donner son nom.

Jusqu'alors, Pereire avait joui de son travail dans la limite intime de son ambition ; il avait obtenu des succès inouis, goûté d'illustres amitiés, étendu et fortifié ses relations avec le monde intelligent, le seul qu'il voulût connaître. Mais il est clair qu'à vivre ainsi, enfermé avec ses élèves, n'allant qu'à l'Académie et ne recevant d'autres visites que celles des ours savants dont Jean-Jacques était le type, il allait à un abîme. Ce même Jean-Jacques avait dit : Si vous voulez réussir à Paris dans quelque entreprise, ne vous en occupez pas ; prenez un cabriolet, allez faire votre cour, et le succès vous est assuré. L'ami de Rousseau avait suivi ce conseil dans le sens où il était donné : il ne prit point de cabriolet, et avant peu il n'occupa dans le monde que la moitié de la place que son talent lui assignait.

Ce fut un Espagnol qui ouvrit la brèche par où devait s'écrouler cette haute renommée que Buffon avait pris soin d'édifier de ses propres mains. Dom Feyjoo n'était pas d'ailleurs l'ennemi de Pereire, il voulait seulement prouver que Pierre Ponce avait découvert une méthode de faire parler des sourds et muets deux siècles avant Pereire, et il croyait établir aussi aisément que Pereire était un copiste de Pierre Ponce. Mais, comme dom Feyjoo avouait d'autre part que Pierre Ponce avait emporté son secret, Fréron n'eut pas de peine à lui démontrer l'erreur de ses conclusions, puisque le succès de Pereire, Espagnol, permettait à l'Espagne de se glorifier doublement de l'invention de l'art de faire parler les sourds et muets. Si bien défendu, Pereire se tint tranquille, et tant qu'il n'eut à faire qu'à des savants comme dom Feyjoo ou à des curieux comme le P. André, il ne s'émut pas autrement.

Mais, je le répète, par son attitude modeste et par ses habitudes retirées, Pereire laissait une place vide dans le monde, qui ne comprend bien une idée neuve que quand son auteur a su se produire devant le public : tant de gens n'ont cru à l'existence de l'auteur d'*Emile* qu'après avoir fait le pélerinage de Montmorency. Le besoin se faisait donc sentir d'un instituteur des sourds et muets, visible et palpable; peu importait que ce fût Pereire ou tout autre, peu importait même que cet instituteur fît parler ou non ses élèves; le monde avait hâte de voir marcher l'idée qu'on lui prônait depuis dix ans et qu'il n'avait jamais rencontrée. Vu l'urgence, le premier qui s'adressa directement au public ne fut pas trop mal reçu.

Et d'abord, vers 1758, un M. Ernaud annonça un cours dans lequel il apprenait à parler *en six mois,* par une méthode très-simple et sans *opérations chi-rurgicales,* aux sourds, aux bègues, aux muets.

En six mois ! Par une méthode très-simple ! Sans opérations chirurgicales ! Le sans douleur des odontalgistes forains !

Plus tard, quand cette annonce eut pris de la consistance, Ernaud commença par aviser un certain *Tableau de Paris,* sorte d'almanach des 25,000 adresses de ce temps-là, qui en 1759 avait parlé de Pereire comme tout le monde en parlait, avec éloge ; et le savant Ernaud amena, l'année suivante, le *Tableau de Paris* à dire, de la méthode de Pereire, le contraire de ce qu'il en avait publié l'année précédente, et à déverser sur le traitement ¡Ernaud, *sans douleur !* les éloges qu'il avait précédemment laissé tomber sur Pereire.

A cette attaque inattendue, Pereire écrivit sur le champ à l'auteur du *Tableau de Paris,* une lettre qui peint admirablement le stoïque instituteur des sourds et muets.

« Monsieur,

« Votre *Tableau de Paris* de 1759 ayant parlé de moi d'une manière obligeante, et rien au monde n'ayant pu être plus volontaire de votre part, je ne devais pas m'attendre à être si maltraité que je le suis dans le *Tableau de cette année.* Il y a sûrement de l'erreur sur mon compte dans l'un de vos deux ouvrages. Les titres que le Roi et l'Académie m'ont délivré neuf ans avant que M. Ernaud fût annoncé en public, ce ne sont pas des choses qui puissent m'être contestées. Et si vous, Monsieur, avez pu les ignorer, si j'ai si peu cherché à les répandre, cela prouve qu'il n'a jamais été trop de mon goût d'importuner les auteurs pour paraître dans leurs ouvrages. Le vôtre était sans contredit des plus propres à me faire sortir de mon indifférence ; mais vous pouvez, Monsieur, vous rappeler que je n'ai pu en être seulement tenté, puisque long-temps avant l'impression de votre *tableau*, vous me fîtes l'honneur de venir chez moi m'apprendre votre projet et me demander de quoi faire un article sur mon art. Je me souviens même que je ne pus vous satisfaire sur le champ, que vous repassâtes quelques jours après, et que ce fut alors que je vous donnai un exemplaire qui me restait d'un mémoire instructif que j'avais fait imprimer en 1751.

« Telle est, Monsieur, cette note que je ne vous ai communiquée qu'à votre requête, et qui n'est rappelée dans votre livre que d'une manière désobligeante pour moi, ou pour donner plus de relief à l'annonce de M. Ernaud. Quoi qu'il en soit, je n'aurais jamais songé à rompre le silence que j'ai gardé jusqu'ici, si votre ouvrage, Monsieur, était moins répandu ou méritait moins de l'être.

« Au reste, je suis bien éloigné de prétendre rien diminuer du mérite de **M.** Ernaud, que je crois digne de beaucoup d'éloges, je ne fais que réclamer mes droits sans dessein de nuire à personne.

« Je suis, etc.

J.-R. PEREIRE. »

Quelle justice pouvait-on rendre à l'homme qui s'exprimait avec cette exquise politesse, qui s'inclinait devant le mérite de l'auteur du *Tableau de Paris,* devant le génie de **M.** Ernaud, son rival improvisé ? Quelle équité devait-on à l'homme qui était disposé à passer sous le joug de tous ses concurrents, pourvu qu'ils voulussent bien reconnaître l'antériorité de sa propre pratique, à un homme si immuablement attaché à son droit strict, et si poli, si calme, si bienveillant pour ses adversaires ? On ne lui devait aucun ménagement, on n'en eut point. Le *Tableau de Paris* ne tenta pas d'expliquer la contradition volontaire dans laquelle il s'était jeté, et Ernaud, content des services que les tirailleurs de la presse lui avaient rendus, marcha en corps de bataille sur l'Académie, dont il crut conquérir les suffrages aussi aisément que ceux des feuilles d'annonces. M. Ernaud avait entendu parler, en Hollande, du livre d'Amman, le docteur Tronchin lui avait dit qu'il avait connu un élève d'Amman, et depuis lors il s'était rencontré en 1756 à Bordeaux, dans le même temps que Pereire commençait l'éducation du jeune French. On se souviendra que pour donner à la famille de cet enfant la consolation de lui entendre prononcer quelques mots avant de l'emmener à Paris, Pereire avait demandé une prolongation de congé au comte de Saint-Florentin. Le jeune French, en effet, ne tarda pas à prononcer quelques paroles ; mais cet enfant resta à Bordeaux, et l'on va voir ce qu'il devint.

Ernaud présenta à l'Académie un jeune sourd et muet auquel il avait appris à parler, et qu'il ne désigna, devant l'Académie, que par le nom de son oncle, le chevalier d'Arcy, académicien lui-même. Mais, dira-t-on, pourquoi céler le nom du père de cet enfant ?..... Parce qu'il s'appelait French, de ce nom qu'Ernaud n'osait plus prononcer depuis que la famille French, de concert avec lui, avait profité des leçons que Pereire avait données à cet enfant pour essayer de surprendre son art et de se passer de ses soins ; parce que les indiscrétions intéressées de cette famille avaient suscité à Pereire ce premier rival. C'est donc à l'aide des indiscrétions de la famille French et de quelques conversations avec Saboureux de Fontenay, qu'Ernaud avait entrepris cette éducation, puis présenté les progrès assez médiocres de ce neveu de M. le chevalier d'Arcy, comme les résultats d'une méthode à lui propre d'instruire et de faire parler les sourds et muets.

S'il eût réussi dans cette attaque, aussi audacieuse que bien conduite, c'en était fait, dès 1761, de Pereire et de sa méthode ; mais, il paraît que ce M. Ernaud n'avait à son service qu'une grande impudence ; cette précieuse faculté suffit à lui faire obtenir les honneurs d'un rapport de Bezout et Clairault, qui, tout en témoignant de la bienveillance pour son zèle, improuvèrent sa méthode.

A cette occasion, Pereire crut devoir réclamer, non sur le chef du talent de Ernaud, — Pereire a toujours reconnu que tous ses concurrents étaient des hommes du plus grand mérite, et il s'est plu à l'imprimer, — mais contre la manière dont la méthode Ernaud était présentée comme identique à la sienne. L'Académie s'empressa, par l'organe des mêmes rapporteurs, de donner à Pereire la satisfaction qu'il désirait et qui fut prononcée devant l'Académie dans ces termes :

Extrait des registres de l'Académie royale des sciences du 2 mars 1763.

« M. Pereire ayant représenté aux commissaires nommés par l'Académie pour l'examen du mémoire de M. Ernaud sur les sourds et muets, que la méthode anonyme dont M. Ernaud donne l'analyse dans son mémoire, ayant quelques traits qui pourraient faire croire qu'elle est celle de M. Pereire, ce qui donnerait lieu de penser que l'Académie en improuvant la méthode anonyme, improuve celle de M. Pereire à laquelle elle a donné les plus grands éloges, réitérés dans les certificats qu'elle lui a délivrés en 1749 et 1751, et qui ont été imprimés de l'aveu de l'Académie ; lesdits commissaires déclarent, pour rendre à M. Pereire la justice qui lui est due, que, dans les encouragements qu'ils ont cru pouvoir donner dans leur rapport à M. Ernaud, ils n'ont point entendu improuver en aucune manière, la méthode de M. Pereire, ni rien diminuer des justes éloges que l'Académie lui a ci-devant donnés, et qu'il mérite de plus en plus par ses nouveaux succès.

Signé CLAIRAULT et BEZOUT.

« Je certifie le présent extrait conforme à son original et au jugement de l'Académie, à Paris le 19 mars 1763.

Signé GRANDJEAN DE FOUCHY,
Secrétaire perpétuel de l'Académie royale des Sciences.

Ce prétendu rival de Pereire en fut pour sa courte honte d'avoir soumis à l'Académie une prétendue méthode qui ne reposait, à ce qu'il parut à Clairault et à Bezout, sur aucune observation scientifique ; aussi son exemple profita, si non à lui, qui continua plus mal que bien une lutte inégale, mais à ses successeurs dont aucun n'osa plus présenter de semblables travaux à l'appréciation de l'Académie royale des sciences.

Ce ne fut d'ailleurs pas la faute de Pereire si Ernaud éprouva cet échec, car à l'époque même où Ernaud venait de faire afficher son art dans le *Tableau de Paris,* Pereire avait eu à la fois l'occasion d'en apprécier la portée et de donner une salutaire leçon au pseudo-inventeur : on voit dans cette circonstance combien Pereire était tout ensemble prudent, quand il ne dédaignait pas de l'être, et modéré dans sa vengeance quand par hasard il ne dédaignait pas de se venger.

Dans un de ces trop rares moments où la personnalité blessée, et plus encore la sainteté de sa mission, lui donnaient le courage de protester contre une imminente injustice, Pereire avait écrit à l'Académie.

« Messieurs,

« Les parents de M. Solier, sourd et muet de naissance, âgé de neuf à dix ans, peu satisfaits des progrès de sa prononciation et de son intelligence, *après vingt-six ou vingt-sept mois de l'instruction qu'ils lui ont procurée,* se sont adressés à moi pour le mettre en état de lire et de prononcer distinctement et de comprendre le sens de ce qu'il lira. Il est important pour moi, et satisfaisant pour les parents, de constater l'état actuel de cet enfant, tant à l'égard de l'intelligence, que de la prononciation, afin que le terme d'où je dois partir pour son instruction soit exactement connu, et qu'on puisse mieux juger de ses progrès futurs. J'ai recours à vos lumières et à votre équité, Messieurs, pour vouloir bien vous charger de cet examen auquel j'ai cru devoir m'abstenir d'être présent..... (1).

« *Signé,* Pereire. »

« Paraphé par M. de Fouchy, le 7 janvier 1761. »

Pereire, ne nous lassons pas de le répéter, n'a jamais reconnu d'autres juges que l'Académie; il donne à l'Académie à juger entre lui et *celui* qui a élevé le jeune Solier sans résultat satisfaisant pendant vingt-sept mois; et *celui* qu'il ménage si fort qu'il a la délicatesse de ne pas le nommer, est *celui-là* même qui a fait décrier Pereire dans le *Tableau de Paris* de 1760 et qui cherche à établir, en 1761, que la méthode d'Ernaud vaut la méthode Pereire; qu'Ernaud est plus habile que Pereire, etc..... Est-ce assez de délicatesse même dans la défense

____

(1) Le 20 novembre suivant, Pereire put présenter le jeune Solier à la Reine et au Duc de Berry, depuis Louis XVI. En dix mois il lui avait appris à parler.

de son droit, dans la seule défense que Pereire ait jamais essayée contre les envahissements de la concurrence? D'ailleurs, il n'était pas fait pour la lutte; la bataille de plume et d'intrigue lui était odieuse. S'il para, comme nous venons de le voir, le coup que M. Ernaud lui portait, il le fit moins par amour-propre qu'à l'instigation de ses amis et dans l'intérêt de son art, auquel il attachait l'importance d'un principe de science et d'humanité. Mais, ces considérations et ces stimulants ne suffirent pas à le précipiter dans les mêlées que lui préparaient des rivalités prochaines et plus redoutables, et ne purent seulement pas le décider à sortir de l'isolement heureux dans lequel il se sentait déjà vieillir.

Pereire étant incapable de se faire justice à lui-même, et l'Académie des sciences regardant le supplément de rapport de Clairault et Bezout comme une satisfaction imparfaite, cet illustre corps saisit avidement la première occasion qui se présenta de rendre un éclatant hommage au mérite du savant méconnu et outragé.

La Société royale de Londres ayant demandé à s'adjoindre un savant français, l'Académie des sciences proposa Pereire dans les termes suivants:

« Nous, soussignés qui avons l'honneur d'être membres de la Société royale, certifions que M. Pereire, qui nous est particulièrement connu depuis plus de dix ans qu'il demeure à Paris, a mérité l'honneur d'être pensionnaire du Roi pour son talent d'enseigner à parler et à écrire aux sourds et muets de naissance ; qu'il a présenté, à l'Académie royale des sciences, divers mémoires qui ont obtenu son approbation, tant sur son art que sur diverses machines de son invention (1) ; entre autres un sur la meilleure manière de suppléer à l'action du vent sur les vaisseaux, qui a eu l'accessit du prix proposé par l'Académie en 1753, lequel a été partagé entre MM. Bernouilli et Euler ; et que M. Pereire est également estimé et chéri de tous ceux qui le connaissent.

« En foi de quoi nous avons signé le présent certificat à Paris, le 7 avril 1759.

« Signé, DE LACONDAMINE,
D'ORTOUS DE MAIRAN,
CLAIRAULT,

De l'Académie des Sciences et de la Société royale de Londres.

Sur cette présentation, Pereire fut nommé membre de la Société royale de Londres, et sa nomination publiée dans le journal *Book of the royal Society of London;* vol. 24, p. 488. « M. Pereira of Paris, pensionary to the King of France, a gentle-

---

(1) Il n'y a plus trace de ces mémoires ni de ces inventions dans les papiers de la famille Pereire.

men formerly proposed, was put to the balot and elected a member of this Society. »

Ainsi, tandis qu'on s'occupait déjà en France à démolir son renom, la Société royale de Londres l'admettait parmi ses membres : la douce joie de se sentir dignement apprécié put donc encore une fois éclairer son front pâle et mélancolique.

En 1765, le ministère voyant Pereire persister sans succès d'argent dans la carrière ingrate qu'il s'était tracée, eut l'attention de lui offrir un brevet d'interprète du Roi pour les langues étrangères.

« Aujourd'hui, 26 juin 1765 (porte ce brevet), le Roi étant à Compiègne, Sa Majesté, *toujours atten-tive à récompenser ceux qui, par leur travail et leur application, cherchent à se distinguer dans les sciences, bien informé de la capacité et des connais-sances du sieur Jacob Rodrigues Pereire, qui s'est depuis long-temps adonné au travail pénible d'ap-prendre à parler aux muets*, et voulant lui donner une nouvelle marque de sa bienveillance, Sa Majesté lui a permis et permet de se dire et qualifier d'in-terprète de Sa Majesté pour les langues espagnole et portugaise, et d'en prendre le titre et qualité dans tous les actes qu'il passera, Sa Majesté réser-vant de l'employer pour son service quand elle le jugera à propos ; et pour assurance de sa volonté, Sa Majesté m'a commandé d'expédier le présent brevet, qu'elle a voulu signer de sa main, et être

contre-signé par moi, conseiller, secrétaire d'État
et de ses commandements et finances.

« *Signé,* Louis.

« *Et plus bas* Philypeaux. »

Pour remplir cette fonction, qui ne devait d'ailleurs lui donner que des occupations intermittentes, Pereire se trouvait connaître le français, l'espagnol, le portugais, l'italien, le latin et l'hébreu.

Pereire reçut cette grâce sans l'avoir sollicitée, et continua à se dévouer aux progrès des ses trop rares élèves. Mais, à partir de ce moment, il sembla se rendre un compte plus exact de sa position. Étranger de patrie et de religion, il sentit qu'il n'avait pas encore pris racine sur le sol français où il s'efforçait d'implanter l'art, né en Espagne, d'instruire les sourds de naissance; et il prévit, mais trop tard, que si son premier compétiteur lui avait nui sans toutefois parvenir à le supplanter, il pourrait bien s'en présenter tôt ou tard un autre plus heureux, ou plus habile.

Alors se grava fortement dans l'esprit de Pereire cette pensée que si lui, Pereire, était destiné à s'ensevelir dans son inglorieux travail, il devait du moins préparer un successeur à son art merveilleux, un représentant à son génie méconnu. De cette pensée à la résolution de se marier, qui aurait pu paraître quelque peu étrange à son âge, il n'y avait que la distance d'un choix prudent et réfléchi. Or, il y a eu dans tous les temps, dans un sexe qui n'est pas le nôtre, à la vérité, des créatures qui ont envisagé sans effroi et accepté avec une résignation presque joyeuse, leur part de la croix qui pèse sur les reins de l'homme qui ose innover. Pereire, honoré, ne regarda pas long-temps autour de lui, dans ce monde d'Israléites pour lequel il avait dépensé son crédit en tant d'occasions, sans rencontrer la femme que sa position et son cœur réclamaient. Il fut fiancé, le 19 octobre 1766, avec Miryam Lopez Dias, et l'épousa le 5 novembre suivant.

Si Pereire, moins absorbé dans sa tâche fatigante, eût conçu et réalisé plus tôt cette pensée, il se fût trouvé, dans sa vieillesse, entouré, non d'enfants en bas âge, mais d'hommes faits, fils vivaces et dévoués à son œuvre, qui ne l'eussent pas laissé succomber sous le triple faix de la fatigue, de l'ingratitude et de l'oubli. Mais, la cause qui l'avait déterminé à s'occuper de l'art de faire parler les muets, cause que nous avons indiquée au commencement de notre récit, sans nous y appesantir plus que Péreire n'a fait lui-même, cette cause dut l'empêcher, pendant un nombre d'années que l'on ne saurait déterminer, de s'engager dans les liens du mariage ; plus tard, comme tous les hommes forts par eux-mêmes, il crut sans doute trop long-temps pouvoir suffire seul à son œuvre ; et quand, de guerre lasse, il sentit le besoin d'être entouré de ces autres soi-même que Dieu accorde à ceux qui savent les lui demander à propos, il n'eut près de lui qu'une femme admirablement résignée et des enfants incapables de le comprendre !...

Mais la raison principale qui l'avait empêché si long-temps de se marier, ce n'était, ni ce souvenir de jeunesse, ni une croyance exagérée dans ses propres forces ; ce fut la raison qui lui avait donné le courage de passer dix ans sans embrasser sa mère et ses sœurs ; ce fut le besoin d'isolement que lui causait sa pénible tâche. *Pour le bien de l'humanité*, comme il disait si souvent, c'est-à-dire pour faire son œuvre, il resta célibataire, quoiqu'il eût horreur du célibat. Autant que l'on peut conjecturer à la distance où nous sommes de lui, et avec le soin qu'il mettait à garder les impressions vives de son âme, l'isolement dans lequel il s'obstina lui fut douloureux. Comme juif, il tenait à perpétuer sa race ; comme homme, il avait besoin d'aimer, car il était, selon l'expression de Palissot, qui l'a beaucoup connu, « l'un des hommes les plus sociables et les plus doux. » Mais Pereire poussait cette délicatesse de mœurs et de sensibilité quasi-féminine, au point qu'une sorte de pudeur native ne lui permettait pas de laisser voir ses impressions les plus délicates et les plus légitimes : il aurait, comme on voit faire certains enfants, rougi de la nudité de son cœur. Alors, et quand ce cœur aimant débordait, il se renfermait, prenait la plume et épanchait poétiquement, dans son idióme maternel, ses sentiments les plus intimes. Entre autres poésies conservées dans ses manuscrits, nous aimons à citer celle-ci à cause du sujet qui nous occupe et de l'originalité de sa forme.

Una casa sin muger
Es como un cuerpo sin alma,
Es sin timon un navio,
Sin remos galera en calma.

GLOSA.

La vida del celibato
Es una vida molesta,
El se levanta y se acuesta
Como un frayle mentecato.
Mejor vida pasa un gato
Segun lo que llego à ver,
Por que este no ha menester
Quien le gobierne su casa
Y aquel es en quanto pasa
Una casa sin muger.

Facil es de comprehender
La triste vida que tiene
El que por fuera sostiene
Ser hombre ingerto en muger
Que podrá tal hombre hacer

Para llevarse la palma,
Si por mas que se desalma
En esmerarse con todos
Hace ver por varios modos,
Que es como un cuerpo sin alma?

Un celibato prudente
Podrá sin muger pasarse,
Mas siempre el pobre ha de hallarse
Falto de lomas urgente.
Qualquier pequeño accidente
Lo pone en un gran desvio,
No solo de su atavio
Mas tambien del de su casa,
Y asi en la vida que pasa
Es sin timon un navio.

El celibato en su vida
Es animal imperfecto,
Puesque el mas sabio en efecto
Es de si mismo omicida.
Con el alma compungida
Parece le falta el alma,
Mas valiera ser enxalma
Que vivir de tal manera,
Siendo en su casa y afuera
Sin remos galera en calma.

On peut juger par cette expression vive de ce que Pereire souffrit dans le célibat, qu'il garda si long-temps, pour se livrer tout entier au soin de sa profession. C'est dans ces circonstances et au milieu des nouvelles exigences de sa position, qu'en 1770,

Pereire reçut un nouvel élève, M. de La Voulte.
Une note manuscrite remise chez Pereire, en son
absence, par le duc de Saint-Aignan, atteste encore
combien cet habile instituteur était considéré.

« Le duc de Saint-Aignan est venu recomman-
der, en personne, aux soins de M. Pereire, M. de
La Voulte, jeune gentilhomme de son duché, auquel
il prend beaucoup d'intérest, et qu'il sçait s'être
mis entre ses mains dans l'espoir de devoir bientôt
à ses heureux talents le recouvrement de la parole.

« Ce 30 avril 1770. »

Bientôt une occasion montra que M. de La Voulte
ne s'était pas trompé d'adresse en choisissant Pereire plutôt qu'un Ernaud quelconque pour instituteur; et que M. le duc de Saint-Aignan dut se trouver obéi comme un grand seigneur qu'il était.

En effet, le 15 mars 1771, le roi de Suède ayant
manifesté le désir de revoir Pereire et ses élèves,
Pereire lui en présenta trois, Mesdemoiselles Lerat
et Marois, et M. de La Voulte. Tous trois adressè-
rent de vive voix la parole à Sa Majesté; dans cette
circonstance, Pereire crut, à ce qu'il paraît, pouvoir
déroger à ses habitudes de réserve, car il fit prononcer, à ses élèves, un compliment assez bien
tourné pour prouver qu'il avait quelquefois tort de
négliger ce moyen de séduction.

« Sire, fit-il dire à ses élèves, l'art qui a délié
nos langues nous consolait faiblement des rigueurs

8.

de la nature ; mais notre sort est aujourd'hui digne d'envie ; l'honneur qu'il nous procure de paraître devant Votre Majesté, remplit nos désirs et passe nos espérances. Nous joignons nos vœux, Sire, à ceux de tous vos sujets, pour que le ciel prolonge votre règne et le comble de prospérités. »

Le roi de Suède écouta ce compliment avec intérêt, interrogea les élèves de Pereire, et ayant appris que la jeune Marie Marois était orpheline, il lui fit un riche présent. C'est tout ce que Pereire avait souhaité.

Après la récitation de ce compliment, les élèves de Pereire l'un après l'autre et à plusieurs reprises, répondirent *verbalement* à différentes questions que la jeune Marois comprenait le plus souvent au simple mouvement des lèvres, et que le maître transmettait aux deux autres par les signes de son alphabet manuel. Tous trois lurent à haute voix dans un livre pris et ouvert au hasard ; et chacun d'eux eût l'honneur de présenter, à ce prince, le même compliment qui avait été dit, écrit et signé de sa main. Sa Majesté Suédoise s'arrêta près d'une heure à ce spectacle philosophique et encore extraordinaire.

Voilà ce que racontent les journaux du temps ; mais, en outre des témoignages d'estime et d'étonnement que Sa Majesté accorda à l'inventeur, on a retrouvé une pièce écrite d'homme à homme, sans préoccupation de publicité, et où, par conséquent, les expressions de l'admiration sont mesurées juste sur l'impression du Roi, et non en vue de produire un effet public. Cette lettre, où il est dit que, *de toutes les curiosités de Paris et de Versailles, celle dont Sa Majesté Suédoise a été le plus frappée, est le spectacle des élèves de Pereire*, est écrite par M. le comte de Schoeffer, ministre du roi de Suède, qui l'adressa le jour même à leur ami commun, M. de La Condamine.

Ce dernier, prévoyant que les journaux s'empareraient de cette nouvelle, engagea Pereire à rédiger une note à ce sujet. La note faite, La Condamine voulut la revoir lui-même avant qu'elle fût livrée à l'impression, et il écrivit au bas les observations suivantes :

« Vous pouvez porter cette note, où j'ai fait quelques petits changements pour le mieux, à M. Suard, qui vous recevra sûrement bien. Vous pouvez, si vous le jugez à propos, y aller de ma part et lui faire mes humbles compliments. S'il trouve la note trop longue, il l'élaguera, en cas qu'il juge la harangue de vos disciples moins intéressante que celle du roi d'Angleterre à son Parlement, quoiqu'à quelques égards elle soit plus curieuse, rapportez-vous-en sur ce point à M. Suard.

« Votre ami et serviteur,

« LA CONDAMINE. »

La note que La Condamine recommandait ainsi
fut insérée en entier dans la *Gazette de France* et
répétée par tous les journaux du temps; mais il
fallait que Pereire fût bien pressé par ses amis pour
qu'il consentît à occuper la presse de ses travaux.
Or, il vieillissait, ses amis s'en allaient; et cette
manifestation publique de ses succès sera la dernière
qu'on pourra lui arracher. Il reçut cependant encore un témoignage précieux de la supériorité de
sa méthode sur celles que l'on essayait alors à son
imitation, c'est la lettre que M. Gerde, chirurgien-
major, habitant de Saint-Domingue, laissa à Pereire
en lui confiant sa fille.

« Monsieur,

« Je vivais fort inquiet sur le sort de l'une de
mes deux filles sourde et muette de naissance, lorsque j'appris à Saint-Domingue où j'étais chirurgien-major et habitant, que M. Pereire faisait parler les sourds et muets de naissance.

« Je lus avec plaisir les papiers publics qui annonçaient cette nouvelle, et je n'en doutai plus
lorsque j'appris que M. Pereire était pensionné du
Roi pour ce talent.

« Dès lors, je formai le projet de conduire mon
enfant à Paris. Je m'y suis rendu le 13 septembre
dernier (1775). J'ai été complètement convaincu du
fait; M. Pereire m'ayant fait voir deux demoiselles

qu'il a élevées chez lui, lesquelles lisent, écrivent, parlent et répondent à toutes les questions, comme si jamais elles n'avaient été muettes.

« Après être resté huit mois à Paris ; après avoir pris connaissance des progrès que font les sourds et muets chez les autres professeurs qui exercent l'art de les faire parler, j'ai donné la préférence à M. Pereire, chez lequel est mon enfant, qui commence à parler, à écrire et à comprendre la valeur des choses.

« Je vais retourner à Saint-Domingue fort tranquille sur le sort de mon enfant; et persuadé que, quand bien même M. Pereire payerait ses droits à la nature, ma fille ne serait pas moins bien élevée par les soins de ses dames.

« Gerde.

L'année suivante, Mademoiselle Gerde écrivait à son père: « Voici, mon cher papa, la copie exacte du témoignage que la candeur de votre âme vous a porté à rendre à la méthode par laquelle M. Pereire m'instruit.

M. Gerde disait, dans la réponse par laquelle il témoignait à Pereire sa satisfaction des rapides progrès de sa fille: « Je prie M. Pereire de payer à Mademoiselle Marois la somme de 60 livres par années, et cela, en reconnaissance des bontés que ladite demoiselle a pour ma fille, de ce qu'elle la conduit à la messe, les dimanches, jours de fêtes et autres à la volonté de M. Pereire. »

Après les soins que Pereire avait pris pour rectifier les idées païennes que le R. P. Vanin avait données de la Sainte-Trinité à Saboureux de Fontenay ; après la charité touchante que Pereire avait mise à faire, à lui tout seul, de Mademoiselle Marois une catholique édifiante, aux yeux même des ecclésiastiques les plus éclairés et les plus pieux (1) ; après cette note où M. Gerde s'en remet à la volonté de Pereire pour tout ce qui concerne la direction spirituelle de sa fille ; après tant de preuves fournies par Pereire de son pieux respect pour la religion de ses élèves ; après qu'il s'est montré pendant quarante ans, qu'on le remarque, aussi supérieur aux sceptiques dont il était environné, qu'aux fanatiques prosélytisants ; après que Pereire a donné, de sa propre bouche, l'enseignement le plus orthodoxe aux enfants que des famille catholiques lui confiaient, devait-on être reçu à lui dénier la qualité d'instituteur, parce que sa croyance personnelle s'arrêtait dans la vérité au point où finit l'ancien Testament ?...

____

(1) Voir un peu plus loin le témoignage que rend, de la vertu et de la piété éclairée de mademoiselle Marois, M. l'abbé Dubois, vénérable doyen du Chapitre de l'église métropolitaine de Sainte-Croix d'Orléans.

C'est pourtant là un des arguments les plus énormes que l'on jetait au travers de son dévouement pour entraver ses succès et le priver de sa récompense.

Et je suis vraiment aise que cette question religieuse, dans laquelle Pereire se montra toujours si déférent pour un dogme qui n'était pas le sien, et dans laquelle le zèle du bon abbé de l'Epée le fit passer par-dessus les ordres et les défenses de ses supérieurs ecclésiastiques ; je suis bien aise, dis-je, que cette question, plutôt qu'une autre, me force à prononcer le nom du rival heureux de Pereire dans cette notice, où je ne comptais pas le placer. D'une part, en effet, il avait convenu à l'abbé de l'Epée de garder l'anonyme dans les publications où il a attaqué Pereire et sa méthode d'enseigner les sourds et muets ; de l'autre, Pereire a évité de répondre aux provocations de son adversaire anonyme ; et dans les occasions où ce dernier a dû prononcer le nom de l'abbé de l'Epée, il l'a fait avec une modération si rare et si louable de la part d'un homme provoqué violemment, avec une déférence si excessive pour le caractère ecclésiastique de son rival ; il a constamment entouré ce nom, que le voile transparent de l'anonyme lui permettait cependant de frapper en plein, de tant d'épithètes respectueuses et déférentes, que je me sentais en quelque sorte obligé par ces antécédents des deux parties contendantes à ne pas nommer celle qui combattit sous le masque.

Mais, dans cette lutte et tout d'abord, la religion avait été invoquée par un de ses ministres, « Étant prêtre, dit l'abbé de l'Épée, et ne m'étant chargé de l'éducation des sourds et muets que par un motif de religion, etc. (1). » Dès lors, on est fondé à se demander si la religion, dans laquelle les d'Etavigny, les de Fontenay, les Marois, etc., etc...., ont été instruits d'une manière si édifiante par un Juif, était puissamment intéressée à ce que l'on inventât une autre méthode d'éducation à l'usage des sourds et muets, la méthode des *signes méthodiques?*

Et, encore, ce scrupule religieux qui effarouche si fort un ecclésiastique auquel l'archevêque de Paris refuse le plein exercice de son ministère, avait-il du moins la même gravité aux yeux des ecclésiastiques dont l'orthodoxie n'a jamais été contestée?

Répondez, dom Bailleul, dom Cazeaux, pieux et savants bénédictins qui essayâtes de deviner le secret de Pereire, et qui rendîtes hommage à l'inventeur dès qu'il vous eût été permis de voir sa patience, son obstination intelligente, ses succès dans

____

(1) *Institut. des sourds et muets par les signes méth.*, p. 118.

l'œuvre de la régénération des sourds et muets?...
Vous avez agi comme des curieux de science qui
veulent savoir, mais non en qualité de ministres
de l'Évangile qui denient au Juif le droit de sauver
une âme en l'éclairant. Et vous, P. André, qui avez
vigoureusement improvisé de très-gros volumes
pleins de toutes choses fors de la chose divine,
est-ce pour faire des croyants que vous avez écrit
votre charade intitulée *Divination sur l'art du
sieur Pereire, etc.?...* Le P. André était trop bon
chrétien pour ne pas espérer qu'il naîtrait, de cet
art nouveau, quelque bien pour la foi, mais il était
aussi trop vif dans son allure pour entretenir le
public de cette espérance, et, surtout, il était trop
honnête pour chercher à tirer parti de la découverte d'autrui. Et vous, abbés d'Azy et Lerat de
Magnitot, votre piété sévère fut-elle alarmée quand
vous stipulâtes les conditions auxquelles Pereire
consentait à faire, de votre neveu et de votre nièce,
des créatures aimant Dieu et l'adorant? Non, sans
doute, car l'abbé d'Azy plaça un ecclésiastique sous
le contrôle de Pereire, dans sa maison, à sa table,
à ses gages; et l'abbé de Magnitot pria Pereire d'enseigner lui-même, à sa nièce, l'*Ancien Testament*.
Et vous, R. P. Vanin, qui le premier, le seul, en
1746, à la première annonce des travaux de Pereire, essayâtes de marcher sur ses traces, fîtes bu-
riner, à grands frais, des gravures instructives à

l'usage des sourds et muets, vous qui payâtes, pendant des années, de votre bourse et de vos sueurs, l'honneur ingrat de rivaliser avec Pereire, pensâtes-vous l'âme du jeune homme qui vous était confiée compromise, quand vous entendîtes l'enfant de Jacob, oubliant un instant sa Genèse, accuser la divinité du Christ, confesser les mystères, imposer le dogme là où vous n'aviez déposé qu'une grossière image, et, à force d'éloquence et de dévouement, susciter la foi dans l'aubier d'une âme dont vous n'aviez pu atteindre que l'écorce? A la vue de ce prodige, le P. Vanin abandonna à l'instant son apostolat impuissant, détruisit ses images, brisa les planches de son enseignement par les signes naturels, et amena bientôt après le jeune Lecouteux chez Pereire : qu'on ose dire que *le prêtre de la doctrine chrétienne* ne confia pas cette âme au Juif, au nom du Père, du Fils et du Saint-Esprit?.....

Ce n'est donc pas dans l'intérêt de l'orthodoxie que l'on prétendit faire autant et mieux que Pereire ; l'orthodoxie, d'ailleurs, n'est pas anonyme. Ce fut au nom d'une charité nouvelle, ardente, élevée surtout à son début, inspirée bien plus de la philosophie et du parti philosophique que de la religion ; ce fut au nom de la philanthropie que le bon abbé de l'Epée se dévoua à l'instruction des sourds et muets.

Déjà vers le milieu de 1771 avait paru une *Lettre*

imprimée, *de M. X... Instituteur des sourds et muets, à M. l'abbé X... son intime ami*, dans laquelle l'auteur anonyme disait : « Apprendre à des sourds et muets de quelle manière ils doivent disposer leurs organes, pour rendre des sons et former des paroles distinctes, est une opération qui n'est ni longue, ni pénible. Trois ou quatre leçons avancent beaucoup cet ouvrage, si elles ne le consomment pas (en suivant la méthode de Bonnet, Espagnol, imprimée il y a cinquante ans). Il ne s'agit plus que de leur faire acquérir de l'usage, et cela ne me regarde point ; c'est l'affaire des personnes qui demeurent avec eux, ou d'un maître ordinaire qui montre à lire à des enfants.

« Mais ces parlants, de nouvelle fabrique, cherchent toujours à s'exprimer en bref, une ou deux paroles prononcées plus ou moins distinctement et accompagnées de *signes souvent très-équivoques*, paraissent à leurs yeux des phrases entières et que nous devons comprendre. Il faut cependant les déshabituer de leur langage arbitraire ; or, j'ai pensé que j'y réussirais en leur faisant apprendre une seconde langue dont les mots seraient arrangés dans un ordre différent de ceux de la nôtre, et en les obligeant de traduire cette langue en français : c'est ce qui m'a déterminé à leur enseigner le latin.....

« Il est bien à désirer, mon cher ami, que l'on se

défasse de ce préjugé presque universel, que l'instruction des sourds et muets est une opération très-difficile. L'œuvre est extraordinaire, j'en conviens, mais elle n'est pas difficile.....

« Propager une méthode aussi simple, tel est, Monsieur, l'unique récompense que je me propose en ce monde, et je déclare très-expressément que je n'en accepterais aucune autre, de quelque part qu'elle me fût offerte, *gratis accipistis, gratis date* (Matth. 10, 8). »

Telle est en substance cette lettre qui tomba sur Pereire comme la foudre : un anonyme faisait parler des sourds et muets de naissance en quatre séances, il leur apprenait le latin et trois autres langues, il ne voulait tirer de cet art, renouvelé de Bonnet, aucun profit, et prenait saint Mathieu à témoin de son désintéressement : *gratis accipistis, gratis date !*

A l'appui de ce manifeste, parut peu après un programme qui conviait le public à voir le prodige. En 1772, seconde lettre, second programme, même publicité ; en 1773, troisième lettre, troisième programme ; continuation de la même publicité en 1774 et en 1775 ; enfin en 1776 paraît, toujours lancé par le même anonyme, l'opuscule qui a pour titre : *Institution des sourds et muets, par la voie des signes méthodiques. Ouvrage qui contient le projet d'une langue universelle, par l'entremise des signes natu-*

rels assujettis à une méthode. A Paris, chez Nyon, libraire, rue Saint-Jean-de-Beauvais, avec privilége du Roi.

A ce redoublement de publicité anonyme, qu'oppose Pereire? Rien ; et pourtant ce petit livre n'était pas si gros du projet *d'une langue universelle par l'entremise, etc.....,* qu'il ne contînt une centaine de pages, des plus vives, écrites nommément contre Pereire, ce Monsieur qui....., ce Monsieur que....., ce Monsieur dont....., etc. (1).

Ce Monsieur, puisque ce Monsieur il y a dans le livre anonyme, fut provoqué, par l'auteur du livre anonyme lui-même, à voir le spectacle qui se donnait rue des Moulins. Il n'entendit pas *parler les sourds et muets,* mais, en revanche, il les vit gesticuler, et il dit: en voilà assez, Monsieur ; je ne l'aurais jamais cru ; vous avez donc autant de signes que les Chinois ont de caractères?

Ces deux mots échappés à Pereire résumaient toute la critique de cette prétendue méthode.

Pereire retourna à ses élèves et ne s'occupa

(1) La moitié de cet ouvrage est une diatribe violente contre Pereire et une critique moqueuse de sa dactylologie. En punition de ce livre, la postérité, plus équitable qu'elle ne saurait se l'imaginer, a gravé les signes dactylologiques sur le cénotaphe de celui qui passa sa vie à les railler. (Ce monument est dans l'église Saint-Roch.)

plus autrement du promoteur de ce projet de langue universelle, dont les sourds et muets étaient appelés à faire la démonstration. Mais, aux yeux du public, la question semblait jugée contre Pereire. Lui ne pouvait lutter contre un anonyme qui apprenait à parler aux sourds et muets en quatre leçons; contre un anonyme auquel deux séances par semaine suffisaient pour apprendre, à tous les sourds et muets qui pourraient se présenter, trois ou quatre langues (1); contre un anonyme qui leur enseignait les mystères de la religion, les sacrements de l'eucharistie, du baptême, etc. (2), qui les mettait en état de cultiver toutes les sciences (3), les arts (4), de soutenir des discussions philosophiques à douze ans et demi (5), etc., etc..... Pereire était dépassé, vaincu, terrassé!

Car, notez-le bien, tout ceci se faisait en deux leçons par semaine, pour tout venant, en présence des curieux de toute nation et gratis. Le mot magique était prononcé et la bataille était gagnée sans combat. Il est bien vrai que l'Académie n'avait pas

(1) *Institution des signes méthodiques*, 2ᵉ partie, p. 7.
(2) *Id.* 2ᵉ partie, p. 43 et 94.
(3) *Id.* 2ᵉ partie, p. 53.
(4) *Id.* 2ᵉ partie, p. 53.
(5) *Id.* 2ᵉ partie, p. 59.

été, cette fois, choisie pour juge du camp ; mais il ne s'agissait point de science ; et Madame la maréchale de B..., les duchesses d'Auv... et d'Est..., la marquise de Beauf..., avaient prononcé ; il est vrai que les prétendus conseils de Bonnet avaient été reconnus impraticables par des hommes supérieurs, et que l'art d'instruire les sourds et muets passait encore pour impossible ou pour très-difficile : objections mises à néant, puisque l'anonyme déclare sa pratique facile ; il est encore vrai que l'archevêque de Paris, connaissant les résultats obtenus par le R. P. Vanin, avait refusé son approbation canonique au prêtre qui représentait la Sainte-Trinité par des gestes : foudres vaines qui n'arrêtent pas l'inventeur des signes méthodiques, et qui ne sauraient l'empêcher de les produire sous le patronage de l'abbé de Condillac.

Et en effet, l'abbé de l'Épée ne trouvant pas, dans ses supérieurs ecclésiastiques, l'appui sur lequel il avait cru pouvoir compter, recherca celui du parti philosophique, qui voyait dans le langage des *signes naturels* une excellente critique de *la parole révélée ;* et il accepta son brevet d'immortalité des mains de l'abbé de Condillac, alors grand-prêtre du sensualisme.

« Dans sa controverse avec Pereire, dit de Gerando, l'abbé de l'Epée eut en sa faveur un suffrage d'un grand poids, auquel il témoigna mettre une extrême importance, celui de Condillac. L'instituteur des sourds et muets de Paris a fait, dit l'abbé de Condillac, du langage d'action un art méthodique, aussi simple que facile, avec lequel il donne à ses élèves des idées de toute espèce, et j'ose dire des idées plus exactes et plus précises que celles qu'on acquiert communément avec le secours de l'ouïe. Il conduit ses élèves par des analyses simples et méthodiques, et par des *idées sensibles* aux idées abstraites, et on peut juger combien son langage d'action a d'avantages sur les sons articulés de nos gouvernantes et de nos précepteurs, etc. »

Cette bulle fut acceptée comme article de foi par tous les sectaires du parti philosophique, et ils étaient nombreux, et il n'y avait alors de parole que pour eux : Pereire ne garda pour lui que l'estime muette des membres du clergé orthodoxe qui l'avaient connu, et de quelques vieux savants amis dont le nombre diminuait tous les jours.

A qui d'ailleurs Pereire eût-il appelé de ce succès? A l'Académie? elle n'était point consultée; aux savants? il ne connaissait point les nouveaux, et les anciens qui étaient pour lui n'avaient rien à dire; à Mesdames la maréchale de B..., les duchesses d'Auv... et d'Est..., la marquise de Beauf..., toutes ces grandes dames, tout ce public doré qui hantait la classe de la rue des Moulins, entre une promenade dans la grande allée et un sermon du P. Neuville? Plus jeune, Pereire se fût peut-être résigné à chercher lui aussi des juges dans ce monde des salons pour présenter sa défense contradictoire ; mais âgé, souffrant, las des aggressions que lui suscitait sa découverte, il se renferma dans le silence de sa pratique pour y mourir, comme le soldat enveloppé dans son drapeau.

Vainement fut-il sollicité à répondre par la violence même des attaques de l'anonyme, par le zèle officieux de ses derniers amis, il se tut ; vainement de Fontenay saisit sa plume qui n'était ni sans portée, ni sans vigueur, et écrivit une fougueuse défense du premier maître ; le maître ordonna à son élève de remettre l'épée dans le fourreau, la plume frémissante de Saboureux tomba de ses mains, son livre presque achevé ne parut pas : Pereire le voulait ainsi. Et comme, après les provocations de ses ennemis, après les supplications de ses amis, après l'annonce du livre de Saboureux, Pereire se taisait toujours, la presse elle-même vint le solliciter et lui demander, au nom des progrès de la science qu'il avait créée, une justification qu'il se refusait à lui-même.

C'est alors que Pereire, poussé à bout, obligé de répondre et ne voulant pas sortir du noble caractère qui honorera son nom autant que sa méthode même, écrivit la lettre que l'on va lire.

Lettre de M. Pereire à l'Auteur de la Feuille des Avis divers des 22 et 26 juillet 1777.

Paris, 7 juillet 1777.

« Je vous suis redevable, Monsieur, d'un procédé aussi généreux que peu commun, et je vous réitère de grand cœur les grâces que je vous en ai déjà rendues personnellement. Vous seul, que je sache, en donnant à M. l'abbé de l'Epée, comme tant d'autres auteurs périodiques, les éloges que méritent sa charité, ses efforts et son zèle en faveur des sourds et muets, vous seul, dis-je, avez eu de vous-même, et le courage de vous souvenir de moi dans vos feuilles, et l'équité de rappeler que je suis le premier inventeur moderne de l'art d'apprendre à parler à ces infortunés. Vous voulez, Monsieur, faire encore plus : surpris de mon indifférence à publier mes succès et les honneurs qu'ils m'ont procurés, tant en dernier lieu que depuis plus de quinze ans que vous m'aviez perdu de vue, vous avez poussé l'honnêteté, lorsque je vous en ai parlé, jusqu'à me demander de vous envoyer tout ce que je retrouverais de papiers, propres à vous mettre du moins en état de suppléer à mon silence, et de constater mes droits à l'égard d'un public qui n'est plus aujourd'hui, pour ainsi dire, le public de 1760, ni, à plus forte raison, celui de 1750 ou de 1745, époque des premiers témoignages rendus à mon invention.

« Il ne me fallait pas moins pourtant, je vous l'avoue, que ces avances obligeantes de votre part, pour que je ne différasse plus de sortir de mon inertie. Content d'avoir fait revivre un art utile à l'humanité ; et dont on a vu dès lors (1) éclore des écoles de toutes parts, avec plus ou moins de succès ; comblé d'avoir par-là mérité les applaudissements les plus flatteurs de plusieurs Académies (2), et, par ces applaudissements, ceux du public, les bienfaits du Roi, et mon admission dans la Société royale de Londres ; satisfait de mon sort, tout modique qu'il est ; sans ambition comme sans jalousie, et ne prisant rien tant au monde, après ma réputation d'honnête homme, qu'une tranquillité qui m'a toujours été chère, et que des infirmités habituelles m'ont rendue nécessaire, j'ai depuis longtemps eu pour maxime de m'occuper le moins pos-

____

(1) *Dès lors,* et point auparavant, ainsi que le font connaître le brevet de la pension de M. Pereire, et ces expressions du jugement de l'Académie royale des Sciences, inséré dans le *Journal des Savants* de septembre 1749 et dans les autres écrits du temps : *l'exemple de M. Dazy d'Etavigny* (élève de M. Pereire) *est le premier et le seul dont nous ayons connaissance.*

(2) Celles de La Rochelle, en 1745 ; de Caen, en 1746 ; et de Paris, en 1749, 1751 et 1763.

sible, par rapport à mon art, de tout ce qui ne vi-
sera pas à sa plus grande perfection pour le bien
général, et à l'utilité qui en peut résulter aussi
pour ma famille en particulier. Car, je ne crains
pas de le dire, malgré toutes ces nouvelles écoles
(parmi lesquelles celle du très-charitable et très-
édifiant M. l'abbé de l'Epée excitera toujours une
juste admiration), je n'ai rien vu, jusqu'à présent,
qui doive m'empêcher de penser que, si jamais il
vient au monde, dans quelque État de l'Europe, un
prince ou de grands personnages sourds et muets,
*je ne saurais laisser à mes enfants un plus bel hé-
ritage que celui de ma méthode particulière.* J'aurais un tort d'autant plus grand d'en agir autrement, ou de chercher à en prouver la supériorité
sur toutes celles qu'elle a fait naître, que la comparaison que chacun pourra faire de leurs effets
respectifs, sera toujours le moyen le plus sûr et le
plus satisfaisant de s'en convaincre ; et que ceux
qui ne sont pas à même de faire cette comparaison,
pourront s'en rapporter aux parents qui, étant en
état de ne pas s'arrêter à la dépense, ont mis leurs
enfants muets entre mes mains, après avoir observé
ces différences avec tout l'intérêt qu'exige d'eux
leur amour paternel (1).

(1) M. Solier, sourd et muet de naissance, de Vevay, en Suisse,
fils de parents fort connus par les maisons de commerce qu'ils

« Je pense néanmoins que, puisque je ne suis devenu pensionnaire du Roi, ainsi que le porte mon brevet, qu'*en considération de l'art que* je me suis *acquis de pouvoir apprendre à parler aux sourds et muets de naissance, et leur donner une éducation dont ils avaient été jusqu'alors regardés comme incapables*, il est de mon devoir de justifier en toute rencontre cette grâce, dont je jouis depuis vingt-sept ans. Je l'ai déjà fait dans plusieurs oc-

ont à Marseille et à Cadix, ne devint l'élève de M. Pereire qu'après être resté vingt-sept mois à une autre école et en avoir été retiré. Ce fait est consigné dans le cinquième volume des *Mémoires des Savants étrangers*, imprimé au Louvre en 1768. De même, M. de la Voute, sourd et muet, riche gentilhomme de Saint-Aignan en Berry, ne lui fut confié qu'après que ses parents se furent assurés par eux-mêmes de la supériorité de sa méthode. M. Raffeneau Delile, notaire rue Montmartre, leur allié, pourra en rendre témoignage; et un billet, écrit et daté de la main de feu M. le duc de Saint-Aignan, chez M. Pereire, le 30 avril 1770, peut concourir encore à prouver le même fait. Enfin, M. Gerde, chirurgien-major et habitant du Petit-Goave, à Saint-Domingue, ayant amené exprès à Paris mademoiselle sa fille, sourde et muette, pour lui faire apprendre à parler, vient de retourner en Amérique, après plus de huit mois de séjour dans cette capitale, laissant son enfant entre les mains de M. Pereire, auquel il a témoigné par écrit, en partant, qu'il ne la lui confiait qu'avec pleine connaissance de cause. Cet écrit, tout de sa main, et dans lequel il marque combien il allait partir tranquille et content, est daté du 26 juin 1777. (*Note* du journaliste.)

casions (1), et toujours avec un égal succès. Mais j'avoue qui si mes amis et mes protecteurs ne m'y avaient pas excité, j'aurais été moins actif, soit à solliciter des honneurs, soit à répondre à des critiques ; et le silence que j'ai gardé depuis que je les ai perdus presque tous, en est une preuve non équivoque. Sans eux je n'aurais pu me flatter d'être présenté successivement au feu Roi et à la feue Reine, à l'auguste père de Sa Majesté, à Sa Majesté elle-même, alors duc de Berry, aux Rois de Pologne, de Danemarck, de Suède ; et enfin, le 7 et le 8 mai dernier, à *M. le comte de Falckenstein* (Joseph II), d'abord tout seul et inopinément, au vieux Louvre, où, par le plus heureux hasard, je fus aperçu dans la cour et introduit auprès de ce prince, dans l'atelier de *M. Pajou,* par M. le comte d'Angevilliers, mon généreux protecteur de tout temps, et le lendemain, par ses ordres, au cabinet des tableaux du Luxembourg, avec mon ancienne élève, pensionnaire de feu M. le duc de la Vrillière, à qui mesdames de Maurepas et d'Aiguillon ont la générosité de continuer les bienfaits de ce ministre. Cette élève prononça, devant M. le comte de Falckenstein, le petit compliment que je vous ai laissé, et qu'elle avait eu à peine le temps

____

(1) Notamment dans le *Journal Étranger* de mars 1756, contre le P. Feyjoo, et dans le cinquième volume des *Mémoires des Savants étrangers,* contre M. Ernaud. (*Note* de Pereire).

d'apprendre par cœur (1). Sans ces protecteurs et ces amis, surtout sans l'incomparable M. de La Condamine, dont je pleurerai toute ma vie la perte, non-seulement j'aurais été privé de la plupart de ces avantages, mais j'aurais peut-être hésité à défendre mes droits les plus légitimes, contre plusieurs ouvrages où l'on avait cherché à me les enlever. Eh! combien d'autres marques de la plus sincère et la plus ardente amitié, ce savant ne m'a-t-il pas données!

« En m'exhortant, comme vous l'avez fait, Monsieur, à vous envoyer les papiers qui me concernent, vous semblez vouloir me tenir lieu de cet illustre ami. Eh bien! Suivez le penchant obligeant de votre cœur : vous trouverez dans ces écrits et dans ce que je viens de vous exposer, de quoi imiter ses bons offices et sa bienveillance. Je souhaite que ce puisse être avec plaisir pour vos lecteurs; mais je dois croire que si cela arrive, ce sera plutôt l'effet de l'intérêt que vous saurez y mettre, que celui de la matière même, qui, toute importante qu'elle est dans le fond, n'a plus aujourd'hui l'attrait de la nouveauté (2).

(1) « *Monsieur le Comte*, la grandeur de mon bonheur, en ce jour, semble redonner à ma langue les liens qui la rendaient immobile, et que l'art a brisés. Plus mon cœur ressent ce bonheur, *Monsieur le Comte*, moins ma bouche peut l'exprimer. »

(2) Nous croyons que M. Pereire se trompe, et qu'on lira avec

« Je serai forcé, malgré cela, d'y revenir, et d'en faire encore le sujet d'une lettre, dès que des occupations indispensables et instantes me le permettront, pour relever moi-même quelques passages d'un écrit intitulé : *Institution des sourds et muets par la voie des signes méthodiques,* imprimé en 1776, mais que je n'ai lu que dernièrement (1). Ma méthode y est ravalée on ne peut pas plus injustement ni plus mal-à-propos ; et, certes, il est bien dommage que dans un ouvrage qui ne respire presque partout que piété et bienfaisance, et qui peut être véritablement utile, du moins pour la classe indigente, et par conséquent la plus nombreuse et la plus digne de commisération, des sourds et muets, il se trouve des taches qui le déparent. Elles sont telles, que je les aurais crues l'effet d'une basse jalousie et d'une envie gratuite de me nuire, si la vertu reconnue de l'auteur me permettait de douter de la pureté de ses intentions,

satisfaction tout ce qu'il nous a mis à portée de consigner dans nos feuilles sur son excellente méthode. N'y eût-il que le témoignage glorieux qui en a été rendu par M. de Buffon, dès 1749, dans le troisième tome de son *Histoire naturelle de l'Homme,* p. 350 et 351, in-4°, une pièce aussi authentique, et qui vient d'une pareille main, sera certainement du goût de tous les lecteurs (*Note* du journaliste.)

(1) Pereire ne put vaincre sa répugnance pour la polémique, cette seconde lettre ne parut jamais.

ou me persuadait moins qu'elles viennent uniquement d'un aveuglement involontaire, causé par la prévention et l'enthousiasme de ses propres idées. Toute l'indifférence stoïque dont je voudrais pouvoir faire usage, ne suffit pas pour me détourner d'y répondre, à cause des interprétations qu'on pourrait donner à mon silence; mais je le ferai avec les ménagements que ces circonstances demandent, qu'elles semblent même exiger, surtout d'un homme qui ne cherche qu'à opposer une défense légitime à d'injustes attaques; et je serai bien trompé si, quelque sensible que puisse être l'amour-propre de l'auteur, *sa religion ne le force pas à reconnaître franchement son tort dans les sorties qu'il s'est permises* contre ma méthode, et notamment contre mon alphabet manuel ou ma dactylologie. Je suis, etc. »

Tel était le dernier mot de Pereire à ses rivaux; tel avait été le premier. « Je suis bien éloigné de prétendre rien diminuer du mérite de M. Ernaud, que je crois digne de beaucoup d'éloges, » disait-il en 1760 du premier compétiteur qui ne lui avait épargné, ni l'injure, ni les insinuations calomnieuses. « Le charitable et très – édifiant abbé de l'Epée...., les éloges que mérite sa charité, ses efforts et son zèle en faveur des sourds et muets..., » dit-il en 1777, parlant de l'anonyme devenu si célèbre depuis. Tel était Pereire, dont la mémoire n'est oubliée que parce qu'il a toujours séparé sa personne de sa méthode, produisant celle-ci, effaçant celle-là ; affectant de se désister de toute personnalité dans une question où il croyait seules engagées l'humanité et la science.

Dire les angoisses que lui suscita la rivalité sous toùs ses masques, serait impossible. Pereire n'aimait pas à garder les preuves de ses ennuis ; et d'ailleurs, que servirait aujourd'hui de rappeler à la vie de l'histoire les défuntes médiocrités qui assaillirent sa vieillesse de leurs injures ou de leurs obsessions ? Je n'en citerai qu'une seule, l'abbé Deschamps.

Celui-ci fait le voyage d'Orléans à Paris en 1777, pour tirer de Pereire quelques éclaircissements sur sa méthode, lui demande son amitié et en obtient la remise d'un manuscrit intéressant ; il écrit ensuite à Pereire, tantôt pour dire qu'il est malade, tantôt pour lui souhaiter une bonne année, « l'assurant qu'il se tient honoré d'être en correspondance avec un aussi grand homme ; » promettant de lui renvoyer son manuscrit, le promettant toujours, ne le renvoyant jamais, et publiant en fin de compte *un cours élémentaire d'instruction à l'usage des sourds et muets* en 1779, à l'aide des renseignements que Pereire lui a fournis.

Dans cet ouvrage, l'abbé Deschamps déclare qu'*il suit les traces de Pereire, et se recommande des suc-*

cès de Pereire : c'est à ce titre que son livre obtint un rapport favorable du célèbre Hallé à la Société royale de médecine. Eh bien! cherchez dans ce livre autre chose qu'un éloge banal du maître de l'abbé Deschamps, du Précurseur de tous, vous ne le trouverez pas, à moins que vous n'acceptiez pour un hommage loyal rendu à Pereire la mention qui précède la publication de l'alphabet dactylologique.

« Nous sommes redevable de cet alphabet à un *homme d'un mérite distingué* (1). Ce n'est pas la seule obligation que nous ayons à *la même personne.* Nous désirerions qu'*elle* nous permît de *lui* donner publiquement une preuve sincère du respect et de la reconnaissance que nous avons pour *elle,* et, quelques choses que nous *en* eussions dites, elles auraient toujours été bien au-dessous de nos sentiments et de *son vaste génie.* » Où l'abbé Deschamps avait-il pris qu'il fallût être autorisé par une permission spéciale pour donner publiquement une preuve de respect et de reconnaissance?

Ainsi donc, le respect et la reconnaissance conspiraient avec la rivalité déclarée, pour taire ou ravaler le nom du premier Instituteur des sourds et muets, pour supplanter Pereire de son vivant. L'un le raillait et disait faire mieux que lui, l'autre le

---

(1) *Cours élémentaire d'instruct.,* p. 199.

passait sous silence alors même qu'il se recommandait de sa méthode : étrange et discordant concert !

Pereire resta impassible : *content d'avoir fait revivre un art utile à l'humanité, et dont on a vu dès lors éclore des écoles de toutes parts*, entre autres celles d'Heinicke, à Leipsick, celles de Pfingsten, à Kiel, et nombre d'autres en Suède, en Danemark, en Allemagne, que le professeur Bjornstähl a suscitées en publiant les premiers succès de Pereire, ses Mémoires et les rapports de Buffon, bien avant qu'il fût question de l'abbé de l'Épée, de l'abbé Deschamps, etc .., *ayant depuis long-temps pour maxime de s'occuper le moins possible de tout ce qui ne viserait pas à la plus grande perfection de son art et à l'utilité qui peut en résulter pour sa famille ; content de son sort, si modique qu'il fût, et ne prisant rien tant au monde, après sa réputation d'honnête homme, qu'une tranquillité qui lui a toujours été chère, et que des infirmités devenues habituelles lui ont rendue plus nécessaire ;* il laissa faire et dire tout ce qu'on voulut, et continua à s'occuper de ses élèves et à se distraire de ce pénible travail en étudiant les questions d'intérêt général qui abondaient alors.

Pereire était lié avec le banquier Necker avant que ce célèbre financier fût chargé de rétablir le crédit. Toutes sortes d'affinités rapprochaient ces deux hommes ; étrangers l'un et l'autre, l'un Protestant, l'autre Juif, tolérés tous les deux dans un pays catholique, ils se virent assez intimement pour que madame Necker elle-même fût en correspondance avec Pereire. Les préoccupations du Génevois ne trouvèrent pas l'instituteur des sourds et muets indifférent; et Necker était à peine arrivé à la direction des finances, que Pereire lui remit le plan d'un emprunt qu'il crut propre à procurer de l'argent au gouvernement à un taux d'intérêt modéré.

Depuis long-temps Pereire, sans avoir fait de l'économie politique un objet spécial d'études et de recherches, avait porté son attention sur les combinaisons financières dont le mécanisme pouvait surtout contribuer à l'abaissement du taux de l'intérêt supporté par l'emprunteur, *objet plus intéressant pour le public qu'on ne pense d'ordinaire*. On aime à rencontrer cette pensée profonde dans les premières lignes du mémoire qu'il remit au futur ministre des finances, le 18 décembre 1776.

Le grand succès de l'emprunt de 1747 réalisé, en plein discrédit public, par l'émission de 60,000 billets de loterie au prix de 600 fr., avait frappé Pereire; il était ennemi des loteries populaires, où il ne voyait qu'un impôt aussi odieux qu'immoral, où l'argent des classes les plus nécessiteuses est dévoré par un jeu dont ces classes ne peuvent calculer ni apprécier l'énorme et déloyale inégalité. A l'époque où Pereire écrivait son plan de finances, le

quine était encore joué à la *loterie royale de France ;*
et cependant les chances réservées à l'administration dans la sortie du quine, sont de 97 3/4 °/₀, ainsi
que Pereire en expose le calcul très-conforme à la
théorie mathématique des combinaisons, comme
un terrible exemple de la fascination du joueur,
aussi abusé qu'ignorant ; mais, ajoute judicieusement Pereire, il serait aussi difficile de faire comprendre cela à de tels actionnaires, que le mouvement de la terre autour du soleil.

Pereire établissait toutefois une grande différence à l'avantage de ces loteries qui, instituées
dans la vue d'un emprunt, et non d'un impôt, et ne
s'adressant qu'aux classes aisées et éclairées de la
société, peuvent faire obtenir à l'emprunteur de
meilleures conditions de la part des nombreux ca-
pitalistes, grands ou petits, qui consentent volontiers une faible diminution dans le taux de leur
placement, pour obtenir, en compensation, quelque
chance de fortune ; car, disait Pereire, dans l'exposé
de son plan, on peut avancer comme un fait certain,
que tout le monde aime les loteries. « Ce goût tient
chez tous les hommes à leur amour-propre, qui les
berçant sans cesse de leur mérite personnel, soit
réel, soit illusoire, tend continuellement à leur présenter comme une espèce de conséquence que le
sort doit s'intéresser pour eux, et qu'il n'attend,
pour les rendre heureux, que les occasions qu'ils

peuvent eux-mêmes lui en fournir. A la vérité, ce penchant n'est pas le même chez tous ; le vulgaire, qui ne raisonne pas, regarde chaque loterie comme un moyen de s'enrichir, qu'il mesure ordinairement sur la valeur d'un gros lot, sans examiner le degré de vraisemblance ou d'invraisemblance qu'il peut y avoir à l'obtenir, ni si ce qu'une loterie rend en total au public n'est qu'une fraction plus ou moins forte de ce qu'elle en a reçu ; parlez-en à ceux que je désigne ici, chacun en son particulier croira toujours ses idées supérieures à vos raisonnements..... Chez les gens qui pensent, au contraire, le goût des loteries est éclairé ; plus l'intérêt qu'ils y veulent prendre est grand, plus ils en calculent les probabilités, et ils ne s'y livrent qu'avec connaissance de cause. Mais il n'en est pas moins vrai qu'il n'y a presque personne qui n'aime à courtiser la fortune et à lui faire des avances. »

Pereire conçut donc l'idée de faire servir ce goût des loteries, à l'organisation d'un emprunt annuel que les prêteurs accorderaient à l'État, à un taux toujours moindre que celui des dettes antérieures de l'État destinées à être remboursées par ce nouvel emprunt.

Et quels seraient ces prêteurs ? Seraient-ce tous les actionnaires de cette nouvelle loterie, qu'on devait tirer tous les deux mois et renouveler annuellement ? Non. Mais seulement les heureux actionnaires favorisés par le sixième tirage, auxquels étaient réservés les plus gros lots. Ces derniers devaient laisser entre les mains de l'État le sixième de leurs lots et recevoir en échange des reconnaissances à 4 pour %, remboursables au bout de neuf ans.

Comment un tel emprunt n'aurait il pas réussi; comment les heureux prêteurs ne se seraient-ils pas facilement contentés d'un modique intérêt de 4 pour %, puisqu'ils ne prêtaient à l'État, à ce taux, qu'une faible portion de leur bénéfice?

Mais ce sixième des lots du sixième tirage ne constituait qu'un vingt-septième du fonds total demandé et remboursé annuellement par la loterie de Pereire; là était un véritable obstacle que son imagination active n'avait pas aperçu. L'appareil était hors de proportion avec le résultat. Les finances de l'État ne pouvaient pas être rétablies par une machine qui mettait en mouvement vingt-sept fois plus de capitaux qu'elle n'en procurait, bien qu'à des conditions d'intérêt très-avangeuses.

Ce projet n'eut pas de suites.

Pereire mit alors la dernière main à une machine à calculer, qu'il avait conçue dans ses soirées solitaires. Il avait déjà, depuis plusieurs années, exécuté pour ses élèves un instrument analogue, mais qui devait être d'un usage moins étendu que celui-ci. Toutefois, on ne sait rien de leur mécanisme, tant l'inventeur songeait peu à se préparer l'avenir. Cette seconde machine, qui devait être beaucoup plus simple que celle de Pascal, puisqu'elle ne tenait que fort peu de place, fonctionna merveilleusement, et M. Necker l'ayant vue, en prit envie pour son usage particulier; peut-être même ne fut-elle exécutée qu'à son instigation. Pereire la lui donna; on la vit long-temps dans le cabinet du célèbre Génevois.

Vers cette époque, Bougainville, qui écrivait alors son voyage de circum-navigation, et qui avait amené avec lui, ou rapporté, — lequel dois-je dire? — un sauvage de l'île d'Otaïti, dont il avait fait la découverte, pria Pereire de lui écrire la partie de son livre qui concerne ce pauvre exilé. Pereire entreprit en outre, en qualité d'interprète du Roi, et par ordre du secrétaire d'État Bertin, un travail étendu et curieux *sur l'articulation de cet insulaire de la mer du sud;* ce travail n'est pas seulement celui d'un philologue, il renferme des aperçus philosophiques pleinement justifiés par les observations récentes, d'un voyageur qui a séjourné à Otaïti en 1835; et il se rattache, par plusieurs points, aux études que Pereire avait faites pour rendre la parole aux muets de naissance. Ce travail était, en outre, suivi d'un vocabulaire du langage habituel de ce sauvage. Ce dictionnaire que l'auteur appelle *Français-Cychérien,* a aujourd'hui un double à propos, en ce qu'il fait connaître la langue des Taïtiens, qui sont devenus sujets français, et permettrait de voir si cette langue est sensiblement modifiée depuis soixante ans. Au temps qu'il parut, ce travail ne pouvait avoir qu'un intérêt de curiosité ; il l'obtint, ainsi que la partie du voyage de Bougainville écrite par Pereire (tome 2, page 425 et suiv.).

On se souvient qu'en 1739 Pereire s'était déjà appliqué à rechercher des moyens nouveaux de locomotion maritime, et qu'en 1753 il avait reçu les honneurs d'une mention académique pour son mémoire *sur les moyens de suppléer à l'action du vent sur les grands vaisseaux.*

Remarquons, à cette occasion, que ce mémoire n'avait pas été imprimé avec ceux d'Euler et de Bernouilli, comme il avait droit de l'être, parce que son auteur l'avait retiré pour y faire des additions. Pereire s'était passionné pour ce travail d'ingénieur presque autant que pour l'éducation des sourds et muets ; pendant quarante ans, il l'avait grossi de plusieurs mémoires supplémentaires. Cette question, en effet, était d'un haut intérêt pour un esprit comme le sien ; mais on doit ajouter que l'impression pénible qu'il avait éprouvée en mer, pendant un calme de plusieurs jours, impression dont la trace se retrouve dans les strophes espagnoles que j'ai citées, ne dut pas être étrangère à l'obstination qu'il mit à chercher la solution de ce problème encore insoluble. Toutefois, en 1779, la guerre maritime soutenue avec éclat par les Vaudreuil, les d'Estaing, les de Grasse, attirait les regards sur les progrès possibles de la marine. M. de Sartine, alors ministre, désira connaître le mémoire de Pereire. L'Académie de marine, consultée, goûta ses idées, les prit en considération, et lui fit demander, par l'intermédiaire du ministre, un travail plus détaillé sur son systême, dont l'exposition dans les mémoires de 1753 demandait encore quelques développements pratiques.

Pereire, malade, se sentit renaître à cet ordre; il se remit aussitôt à l'œuvre avec une activité juvénile; il correspondit avec le ministre, avec les bureaux, avec l'Académie de marine, avec le directeur du port de Brest; il écrivit, calcula, fit construire des modèles, fournit à toutes les nécessités dans lesquelles le jetait la demande du ministre, mais la tête seule était jeune chez lui. La maladie dont il souffrait depuis long-temps faisait des progrès, sa famille s'inquiétait, ses derniers amis prenaient l'alarme. Madame de La Condamine, qui le voyait presque tous les jours et s'efforçait d'applanir les obstacles qu'il rencontrait dans la réalisation de ses projets, trouvait encore nécessaire de lui adresser des billets comme celui-ci: « Ce sera, mon cher ami, un grand sujet de joye pour moi de voir le succès de vos opérations maritimes; mais un travail forcé pendant le jour et pendant la nuit, ne s'arrange guère avec votre santé. Voilà ce qui m'effraye. Songez que c'est encore le plus grand trésor que vous puissiez ménager à votre famille et à vos amis. »

Mais, avant de suivre Pereire dans cette dernière entreprise, reprenons la suite des événements : l'année 1778, qui venait de s'écouler, avait été encore plus rude que les précédentes pour le vieillard malade et isolé. Lui, qui avait doté sa patrie adoptive de l'art d'instruire et de faire parler les sourds et muets de naissance, il avait pu lire, sans douleur, l'arrêt suivant du conseil d'État :

« Le Roi étant instruit du zèle et du désintéressement avec lequel le sieur abbé de l'Epée s'est dévoué depuis plusieurs années à l'instruction des sourds et muets de naissance, et voulant prendre sous sa protection un établissement aussi utile et en assurer la perpétuité, ordonne, Sa Majesté, que sur la portion libre des biens que les monastères des Célestins, situés dans le diocèse de Paris, tiraient de la libéralité des Rois ses prédécesseurs, il sera payé et délivré les sommes qui seront jugées nécessaires, soit pour la subsistance et entretien des sourds et muets qui seront sans fortune, soit en général pour toutes les dépenses dudit établissement, etc., etc., etc.....

Ainsi, après dix ans de travaux préparatoires,

après trente-quatre ans de pratique, après qua-
rante-quatre ans de travaux, de succès, de luttes,
de dénis de justice dévorés dans le silence, Pereire,
au moment de mourir, recevait, pour dernière récompense, un exemplaire de cet arrêt du Conseil!...
Il le lut, que dis-je? il le copia tout entier. J'ai sous
les yeux cet arrêt où sa renommée était sacrifiée,
copié de sa propre main, et nulle de ses pages n'est
écrite d'une écriture plus calme, plus égale, plus
sereine que celle-là.

La force d'âme dont Pereire donna, dans cette
circonstance, un exemple rare, inimitable, venait
de l'élévation et de la justesse d'esprit avec laquelle
il envisageait sa position personnelle et l'avenir social des sourds et muets.

Pereire avait importé en France l'art d'instruire
les sourds et muets; personne n'avait poussé cet
art aussi loin que lui; ses concurrents n'en avaient
que des idées incomplètes ou absolument fausses, et
l'abbé de l'Épée faisait partie de ces derniers; mais
il n'était, lui, à tout prendre, qu'un savant, et, qui
pis est, un étranger, un Juif; il n'avait fait que continuer et compléter la tradition scientifique; on ne
lui devait, à lui, que l'estime et l'honneur qui s'attachent au succès des œuvres intellectuelles. Son
rival, plus heureux, avait, par une propagande habile, attiré la bienveillance du public sur les sourds
et muets, prêché leur émancipation, demandé la

création d'un asile national, et fait inscrire cette fondation au budget; l'abbé de l'Épée était donc le promoteur de l'acte philantropique que consacrait l'arrêté du conseil d'État. Un esprit impartial et désintéressé comme celui de Pereire ne pouvait méconnaître l'importance de cette fondation publique, et il lui sembla tout naturel que la direction de cet institut national revînt à l'abbé de l'Épée. Pereire pressentait bien que la meilleure méthode, la sienne, finirait par forcer les portes ouvertes par la philantropie à la science?... Il n'avait, d'ailleurs, jamais ambitionné ce poste, que sa religion et ses idées ne lui permettaient pas de remplir. On lui avait offert une chaire au Collége de France; mais, comme le dit plus tard une de ses élèves, ce n'était pas dans des conférences qu'il pouvait donner les démonstrations de son art. Ce qui aurait convenu à Pereire, ce qu'on lui aurait offert cinquante ans plus tard, c'eût été la direction d'une école normale de professeurs des sourds et muets; mais ce dégré supérieur de l'enseignement n'existait encore nulle part; on n'y songeait même pas; c'est pourquoi Pereire ne formait d'autre vœu que celui de laisser à ses enfants sa méthode particulière. Le succès de l'abbé de l'Épée n'ébranla donc pas les convictions de Pereire, et il continua avec ardeur le cours des travaux nombreux et incessants qui absorbaient et consumaient sa vie.

D'Orléans, sa chère et bonne Marie Marois lui écrivait (7 juin 1779) : « Je suis en peine de ce que vous êtes encore incommodé, et toujours accablé de vos affaires, dont vous ne finissez point. Je vous conjure, mon cher maître, de vous ménager, car votre santé, qui m'est si chère, est la consolation de votre digne famille. »

Les affaires dont le maître de Mademoiselle Marois ne finissait pas, c'était d'abord ses mémoires supplémentaires sur *les moyens de suppléer à l'action du vent sur les grands vaisseaux ;* puis c'était surtout une grande affaire, une affaire de cœur, comme il est donné aux vieillards d'en suivre, c'était une affaire de nationalité, de religion, affaire où était engagées la dignité de la vie et la sainteté de la tombe.

Pendant toute sa vie active et tourmentée, Pereire ne s'était pas si fort occupé de travaux intellectuels, que l'existence sociale sans cesse menacée de ses coreligionnaires n'eût constamment fixé son attention.

Les Juifs, tolérés en France et à des conditions diverses, selon les préjugés de chaque province, avaient des attaques à repousser, des priviléges à défendre, des intérêts à sauvegarder. Ceux de Bordeaux, dits *Portugais* ou *nouveaux chrétiens,* dans les édits qui les concernent, trouvèrent dans l'illustre instituteur des jeunes sourds et muets un protecteur zélé et assidu. Par les relations que son talent et son caractère lui avaient créées, il s'était acquis, avec l'amitié des savants, l'estime des plus grands seigneurs. Nous avons vu comment M. le duc de Chaulnes en usait avec lui, dans quels termes flatteurs M. d'Argenson lui écrivait ; nous venons de voir M. de Sartine recourir à ses lumières ; M. Necker, M. de Saint-Florentin lui avaient témoigné une bienveillance aussi familière qu'affectueuse ; Pereire eût pu employer à son propre service toutes ces hautes influences, il préféra toujours les faire tourner au profit de ses coreligionnaires.

Les services que Pereire rendit bénévolement pendant son séjour à Paris, de 1748 à 1759 aux Juifs portugais de Bordeaux, durent être considérables, car le syndic de cette corporation ayant réuni les notables, prit avec eux la délibération suivante :

« Nous etc..., il nous a été représenté que le sieur Pereire (Jacob-Rodrigues), pensionnaire du Roi à Paris, a rendu service à la nation en employant sa protection et ses amis pour lui procurer les avantages que la nation demandait, et pour la conservation de ses priviléges ; et comme la nation avait voulu donner des marques de sa reconnaissance audit sieur Pereire, et lui faire un petit présent en une lettre de change, ledit sieur Pereire ayant refusé généreusement ce présent, et dit se contenter de la satisfaction d'avoir été utile à sa nation. En considération de quoi nous avons jugé à propos de coucher la présente délibération sur notre registre, *afin qu'en tout temps elle puisse servir audit sieur Pereire et sa famille, pour faire connaître qu'ils méritent que la nation leur soit utile dans les occasions qui pourraient se présenter.* »

Cette lettre de change morale que la nation juive portugaise endossait au profit de Pereire et de sa postérité, fait autant d'honneur à ceux qui l'offrirent, qu'à celui qui ne voulut pas recevoir d'autre récompense. Pereire continua de servir ses frères en religion, qui ne tardèrent pas à insister de nouveau auprès de lui pour lui faire accepter une indemnité pour les soins qu'il prenait de leurs intérêts, souvent au détriment des siens.

« Nous, assemblés chez M. Veiga, notre syndic, il nous a été représenté que M. Jacob-Rodrigues Pereire, pensionnaire du Roi, qui se trouve actuellement dans la présente ville, nous a rendu, à Paris, des services dont sa générosité lui a fait refuser toute récompense ; et comme il ne serait pas juste de continuer à employer ledit sieur Pereire en faveur de la nation, sans lui donner des marques de notre reconnaissance, nous avons délibéré qu'il lui serait fait une pension, sa vie durant, de 400 livres, qui seront payées par le syndic en charge audit sieur Pereire. Lesdites 400 livres lui tiendront lieu de récompense pour les services qu'il rendra à la nation.

Plus tard, en 1761, Pereire, *qui en plusieurs occasions a rendu des services importants à la nation juive portugaise,* fut nommé son agent à Paris ; et, en 1762, voulant donner à Pereire *les preuves de leur satisfaction,* les Juifs portugais de Bordeaux résolurent de doubler les honoraires de leur agent, et assurèrent, en outre, une pension de 400 livres à ses sœurs.

Depuis l'instant où il reçut le titre d'agent de la nation juive portugaise à Paris jusqu'à sa mort, il ne cessa d'influer de la manière la plus active sur toutes les décisions ministérielles qui furent prises relativement aux Juifs.

L'état exceptionnel des esprits donnait à prévoir de prochains changements dans les choses sociales. Ce qui se disait ne devait pas tarder beaucoup à se réaliser. Or, les grandes clameurs d'alors exprimaient un besoin immense, général, de droit commun. Ce droit demandé s'appelait liberté, égalité, etc.... n'importe, ce droit était celui dont l'état social et politique des Juifs approchait le moins, celui auquel ils aspiraient avec une ardeur contenue, celui qu'ils conquirent bientôt en s'associant avec ensemble à l'élan national. Mais alors que Pereire était leur agent à Paris, il fallait demander long-temps pour obtenir un peu de ce droit que le pouvoir ne concédait qu'à regret. Les plus minces affaires exigeaient une tactique infinie dans ses circonlocutions ; le but définitif, l'émancipation des Israélites, ou plutôt leur fusion dans la nationalité française était là toute proche en perspective, et pourtant insaisissable, impossible avec les hommes du moment. Les agents des diverses nations juives préparaient le grand avènement du droit commun en demandant des concessions de droits partiels, au fur et à mesure que ces droits, discutés dans la presse, devenaient plus évidents pour l'opinion.

Les démarches et les actives sollicitations de Pereire, avant comme après qu'on lui eût conféré le titre d'agent, portaient sur quelques-uns de ces droits, que l'on appelait alors priviléges, et qui n'étaient que des parcelles du grand droit commun auquel les Juifs aspiraient. La nation israélite que Pereire représentait à Paris était distinguée des autres communautés juives aussi bien en France qu'à l'étranger par les priviléges dont elle avait joui depuis le temps où l'établissement de l'Inquisition en Espagne l'avait forcée à se disperser. La position exceptionnelle de cette partie riche, éclairée et très-civilisée des Portugais donnait envie à beaucoup d'Israélites, d'étrangers et de gens sans aveu ni religion, de se dire et qualifier de cette nation la plus favorisée, abus qui à la longue eût pu jeter de la déconsidération sur ceux-là même dont la vie stable, probe et féconde en grands travaux, avait obtenu des témoignages écrits de l'estime des Médicis, de la Maison d'Orange, des rois de Danemark et de France. « C'est pour prévenir cet abus, porte une lettre de M. Lenoir, préfet de police, à Pereire, et datée du 5 novembre 1777, que, d'après le compte que j'ai rendu au ministre du Roi de votre probité et capacité, qui lui étaient déjà connues, il m'a chargé de vous prévenir que l'intention de Sa Majesté est :

Que tous les Juifs portugais résidants à Paris, ou qui y arriveront, vous apportent incessamment les pièces justificatives de leur qualité ;

Qu'à cet effet, chacun de ces Juifs soit tenu de se présenter devant vous dans la huitaine de son arrivée ; qu'ils vous déclarent les causes de leur séjour, etc. ;

Que vous ayez soin de tenir de toutes ces déclarations un registre exact, que vous me présenterez toutes les fois que je le jugerai nécessaire.

Le ministre m'ayant autorisé à vous confier l'exécution de ces différentes dispositions, il est nécessaire que vous en donniez connaissance le plus tôt possible à tous ceux de votre nation par telle voie que vous jugerez convenable...

Je suis très-parfaitement, Monsieur, votre très-humble et très-obéissant serviteur,

Signé LENOIR. »

Ici encore la probité et la capacité de Pereire ajoutaient à l'autorité morale de son titre d'agent, et décidaient le ministre et le lieutenant de police à lui confier l'exécution d'une mesure délicate, à lui laisser même le choix des moyens d'exécution qu'il jugerait les plus convenables.

C'est pour répondre à cette haute confiance, et aussi sans doute pour étendre et fortifier dans ses frères le sentiment et la connaissance de leurs droits, que Pereire réunit les lettres-patentes octroyées aux Juifs portugais par les rois de France, depuis le mois d'août 1550, jusques et y compris le dernier réglement qu'il était chargé de mettre en vigueur. La préface de ce travail renferme un exposé précis et modéré de la tradition d'honneur que les Portugais ont à garder ; il n'y perce d'autre passion que celle du droit et du juste, rehaussée par un style élégant et ferme. Ce travail et l'exécution des derniers réglements donna beaucoup d'occupation à Pereire.

On a vu que l'estime attachée à son nom n'avait jamais été étrangère au succès de ses efforts en faveur de ses frères ; c'est ce qui lui donna la confiance et presque l'audace de mettre à profit les derniers instants de sa vie pour obtenir celui de tous les priviléges qui rapproche le plus les hommes : le droit d'égalité devant la mort.

Peu de personnes, sans doute, savent qu'avant

1780, les Israélites qui mouraient en France, à Paris même, n'avaient pas le droit de sépulture ; on ne les inhumait pas, on les enfouissait dans une terre ouverte à toutes les profanations. La loi qui les avait protégés si durement pendant leur vie les abandonnait à l'heure suprême ; au moment où ils cessaient d'être, elle supposait qu'ils n'avaient jamais été.

Cet opprobre, le plus odieux de tous, parce qu'il pèse sur la conscience, était précisément celui dont Pereire voulait avoir raison avant de mourir, et il sollicitait depuis nombre d'années, pour ses coreligionnaires, le privilége d'un cimetière israélite. Et, chose étrange, ce privilége qui devait mettre fin à d'infâmes souillures, ce privilége que Pereire demandait au nom des Juifs portugais ou nouveaux chrétiens de Bordeaux, que l'honorable Cerfbeer demandait également, au nom des Juifs d'Alsace, ce privilége qui n'était que justice, et dont l'octroi ne rencontrait aucun obstacle dans les préjugés des représentants de l'administration, ce privilége faillit être ajourné ou détourné de son objet par une honteuse spéculation : il s'agissait de vendre le champ des morts à des prix indéfiniment arbitraires, de rançonner des cadavres !.... A cette nouvelle, Pereire écrit mémoires sur mémoires, presse les commis, retrouve pour sa foi les protecteurs dont il oubliait l'adresse quand il ne s'agissait que de lui-

même. C'est surtout alors que son élève, Marie Marois, lui crie en vain avec angoisse : ces affaires ne
finiront-elles point? Je vous conjure de vous ménager, etc..... Vaines supplications, Pereire a hâte,
Pereire se presse ; et l'on va voir s'il avait raison
d'être pressé de mettre un terme aux sacriléges qui
se commettaient, et qu'il avait fait constater juri-
diquement.

Le projet, qui était de lui, comportait deux points
essentiels : 1° un cimetière décent et respecté ; 2° un
cimetière gratuit pour les pauvres. Dans ce double
projet, Pereire avait pour lui l'équité, la conve-
nance, la charité ; il se sentait soutenu par la bienveillance avec laquelle M. le lieutenant de police
Lenoir avait accueilli son projet ; mais il n'en fallait
pas moins passer par une foule de formalités offi-
cielles et, qui plus est, faire souscrire les Israélites
de diverses origines, ce qui entraînait plus de
longueurs que l'affaire officielle. Pour lever tous ces
obstacles, Pereire, assuré verbalement du consen-
tement du ministre, commença par acheter en son
nom le terrain de La Villette d'un sieur Bonnet, par
acte passé le 3 mars 1780. Il écrivit ensuite aux
diverses communautés juives, il se concerta avec
ses coreligionnaires de France et de l'étranger, et
fit souscrire des promesses de concours aux syndicats, avant d'agir officiellement. Quand son activité, rajeunie par son zèle, eut suffi à toutes ces

démarches, à toutes ces écritures, Pereire revint au ministre, du ministre aux employés, fit toutes les demandes, écrivit toutes les réponses que son empressement dictait à la paresse bienveillante des bureaux (il en reste encore de sa main).

Et, par exemple, comme la demande de Pereire, si légitime qu'elle fût, était sans précédent, et qu'on pouvait y opposer une foule de déclinatoires, principalement du côté de l'Église métropolitaine de Paris, qui avait un droit de fief, de justice et de police sur les terres de La Villette, que Pereire avait achetées pour y fonder le premier cimetière israélite, il dicta lui-même l'avis suivant au Commissaire du Chapitre de Notre-Dame, auquel le lieutenant de police en référait :

« Il semble qu'on pourrait rendre une ordonnance sur le réquisitoire de M. le procureur du Roi, qui exposerait....., etc. » Pereire échappait ainsi aux lenteurs qui auraient pu entraver cette affaire : il était si pressé!... Le 7 mars 1780, M. le lieutenant-général de la police Lenoir signa l'ordonnance qui ouvrait à Paris le premier cimetière légal des Israélites. Il est vrai que les inhumations devaient encore avoir lieu *nuitamment, sans bruit, scandale ni appareil.* C'était un privilége très-restreint, mais il emportait avec lui protection ; car le lieutenant de police ajoutait : « Enjoignons aux officiers du guet et de police de prêter main-forte si besoin est et en sont requis. Notre ordonnance sera exécutée nonobstant opposition ou appellations quelconques. »

Telle fut la dernière œuvre de Pereire, à laquelle il s'était donné avec tant d'ardeur et de hâte : il semblait poussé par un pressentiment funeste... Et, en effet, son fils aîné, Samuel Pereire, allait mourir, mourait le 6 mai suivant, et s'il ne se fût hâté, le corps de son enfant serait tombé dans ces fosses publiquement ouvertes de temps immémorial aux profanations de la turpitude.

Depuis ce jour, cet homme, qui avait héroïquement supporté les coups adressés à son amour-propre, ces coups destinés à ajourner sa gloire, pliait sous le poids des émotions. Il avait dû se séparer de l'élève de son cœur, de Marie-Madeleine Marois, cette petite fille qu'il avait prise chez lui à sept ans, et qui après vingt-deux ans de séjour sous le toît hospitalier du vieillard, fut contrainte, par les événements, d'aller rejoindre sa sœur à Orléans : dire ce que Pereire souffrit de cette séparation est impossible ; mais, pendant plus de cinquante ans, chaque lettre de mademoiselle Marois déposera de cette affection brisée ; enfin, il avait vu mourir lentement, et jour par jour, son fils aîné !....

Après tant de travaux et de secousses, Pereire était las, triste, mourant. Il allait laisser un frère et une sœur qui s'étaient voués à l'aider dans sa tâche, une veuve et deux enfants, une petite fille et un garçon qui avait à peine douze ans ; il mourait donc déçu dans son espoir de transmettre lui-même à sa postérité le secret de sa méthode, qu'il connaissait seul parfaitement. Il mourait trop tôt pour la continuité immédiate de son œuvre ; mais il ne désespérait pas. Il emportait la conviction profonde que le jour de la justice et de la réparation arriverait pour sa mémoire, et il acceptait, en la prévoyant, sa fin prochaine.

C'est dans une telle situation d'esprit qu'il prit la plume et eut encore la force de commencer d'une main assurée ce testament qu'il n'acheva pas :

« Au nom du *Seigneur tout-puissant*, et le priant de daigner inspirer à mon cœur tout ce qu'il y a de plus *juste* relativement à ma situation, je, soussigné, Jacob-Rodrigues Pereire...., etc. »

Le sentiment du *juste* poursuivait le Juif au-delà de ses forces, *ultra vires*, la plume lui tomba des mains !

Enfin.... la mort le prit et le transporta dans ce cimetière de La Villette, où il venait à peine de conduire son premier né.

Le 15 septembre 1780, Pereire entra dans ce champ de repos qu'il avait conquis à sa nation.

On écrivit sur sa tombe :

S.ᴬ

Del B. A. Jacob Rodrigues Pereire, primer
Motor y Fundator de este pio lugar.
Quelleno de virtudes y colmado
De honores siendo Secretario.
Interprete de el Rey y su
Pensionario de la Sociedad
Real de Londres, Agente de su
Nation Judia Portugues a de
Bordˣ y de Bayₑ, Defensor zelozo,
Activo y vigilante de sus
Privilegios y bien hechor de
Todos sus hermanos. Fallecio
Al 5 de Elul 5540 que corresponde

Al 15 7ᵇʳᶜ 1780.

Descanse en paz.

Ainsi, dans l'expression de leur reconnaissance, les coreligionnaires de Pereire passèrent sous silence, eux aussi, son plus beau titre aux yeux de la postérité, son titre de premier instituteur des sourds et muets en France.

Ce ne put être de leur part un oubli : des considérations d'un intérêt supérieur, qui se laissent encore entrevoir à la distance où nous sommes de l'événement, durent seules les y contraindre. Il ne leur fut sans doute permis que de rappeler les titres officiels et non les mérites de l'illustre défunt; ils craignirent peut-être aussi de se voir troublés dans l'exercice de leur droit nouveau, si dans l'usage de ce droit, ils semblaient protester contre le triomphe d'une rivalité ombrageuse; ils furent retenus surtout par le désir de ne pas ranimer sur le tombeau même de Pereire la polémique qui avait obsédé sa vieillesse. Cette considération, qui avait aussi sa piété, empêcha donc d'inscrire sur la pierre les vers de La Condamine :

> Pereire ! ton génie et tes puissants secours
> Ont rendu la parole à des muets nés sourds !
> Des muets ont parlé !........
>
> . . . .
> . . . .
> . . . .
> . . . .
> . . . .

Le sillon sépulcral se referma sur lui sans pompe, sans éclat, mais non sans être arrosé des larmes de ses élèves et de sa famille. Ces pauvres femmes, ce frère dévoué, ces élèves, moins la plus chère, Marois absente, ces tristes enfants vinrent tous au nouveau cimetière de La Villette, et assistèrent à leurs propres funérailles dans la personne de celui par qui ils avaient une existence intellectuelle, de celui en qui ils étaient unis et confondus. Lui mort, il n'y aura plus en effet, ni famille, ni école, ni père, ni instituteur; les élèves rentreront chez leurs parents, le frère travaillera, la veuve continuera à pleurer, les enfants auront encore besoin de grandir avant de sentir toute l'étendue de la perte qu'ils viennent de faire.

Mais séparés, ces membres vivants de l'illustre mort feront entendre jusqu'à leur dernier soupir et enseigneront à leurs descendants le cri de leur peine. Et c'est ici que la grandeur de l'homme, que sa modestie a pu faire prendre pour un génie de moyenne taille, se révèle d'une façon irrécusable; car c'est ici que cet homme, qui n'a pas voulu occuper ses contemporains de lui-même, manifeste tout d'un coup sa puissance, en prenant possession de ces âmes désormais éparses.

Et remarquons-le bien : qu'un homme si riche qu'on le suppose, si puissant qu'on se l'imagine, meure; sa mort fera du bruit, elle sera éclatante, splendide à faire envie à de pauvres vivants; mais après, le vide se fait, sombre, silencieux, absolu, le mort même meurt une seconde fois dans son tombeau. Pour que cette seconde mort n'atteigne pas la première, pour que le défunt ressuscite à l'immortalité ou survive à lui-même, il faut qu'il ait déposé, dans les masses ou dans quelques créatures privilégiées, l'essence de son âme, il faut qu'il se soit tellement confondu en quelques-uns, que ces derniers le portent en eux-mêmes et l'exhalent par toutes leurs manifestations intellectuelles; ce qui étant, il ne saurait moralement mourir: c'est ainsi que devait vivre Pereire.

Dès ce moment la famille et les élèves de Pereire ne cessent de s'efforcer de rétablir sa renommée: concert touchant de piété filiale et de reconnaissance, ces efforts me seront aussi doux à raconter que la vie laborieuse du premier instituteur des sourds et muets en France m'a été triste à suivre dans ses péripéties.

La veuve de Pereire voulut elle-même apprendre à mademoiselle Marois leur perte commune. Puis David Pereire, ce frère dévoué, qui avait porté dans le silence une partie du fardeau de l'enseignement, lui écrivait, le 19 septembre 1780 :

« Il y a bientôt cinq mois, ma très-chère demoiselle, que je suis venu à Paris au secours de mon frère qui y était dangereusement malade; depuis ce temps je n'ai pas trouvé un moment pour vous écrire, j'ai été toujours occupé à lui donner des soins inutiles jusqu'à la nuit du 14 au 15 de septembre, que Dieu l'a appelé à un meilleur monde, pour le récompenser de ses éminentes vertus. Vous savez déjà qu'un des enfants de mon frère est mort le lendemain de mon arrivée à Paris; les deux autres ont eu la petite-vérole, mademoiselle Gerde en est encore malade; toutes ces peines, tous ces chagrins ont rendu madame Pereire et ma sœur demi-mourantes; elles se traînent pour soigner les enfants.

« Je suis excédé d'occupation pour arranger les affaires de feu mon cher frère, et m'en retourner ensuite à Bordeaux avec toute la famille. Je vous préviendrai du jour où nous passerons à Orléans, car nous ne voudrions pas nous retirer sans avoir le plaisir de vous voir. En attendant, etc... »

La dernière entrevue de mademoiselle Marois avec la famille de son maître eût lieu en décembre 1780, et ne laissa de traces que dans le cœur de ceux qui y confondirent leurs larmes. De ce moment, mademoiselle Marois eut constamment les yeux fixés sur Bordeaux; là étaient ses derniers bienfaiteurs; là était toute son âme; aussi saisissait-elle les moindres occasions de répéter à cette famille désolée qu'elle ne l'oubliait pas. A chaque commencement d'année elle renouvelait l'expression de son hommage, toujours le même, toujours entier,

et de plus en plus énergique. « La reconnaissance
est le premier devoir, et sans elle l'être pensant
ne peut exister qu'avec remords ; tous les jours de
ma vie me font goûter le plaisir qu'elle procure, »
disait-elle un jour ; puis elle reprenait bientôt : « Le
temps passe, mais ma reconnaissance ne passera
qu'avec ma vie, etc... »

Isaac n'avait que treize ans, il était au collége, il
pensait à se rendre capable et digne de continuer
l'œuvre paternelle. Tout lui parlait de la grande
tâche qui l'attendait ; et il était fier et réfléchi comme
un enfant qui se sent appelé à remplir un devoir.
Les graves amis de son père concouraient à faire
grandir en lui ce noble sentiment, en lui parlant et
en lui écrivant de ces choses qui s'impriment dans
l'âme, comme celles-ci :

« Je suis bien sensible à votre souvenir, mon
cher petit bon ami. Vous avez bien raison de
compter que les sentiments qui m'unissaient à
votre digne père rejailliront sur vous ; je sais d'ailleurs que vos qualités personnelles vous donnent
les droits les mieux acquis à mon amitié, et je dé-
sirerai toujours d'avoir des occasions de vous en
donner des preuves. »

Mais le jeune et intéressant orphelin n'avait
pas le temps d'attendre que la bienveillance, due à
ses qualités personnelles et à la mémoire de son
père, se manifestât.

Obligé, par la médiocrité de sa fortune, d'entrer dans la carrière du commerce au moment où il aurait dû pouvoir continuer ses études, Isaac, dès qu'il eut atteint l'âge de raison, manifesta la plus vive impatience d'entrer en possession de l'héritage dont mademoiselle Marois paraissait seule avoir conservé le dépôt presque complet ; car David Pereire, son oncle, avait aussi succombé dans un voyage à l'étranger. Cette ardeur à reprendre la tâche de l'éducation des sourds et muets au point où son père l'avait laissée, fut le sujet d'une correspondance suivie entre le jeune Pereire et mademoiselle Marois ; mais une correspondance ne pouvait suffire à transmettre un legs aussi complexe, et la légataire demandait à l'héritier de venir à Orléans pour en prendre possession.

Cherchant et ne trouvant pas un instant pour entreprendre ce voyage, importuné chaque jour du récit des succès de l'abbé de l'Epée, il se résout, le 4 janvier 1790, à prier mademoiselle Marois de recueillir tous les témoignages propres à éclairer le public sur les résultats vivants de la méthode de son père, décidé qu'il était à les opposer aux élèves de l'abbé de l'Epée.

« Si vous croyez, ajoute-t-il, qu'une attestation de M. l'abbé Lerat sur l'état de sa nièce, votre amie, soit légalement nécessaire dans cette circonstance, je vous prie de lui écrire pour la lui demander.

La réponse à cette lettre de M. Isaac Pereire ne se fit pas attendre; le 11 mars 1790, mademoiselle Marois allait de son chef à Châteauneuf, rechercher les témoins vivants de sa jeunesse, et leur demandait de certifier, — fait capital et auquel Isaac Pereire n'avait pas pris le temps de songer, — qu'elle était bien réellement sourde et muette de naissance: ce certificat, le voici :

« Nous soussignés, citoyens et notables habitants de Châteauneuf-sur-Loire, département d'Orléans, déclarons et certifions que mademoiselle Marie Magdeleine Marois, née sur cette paroisse, le 30 avril 1749, du légitime mariage de Louis Ambroise Marois, et de dame Marie Magdeleine Léger, est sourde et muette de naissance ; qu'aucun accident ni maladie quelconque n'a donné lieu à cette double infirmité, puisqu'elle a joui pendant son enfance d'une santé parfaite.

« Ce n'est qu'à l'âge de 7 ans que cette personne a quitté Châteauneuf, pour être confiée aux soins de M. Pereire, Juif portugais, interprète de S. M., et pensionné du Roi, en sa qualité d'instituteur des sourds et muets. Jusqu'à cette époque, elle avait excité la compassion publique, par la privation totale de l'ouïe et de la parole; et l'admiration en même temps, par l'énergie et la vérité de ses gestes, seul moyen que lui avait laissé la providence pour communiquer sa pensée, quoique d'une manière bien imparfaite.

« Revenue plusieurs années après dans sa patrie, nous l'avons tous, avec un étonnement ravissant, entendu parler et tenir une conversation suivie.

« Cet heureux changement nous a paru un prodige qui fera à jamais l'éloge de l'art sublime de l'instituteur. Ce prodige s'est constamment soutenu, et excite toujours une nouvelle admiration chez tous ceux qui connaissent mademoiselle Marois.

« En foi de quoi..... etc.

« *Signé,* AQUART, maire, etc., etc. »

Forte de cette première attestation, mademoiselle Marois revient à Orléans qu'elle habite, où tout le monde connaît sa vertu et sa piété, dans cette paroisse de Saint-Paul qu'elle a édifiée par sa conduite et sa religion éclairée, et elle se présente devant la municipalité de cette ville avec le certificat que lui ont donné ses concitoyens. Ce certificat ne suffit pas à sa reconnaissance, il ne suffit pas à établir tout le mérite de l'auteur de la méthode dont elle a profité et qu'elle voit méconnue. Elle parle, tout le monde le sait; mais on peut nier son instruction, son intelligence acquise, et si on n'en doute pas aujourd'hui, qui peut dire si ces résultats ne seront pas contestés plus tard? Aussi, femme courageuse autant qu'élève dévouée, à quarante et un ans, elle se présente à la municipalité de sa ré-

sidence et demande, comme pourrait faire un écolier, à être interrogée sur ce que son maître lui a
enseigné il y a trente ans et plus, — combien de
nous oseraient en faire autant? — afin de payer un
irréfragable tribut d'hommage et de reconnaissance
à la mémoire de Pereire.

· « Aujourd'hui mercredi 17 mars 1790, parde-
vant nous, maire et officiers municipaux de la ville
d'Orléans, est comparue demoiselle Marie-Magdeleine Marois, âgée de quarante et un an, laquelle
nous a mis sous les yeux :

« 1° Un certificat signé du maire, des officiers
municipaux, et des principaux habitants de la ville
de Châteauneuf, qui attestent que ladite demoiselle,
née à Châteauneuf le 30 avril 1749, était sourde et
muette de naissance; qu'elle a demeuré en cette
ville jusqu'à l'âge de sept ans, sans pouvoir se
faire entendre autrement que par des signes, et
sans entendre ce qu'on lui disait; qu'à cette époque, elle a été confiée aux soins du sieur Pereire,
Juif portugais, interprète de S. M., et pensionnaire
du Roi comme instituteur des sourds et muets, et
que ce n'est que depuis ce temps qu'on a entendu
ladite demoiselle Marois parler, et tenir une conversation suivie;

» 2° Une requête à la municipalité d'Orléans,
écrite et signée par ladite demoiselle Marois, dans
laquelle elle demande à être interrogée sur la reli-

gion, l'histoire, etc., pour, ses réponses être cons-
tatées par le procès-verbal qu'elle enverra au sieur
Pereire fils, comme un hommage éclatant à la mémoire de son illustre instituteur.

« Lecture faite du tout, nous avons fait à la demoiselle Marois différentes questions, qu'elle a
comprises avec beaucoup de facilité à la seule inspection du mouvement des lèvres, et auxquelles
elle a répondu avec autant de justesse que d'aisance ;
voici une des réponses de la demoiselle Marois.

« Deux difficultés principales se présentent dans
l'institution des sourds et muets : celle qui tient au
mécanisme de la parole et celle qu'on éprouve à
faire connaître aux élèves le sens et la valeur des
mots écrits et prononcés. Le mécanisme de la parole comprend les sons et les articulations ; mais
dans l'éducation des sourds et muets de naissance,
on est réduit, de la part de celui qui enseigne, aux
mouvements des lèvres et aux signes représentatifs,
tandis qu'on exige de l'élève et le jeu des organes
de la prononciation, et des sons dont rien ne peint
à son imagination la nature, l'étendue ni l'effet.
Cette gêne nécessite un travail infini et des ressources bien ingénieuses ; si l'on fait attention que
l'usage de la parole, chez les personnes douées de
tous leurs sens, s'acquiert naturellement et sans
effort, par la simple imitation des sons articulés
qu'on entend. L'enfant prononce et parle sans se

douter des mouvements et des positions différentes
que prennent à chaque syllabe sa langue, ses lèvres, etc...

« Ici au contraire, aux obstacles physiques se
joint la difficulté de faire comprendre à l'élève les
leçons elles-mêmes, et l'objet des leçons. Elle s'ac-
croît et devient incalculable lorsqu'il s'agit de le
familiariser avec les termes abstraits d'une langue,
et de lui en faire sentir la force, la liaison et les
nuances des diverses expressions et les idées qu'on
y attache.

« L'éducation des sourds et muets est donc un
art aussi difficile qu'intéressant pour l'humanité,
art dans lequel M. Pereire s'est acquis une réputation justement méritée ; ses succès ont prouvé l'excellence d'une méthode qui lui était particulière et
qu'il n'a dû qu'à son génie (1).

« Par cette réponse et par d'autres semblables,
mademoiselle Marois nous a paru devoir *particulièrement* contribuer à la gloire de son habile instituteur ; et le désir qu'elle témoigne de rendre à
sa mémoire un tribut d'hommage et de reconnais-

(1) Mademoiselle Marois pose le problème dans les mêmes
termes que son maître ; mais elle n'a garde de donner la plus
légère indication de la solution. Elle termine sa réponse par
le mot de Diderot, qui se lit dans l'Encyclopédie, et qui restera.

sance fait honneur à la fois, aux talents du maître et au cœur de l'élève.

« Fait en hôtel commun de la ville d'Orléans, le 17 mars 1790.

« *Signé*, TRISTAN, maire, etc., etc. »

Ces pièces arrivent à Isaac Pereire ; il compte s'en servir, il rassemble ses notes, il commence un mémoire justificatif, dans lequel il ne veut que rapporter les témoigages authentiques et considérables qui ont déposé de la priorité et de la supériorité de son père dans l'art de faire parler et d'instruire les sourds et muets. Mais en quel moment !... Isaac vient de perdre sa mère ; les Notables sont assemblés, la Révolution éclate, les partis se menacent. Parler de Pereire en un pareil moment !... A qui ?... La Révolution française était seule écoutée ! Elle demande des hommes de bonne volonté, la réquisition est proclamée, et Pereire part pour la frontière.

De retour à Bordeaux, Isaac Pereire rentre dans le commerce, se marie, et il veut reprendre le travail que sa piété filiale lui impose. Mais (malheur commun à bien des familles) plusieurs pièces authentiques des dossiers de son père portaient l'écusson royal, et, pendant la terreur, on avait jugé prudent de brûler toutes ces traces d'un royalisme imaginaire ; c'est ainsi qu'avaient péri la plus grande partie des papiers ayant appartenu à Pereire.

Malgré cet irréparable désastre, son fils, accablé d'affaires, d'intérêts et de devoirs, recommençait à recueillir les matériaux de son travail ; il avait repris sa correspondance à ce sujet avec mademoiselle Marois, et recherchait les ouvrages où les travaux de son père étaient mentionnés ; les lettres de mesdemoiselles Lerat et Marois montrent combien était vivace, dans les élèves de Pereire, la reconnaissance qu'il avait su inspirer. Ces lettres prouvaient, à celui qui les recevait, qu'il pouvait compter sur le dévouement sans réserve de ces nobles femmes, qui conservaient intact dans leur cœur le souvenir du service rendu.

Privé de matériaux pour écrire, et sentant combien les actes l'emportent sur les paroles, Pereire avait compris qu'il ne suffisait pas de protester ; que le public oublieux lui demanderait des preuves, et que le jour était venu pour lui de se saisir de cet héritage qui lui était dévolu comme une grande gloire. Il fit une dernière tentative pour s'initier à la méthode de son père. Mais sa tante et son oncle David n'existaient plus ; d'Azy d'Etavigny, Saboureux de Fontenay, étaient morts, les autres élèves survivants étaient dispersés ; il ne restait que les deux inséparables amies, les fidèles Marie Marois et Marie Lerat, qui devaient avoir conservé le souvenir des moyens employés dans leur éducation par le premier instituteur des sourds et muets.

« Le souvenir de mon cher Mentor, écrivait mademoiselle Marois, me suit partout, en tout temps. Que je regrette de l'avoir perdu si tôt, ce cher instituteur!.... Que ne le vois-je encore suivre l'éducation des sourds et muets?.... Que ne le vois-je surtout près de vous, vous donner ce sublime talent?... N'avez-vous rien de ses procédés sur cet art, soit par écrit, soit par M. votre oncle David; s'il existe encore, j'espère qu'il voudra bien vous révéler l'art de faire parler les muets. Je puis vous assurer que ce dernier, en l'absence de M. votre père, me donnait des leçons d'après les mêmes principes et la même méthode. M. votre père m'avait promis une dissertation sur son art d'enseigner à parler; sa mort trop prompte a empêché l'exécution de sa promesse.

« Permettez-moi de vous faire ici une question sur la méthode ci-dessus. Savez-vous bien l'alphabet manuel? Je ne vous ai jamais vu parler par la main, je veux dire par les doigts, car vous n'aviez que six ans quand j'ai quitté Paris. Connaissez-vous les abréviations ou diphtongues? J'ai remarqué que dans l'école de feu l'abbé de l'Épée on n'en faisait aucun usage; qu'elles y étaient absolument ignorées et qu'on se servait de *mots coupés*.

« Quoi qu'il en soit, je désire vous être utile dans

votre projet et j'emploirai tout pour vous satisfaire. C'est par là que je m'acquitterai envers vous des obligations que j'ai à votre cher père de parler, et de pouvoir me faire entendre dans le commerce de la société. Puissiez-vous, Monsieur, parvenir au degré de connaissance de M. votre père et relever cet art si précieux et si négligé, dont celui de l'abbé de l'Épée n'approche nullement.

« M. M. Marois. »

Isaac Pereire répond le 23 septembre :

« D'après la manière dont vous répondez à la question que je vous ai faite, j'entrevois l'espoir de réaliser mon important projet. Mais le succès doit être entièrement votre ouvrage ; car il ne m'est resté aucun écrit touchant l'art admirable de feu mon père ; et mon oncle David, de qui je ne supposais pas que vous ignorassiez la perte, n'a pas assez survécu à son frère pour m'en révéler le secret. Cependant, ce serait de ma part un délit de lèze-humanité, si je puis m'exprimer ainsi, que de renoncer à la possession de cette découverte. Je me dispose donc à aller vous faire une visite de quelques jours, et à essayer si vos leçons peuvent m'être profitables. Quel que soit le résultat de l'entreprise, votre tâche sera remplie et ma reconnaissance vous est assurée.

« I. Pereire. »

Mademoiselle Marois répliqua en ces termes :

« Monsieur,

« J'apprends enfin par votre dernière du 23 expiré, que vous avez le projet de nous venir voir. J'aurai donc le doux plaisir de connaître le fils de mon très-cher respectable instituteur. Vous ne vous proposez sans doute rien moins que de venir au milieu d'une famille qui vous aime et vous chérit autant que moi ; si vous en agissiez autrement, vous la mortifieriez beaucoup. Je vous prie, en son nom, de ne pas descendre ailleurs que chez mon beau-frère ; vous serez accueilli du meilleur cœur possible.

« Quand votre départ sera déterminé, veuillez m'en instruire, nous irons vous recevoir à la descente de la voiture, et vous installer à notre demeure, qui sera la vôtre.

« J'espère que vous ne vous repentirez pas d'exécuter vos intentions. Elles sont fort louables. C'est pour relever un art utile au bien de l'humanité ; cet art trop admirable pour le négliger. Avez-vous en vue quelque sourd et muet destiné à recevoir nos premières leçons ?.... Comme nous sommes dans l'espérance de nous voir bientôt, je me ferai un plaisir de vous entretenir, à cet égard, de bien des choses *de vive voix*.

« Vous m'apprenez que vous n'avez rien de reste

des écrits de la philosophie-physique (physiologie de la parole), qui ont été présentés à l'Académie des sciences à Paris, par M. votre père du temps de M. de Buffon, qui s'intéressait infiniment à lui ; ils avaient pourtant excité l'admiration des académiciens pour cet illustre instituteur.

« Je vois bien que vous avez besoin de connaître ces différentes matières, qui vous seraient d'un grand secours dans votre projet. Je suis on ne peut plus mortifiée de ce que cette belle pièce ait échappé d'entre vos mains. Je ne suis qu'un faible organe pour pouvoir vous communiquer tout ce que renfermaient ces beaux écrits qui sont fort étendus et fort éloquents. Permettez-moi, Monsieur, d'après mes propres réflexions, de vous dire que voyant que vous n'avez point de traces des travaux de mon cher Mentor, votre inclination vous portant à entreprendre de relever cet art, doit vous porter à découvrir ce qui est nécessaire pour faire votre essai. Mais, que votre tentative soit à présent inconnue à tous, que rien ne soit su du public, jusqu'à ce que vous soyez au fait de l'éducation d'un sourd et muet. Alors seulement vous ferez voir les preuves de cette invention réveillée par vos talents, afin de confirmer l'opinion publique en votre faveur.

« Ce sera là ma véritable satisfaction de vous voir réussir dans cette *philosophie* pour laquelle je vous souhaite tout ce qui peut contribuer à votre bonheur et à l'avantage de l'humanité.

« Je suis, avec un sincère attachement, Monsieur, votre très-humble servante, élève de Monsieur votre père.

« M. M. MAROIS. »

Cette lettre jeta le plus grand trouble dans l'esprit d'Isaac Pereire, partagé entre son devoir filial et ses devoirs de famille. Sa réponse porte l'empreinte d'une cruelle incertitude :

« Mille pardons, Mademoiselle, d'avoir laissé sans réponse la lettre la plus obligeante, celle que vous m'avez fait l'honneur de m'écrire le 3 du mois dernier. Si mon projet se réalise, vous pouvez compter que j'accepterai les offres que vous, Mademoiselle, et vos dignes parents voulez bien me faire. Mais je craindrais de vous laisser dans la persuasion où vous êtes que je ferai certainement ce voyage, persuasion que mes précédentes lettres étaient propres à faire naître. A cet égard, il est juste que je vous fasse connaître que le sentiment de mon beau-père est contraire à mon projet. Or, son suffrage est d'un grand poids dans mon esprit : c'est un homme qui a des lumières, de l'expérience, le tact fin ; il compte vous voir à son prochain passage à Orléans, et mon voyage dépendra du résultat de vos conférences. »

Le résultat de ces conférences entre le beau-père

d'Isaac et mademoiselle Marois ne fût pas, à ce qu'il paraît, favorable aux projets de M. Isaac Pereire, qui ne trouva jamais la possibilité de quitter les affaires pour reprendre l'œuvre de son père.

Ce ne sera pas la dernière fois que pendant la longue et honorable existence de mademoiselle Marois, le projet de faire revivre par elle la méthode de son maître aura été conçu, puis entravé, tantôt par une impossibilité matérielle, tantôt par un scrupule de conscience : chaque fois, c'est à mademoiselle Marois que l'on s'adresse ; et l'on peut voir comment cette personne si pieuse, si instruite, si intelligente, si dévouée, portait, avec modestie et effacement de toute vanité, ce lourd fardeau du secret scientifique qu'elle avait juré de ne transmettre qu'aux enfants de son maître :

Cette femme courageuse eût pu se faire un nom, une fortune ; — elle qui ne vécut long-temps que du travail habile de ses mains, — en s'appropriant ce secret ; elle n'y songea même pas ; elle resista, comme nous le verrons, à des obsessions plus puissantes que celles de l'intérêt et de l'amour-propre sur une âme honnête et pieuse, elle résista à toutes les considérations, et garda le dépôt que le fils de son bienfaiteur n'avait pu venir chercher.

Elle déplorait que le fils de son bienfaiteur ne fût pas en position de recueillir l'héritage qu'elle espérait pouvoir lui transmettre ; elle eut même la pensée de révéler son secret à **M.** Rodrigues, l'ami le plus cher de Pereire; mais jamais elle n'exprima au fils, ni un vœu, ni un regret, qui eussent pu blesser ses sentiments enchaînés par les liens de la plus impérieuse nécessité.

Alors parurent les mémoires de Palissot.

Palissot, qui savait sa France littéraire par cœur, n'eût garde d'oublier le nom de Pereire dans son monument à la littérature du dix-huitième siècle qui s'en allait.

« Un Juif que nous avons parfaitement connu, dit-il, et dont on ne trouve le nom dans aucun dictionnaire, est le premier qui ait fait voir à la Cour de Versailles et à l'Académie des sciences le phénomène, aujourd'hui si vanté, de faire parler les sourds et muets. Tous les journaux du temps retentirent des différents essais qu'il fit dans cet art et des progrès de ses élèves. Il a donc été le précurseur des prétendues découvertes des abbés de l'Epée et Sicard : cependant sa mémoire est presque oubliée. C'est que par l'empire que les prêtres ont sur l'opinion, ils savent exciter un enthousiasme permanent, tandis qu'un pauvre Juif, qui n'a ni prôneurs, ni intrigue, se perd bientôt dans la foule. Peut-être trouvera-t-on singulier que nous réclamions en sa faveur un avantage de primauté qui lui appartient incontestablement. Cet avantage n'empêche pas que nous ne rendions d'ailleurs à ses successeurs toute la justice qu'ils ont méritée par leur zèle et par leurs talents. Mais eux-mêmes, n'auraient-ils pas dû laisser tomber quelques rayons de leur gloire sur l'honnête homme qui les avait devancés : il se nommait J. R. Pereire, était espagnol d'origine, et l'un des hommes les plus sociables et les plus doux. »

A la lecture de cet article, M. Rodrigues s'empressa d'écrire à Palissot la lettre suivante :

« Monsieur, dans la nouvelle édition qui vient de paraître de vos *Mémoires sur la littérature*, vous avez justement réclamé pour Pereire, la gloire d'avoir le premier en France travaillé à l'éducation des sourds et muets. Indigné comme vous, Monsieur, de ne trouver le nom de cet homme célèbre dans aucun dictionnaire, j'écrivis, il y a douze ans, au principal rédacteur du *Dictionnaire historique*, pour l'engager à enrichir son dictionnaire d'un article sur Pereire. Il me répondit de la manière la plus honnête en me priant de lui envoyer un mémoire à cet effet. Lié de la plus étroite amitié avec le fils de Pereire, je reçus de lui tous les matériaux propres à rédiger ce mémoire, et quoique très-jeune alors, j'étais décidé à remplir cette tâche, quand appelé aux frontières par la réquisition, je me vis forcé d'en suspendre l'exécution. Je n'y renonçai pas cependant ; j'espérais même pouvoir m'en occuper avec plus de succès à mon retour dans mes foyers ; mais quelle fût ma surprise de ne plus retrouver alors les documents que j'avais réunis; la Terreur qui avait frappé de stupeur tous les esprits, fit croire à mes parents que des extraits de l'Académie *Royale* des sciences pouvaient me faire suspecter de royalisme, ils les brûlèrent avec les autres pièces manuscrites qui y étaient joiñtes.

« Je regrette surtout deux lettres adressées à feu Pereire par Madame Necker et par le président Dupaty: l'une et l'autre rendaient un éclatant hommage à son rare talent.

« Ses successeurs (après l'éloge que Buffon fait de Pereire dans un ouvrage immortel), ont donc été bien maladroits en ne daignant faire aucune mention de lui. L'abbé Sicard s'exprime ainsi en parlant de l'abbé de l'Épée: « Recevez notre premier hommage, ô vous qui fûtes le créateur de cet art qui a produit une si étonnante merveille. » Il ne dit pas un mot de Pereire (1); et ce silence extraordinaire loin de ternir sa gloire, ne peut que l'embellir;

(1) Sicard, en effet, n'a pas daigné écrire le nom de Pereire dans son premier ouvrage, *Cours d'instruction, etc.*, mais étant monté dans une chaire de l'École normale, il y fut assailli par quelques hommes instruits de questions si fâcheuses pour sa vanité, qu'il ne put se dispenser de citer Pereire, de la plus mauvaise grâce du monde, dans son second ouvrage, *Théorie des signes.*

c'est le silence de la crainte, si ce n'est celui de l'envie; car, quels que soient les efforts des abbés de l'Épée et Sicard, ils n'ont pu arriver à ce degré de perfection auquel était parvenu Pereire; ils n'ont point fait parler les sourds et muets.

« Si je ne craignais pas, Monsieur, d'abuser de votre complaisance, j'entrerais dans de plus grands détails; mais je les supprime et je vous prie de me pardonner ceux dans lesquels je suis entré, parce que vous avez connu M. Pereire et que vous vous intéressez à sa renommée; ils m'acquittent en partie de la tâche que je m'étais imposée il y a douze ans. »

Palissot répondit sur le champ à M. Rodrigues le billet suivant :

« J'ai reçu, Monsieur, et je vous en remercie, la lettre que vous m'avez fait l'honneur de m'écrire et qui contient des renseignements précieux sur M. Pereire *que j'ai beaucoup connu, et dont je révère la mémoire*. Votre lettre est très-digne d'être rendue publique, et je me propose de l'envoyer demain au journal de Paris, etc..... »

La lettre de M. Rodrigues parut en effet dans le *Journal de Paris*, le 28 mars 1803. Il reçut à son sujet plus d'une adhésion à l'opinion qu'il y exprimait sur Pereire. « Si le modeste Pereire fut moins connu que ne l'ont été ses successeurs, il doit vous être facile d'en dire la cause, » lui écrivait un avocat distingué. Le premier usage que M. Rodrigues fit de cette publicité fut d'envoyer le *Journal de Paris* à mademoiselle Marois, cette fidèle élève de Pereire, qu'il ne connaissait pas encore.

Mademoiselle Marois répondit à cette politesse par la lettre suivante, qui se recommande entre toutes par l'élévation des sentiments et des idées qu'elle renferme.

« Monsieur,

« J'ai lu avec plaisir votre lettre à M. Palissot et je vous remercie de me l'avoir envoyée. Oui, Monsieur, affermissez-vous bien dans l'opinion que l'abbé de l'Épée n'est qu'un copiste (estimable pourtant), de mon instituteur Pereire ; sa méthode n'était qu'un calque de la véritable manière d'instruire les sourds et muets. Beaucoup de savants d'alors, *qui valaient bien ceux d'aujourd'hui,* venaient auprès de nous, voir, entendre et admirer. Buffon et Rousseau surtout ont été très-assidus à suivre les gradations de notre intelligence, qu'ils ont prise dès le néant et qu'ils ont vu Pereire conduire sans efforts jusqu'à l'art de la parole, jusqu'à la merveille de la compréhension, jusqu'à ce trésor précieux de nous faire aimer la lecture même des choses abstraites, et, le dirai-je, jusqu'à la connaissance de l'intérieur des hommes par les inflexions de toute leur figure, quand ils ont parlé devant nous un certain temps : car vous savez, Monsieur, que la figure de l'homme est le grand livre de ce qui se passe dans le secret du cœur.

« Au nom de mon vénérable maître, j'aurais osé défier, dans beaucoup de choses, l'abbé de l'Épée. Au vrai, l'art de faire parler les sourds et muets appartient à Pereire. Lors de sa mort, son fils étant enfant, il me rendit dépositaire de sa méthode, qu'il me fit promettre de ne transmettre qu'à son fils. Je n'ai pas été sans connaître quelques circonstances des petits moyens par lesquels l'abbé de l'Épée a su parvenir à copier Pereire. J'ai connu la réputation de l'abbé de l'Épée ; j'ai pris part, en moi-même, à la gloire de ses succès ; mais j'ai toujours regretté pour lui qu'il n'ait pas eu le courage de reconnaître à Pereire le mérite de l'invention, de la perfection, et l'art de la pratique. Cet aveu aurait honoré l'abbé de l'Épée autant que tous les succès dont il s'est paré.

« Recevez, Monsieur, mes témoignages de reconnaissance, je vous les dois et vous les rends, autant au nom de mon honorable instituteur, qu'au mien propre. »

Mademoiselle Marois affirme qu'*elle n'a pas été sans connaître quelques circonstances des petits moyens par lesquels M. l'abbé de l'Épée a su parvenir à copier Pereire*. Cette déclaration est d'autant plus grave qu'elle est faite sans passion, précédée

et suivie des témoignages les plus sincères d'estime
pour l'abbé de l'Épée, qu'elle n'était point destinée
à voir le jour et à servir un intérêt, mais qu'elle nc
tendait qu'à confirmer un tiers, un inconnu, dans
la juste appréciation qu'il avait portée sur Pereire.

M. Rodrigues avait entendu parler avec éloges
de mademoiselle Marois, mais il ne commença à la
connaître qu'à la lecture de cette lettre. Il y trouvait, en effet, le reflet du caractère de son maître,
ce zèle pour le droit et le juste, cette loyauté contenue, cette modération dans la logique, cette gé-
néralisation de la pensée qui est à elle seule une
philosophie, cette indication timide des faiblesses
d'un adversaire qu'on n'a pas cherché, qui s'est
suscité lui-même : Pereire, s'il eût daigné se défendre, ne se fût défendu, ni mieux, ni plus délica-
tement que ne le faisait dans cette lettre sa plus
chère élève. Aussi cette lettre donna beaucoup à
penser à M. Rodrigues. Il vit, par suite d'un concours fatal de circonstances, mademoiselle Marois
réduite à emporter avec elle le secret qui était toute
la richesse de la famille Pereire, et il envisagea la
possibilité de recueillir, pour le transmettre aux enfants de son ami, ce legs précieux qui pouvait disparaître d'un jour à l'autre : mademoiselle Marois
ayant déjà cinquante-huit ans, il se décida, en conséquence de ces réflexions, à demander, à cette
vénérable demoiselle, une communication com-

plète des procédés à l'aide desquels elle avait été instruite.

Il écrivit donc immédiatement à mademoiselle Marois.

« Mademoiselle, je viens enfin de recevoir la réponse que j'attendais à la lettre que j'ai eu l'honneur de vous écrire le 10 germinal. Les détails que vous me donnez et la manière dont vous les exprimez, achèvent de me confirmer dans l'opinion où je suis depuis long-temps, que personne n'a poussé aussi loin que M. Pereire l'art d'instruire les sourds et muets. Sa méthode doit être excellente, et je voudrais, pour le bien de l'humanité, que vous pussiez la transmettre à son fils, ou à tout autre. Je sais que vous avez engagé M. Pereire fils à faire le voyage d'Orléans pour lui rendre le dépôt précieux que vous avez reçu de son illustre père. Mais je sais aussi qu'avec la meilleure volonté du monde, M. Pereire fils n'a pu se rendre à votre désir. Chef d'une maison de commerce, il lui est impossible d'abandonner un instant le siége de ses affaires.

« Puis-je, en ma qualité de frère, car nous avons épousé deux sœurs, me permettre de vous faire quelques questions sur la méthode de Monsieur son père? Je puis vous garantir d'avance l'approbation de M. Pereire fils pour toutes les confidences que vous pourrez me faire. Si vous jugez nécessaire de la lui demander, vous n'avez qu'à lui écrire à cet égard.

« J'ose donc espérer que vous voudrez bien m'honorer d'une réponse et m'accorder votre entière confiance. Je la réclame et je la mérite par le désir ardent que j'ai de servir l'humanité, et d'élever à la mémoire de votre célèbre instituteur un monument durable, que l'envie et le préjugé seront forcés de respecter. »

Mais quelque estime que la lettre publiée dans le *Journal de Paris* eût inspirée à mademoiselle Marois pour son auteur, quelque franche et droite loyauté qu'elle vit dans la demande de M. Rodrigues, elle voulut consulter Isaac Pereire. Mademoiselle Marois plaçait, dans une région supérieure, au-dessus de toutes les considérations humaines, ses devoirs envers les descendants directs de son bienfaiteur. Elle ne doit compte de l'héritage intellectuel qui lui a été confié qu'au fils de Pereire. Ainsi raisonnait-elle, et c'est à ce fils qu'elle va demander en ces termes ce qui lui reste à faire:

« Depuis le 22 octobre 1801, vous avez gardé le silence ; je suis privée depuis ce temps d'occasions d'entretenir avec vous une correspondance qui, dans tous les temps, m'a flattée et me satisfera toujours ; vous m'aviez cependant fait espérer que nous nous entretiendrions ensemble..... Sans doute vos affaires de commerce vous en ont empêché.

« La visite de Monsieur votre beau-père m'a trèsflattée, et a adouci la peine de la privation de votre

correspondance ; j'ai été charmée de faire sa connaissance, mais je l'aurais été d'avantage s'il eût
pu me donner plus de moments. Toutes les fois que
je reçois de vos nouvelles, je ressens un nouveau
plaisir, surtout quand elles m'arrivent par les personnes qui vous tiennent d'aussi près : il vous a
sans doute rendu compte de notre entrevue.....

« Maintenant je vais entretenir une nouvelle correspondance avec M. Rodrigues, qui est votre beau-
frère, à ce que je vois. Il m'a écrit deux fois : la
première m'a surprise, ne sachant comment il a pu
me connaître. Néanmoins, le *Journal de Paris,*
contenant une lettre de lui, par laquelle il entre-
prend de réintégrer, dans l'opinion publique, la
mémoire de feu Monsieur votre père, j'y ai vu
tout ce qu'une âme juste peut dire pour faire connaître au public son erreur sur l'invention et sur le
mode d'instruction des sourds et muets, appartenant seul à Monsieur votre père. Je me suis donc
fait un devoir de répondre à votre ami. Par une
seconde lettre en réponse à la mienne, il me fait
connaître que ses intentions et ses désirs sont d'a-
voir de moi ce que Monsieur votre père m'a confié,
à condition de ne le dire et donner qu'à vous seul
(je suppose que vous y donnez votre adhésion);
mais ceci est encore impraticable, étant séparés et
éloignés.

« Votre cher parent croit qu'il ne s'agit que de

conversations et de correspondances; mais il faut beaucoup de temps, d'application et d'étude. Il faut en outre un jeune enfant bien disposé, à qui je donnerais des leçons en sa présence, et très-assidûment. De plus, j'aurais encore besoin d'une de mes amies, *qui a ce que je n'ai pas, et moi ayant ce qu'elle n'a pas.* Tout ce que je vous expose ici de difficultés, n'est que ce qui se présente en ce moment à mon imagination; mais il faut y joindre encore le chapitre des accidents, soit maladies, affaires, etc..... En supposant qu'on pût réussir, ce qui est très-difficile, ce ne peut être l'affaire que de plusieurs années ou au moins d'une bonne, etc.....

« *P. S.* Je ne me charge point de faire une réponse à M. Rodrigues, espérant que vous voudrez bien la faire pour moi, comme de l'assurer des sentiments dans lesquels je suis pour lui. Mademoiselle Lerat, ma bonne amie, ne cesse de me demander de vos nouvelles; elle s'étonnait comme moi de votre silence, elle craignait qu'il ne vous fût arrivé quelque accident. Comment va votre commerce? Je souhaite de tout mon cœur que le Dieu d'Abraham, d'Isaac et de Jacob vous protège. Amen. »

Ce long silence de M. Isaac Pereire qui affligeait si fort les deux élèves de son père, les demoiselles Lerat de Magnitot et Marois, n'était que trop justifié. Le fils de leur bienfaiteur allait mourir dans sa jeunesse après s'être débattu en vain contre les liens qui le retenaient loin d'un devoir sacré.

M. Isaac Péreire mourut en 1806, à peine âgé de quarante-deux ans, laissant une veuve et trois jeunes enfants, dont le dernier était encore dans le sein de sa mère. L'œuvre de réhabiliter la mémoire de Pereire se trouva, à partir de ce jour, partagée entre sa veuve et son beau-frère. Madame Isaac Pereire dut se renfermer pour un temps dans le soin de ses enfants, et M. Rodrigues assuma, à son tour presque exclusivement, la mission de *réintégrer dans l'opinion publique la mémoire du premier instituteur des sourds et muets en France;* mais que d'obstacles ne rencontra-t-il pas?

En effet, M. Rodrigues dut bientôt suspendre une correspondance trop volumineuse pour trouver place ici, et qui, malgré l'intérêt qu'il y prenait, n'aboutissait qu'à une impossibilité. Mademoiselle Marois ne pouvait quitter son beau-frère, chez lequel elle vivait à Orléans; M. Rodrigues, secrétaire et membre actif des grandes assemblées Israélites convoquées par Napoléon, était précisément alors occupé à Paris par les travaux qui furent accomplis à cette époque pour compléter et régulariser la fusion de la nationalité juive dans la nationalité française; il n'avait donc aucun moyen de recevoir oralement communication d'une méthode qui ne pouvait se transmettre, selon les judicieuses expressions de mademoiselle Marois elle-même, ni dans quelques *con-versations,* ni par *correspondances* entre *personnes éloignées;* en outre, il aurait fallu *beaucoup de temps, d'application, d'étude,* le concours d'une élève et celui d'une amie de mademoiselle Marois. En présence de ces difficultés insurmontables, M. Rodrigues se retrancha dans le soin pieux de recueillir les rares documents existant encore, les uns manuscrits, les autres épars dans les œuvres littéraires du dix-huitième siècle; de préparer enfin le monument intellectuel de Pereire.

Tout ce que l'on trouvera ici de pièces manuscrites ou imprimées, a été rassemblé par ses soins; plusieurs ouvrages, relatifs à Pereire, entre autres *l'In-stitution* de l'abbé de l'Epée, contiennent des notes judicieuses de sa main; mes premières recherches ont porté sur les ouvrages qu'il m'avait conseillé de consulter quelques jours avant sa mort. Quels touchans souvenirs il m'a laissés! L'empreinte des nobles paroles de ce vieillard ne s'effacera pas de mon esprit!.... Il a daigné me montrer un émule dans l'homme dont il recueillait la mémoire; et si je n'ai pas accepté cette comparaison, j'ai compris ce que la résignation de Pereire me fournissait d'enseignements. Chaque fois que j'ai écouté cette haute pensée, je me suis senti plus fort et meilleur.

C'est ce vieillard qui, peu de temps avant de mourir, m'admit dans l'intimité de cette question vitale pour l'honneur d'une famille. C'est lui qui m'a fourni, non sans interrompre bien des fois son récit par des larmes, les renseignements personnels au père de son meilleur ami ; renseignements qui ne sauraient reprendre sous ma plume l'énergique caractère qu'ils avaient dans sa bouche. En entendant cet homme de bien, qui fut, lui aussi, un philosophe dans le sens pratique du mot, il me semblait parfois entendre Pereire en personne ; même sensibilité sur ce qui est d'intérêt général et humain, même stoïcisme sur les intérêts du moment et de l'égoïsme : l'individu meurt, le temps passe, les bonnes actions restent, les sentiments généreux sont seuls immortels.....

A partir de l'époque de la mort de son mari, la courageuse veuve du fils de Pereire prit en main la cause de son beau-père, dès que les soins qu'elle avait à donner à ses trois jeunes enfants le lui permirent, et, si elle ne fit publiquement rien pour le rappeler dans l'opinion, elle continua cette œuvre intime de correspondances, de projets, d'espérances dans laquelle le dévouement même impuissant persévère jusqu'à sa dernière heure.

Depuis la mort de son ami, M. Rôdrigues s'était restreint à sa tâche de recueillir et d'annoter les ouvrages où le nom de Pereire se trouve imprimé, de faire insérer ce nom dans les biographies qui se publiaient de temps à autre. Madame Pereire elle-même, occupée du soin pénible d'élever ses enfants, dût laisser reposer quelque temps la conscience de son droit devant les exigences de ses devoirs maternels. Une correspondance affectueuse unissait la veuve, l'ami et l'élève dans la commune pensée d'en appeler du déni de justice sous lequel la mémoire de Pereire s'était effacée. Madame Pereire, qui mettait en ses fils son espérance, les associait dès lors à tous les projets qu'elle formait pour relever la gloire de leur grand-père. Ainsi, elle écrivait le 7 juin 1813 à mademoiselle Marois : « Conservez bien à mes enfants le dépôt que vous avez promis de leur rendre ; je crois qu'il ne leur sera pas inutile d'après les heureuses dispositions dont ils sont doués. Si je pouvais les placer au Lycée d'Orléans, cela vaudrait mieux pour eux que de rester ici ; ils auraient l'avantage d'être sous vos yeux..... » Le 13 juillet de la même année, madame Pereire écrivait encore : « C'est à mes fils qu'il appartient de recouvrer la méthode de leur aïeul ; je compte à cet égard sur vos soins ; je les réclamerai en leur faveur dès qu'ils seront en âge d'en profiter.»

Cette grande pensée, dans laquelle madame Pereire nourissait ses enfants, lui donna la force de continuer seule et sans aide la tâche qu'elle s'était imposée d'élever ses fils à la hauteur morale de Jacob Rodrigues Pereire.

Dans cette prévision, madame Pereire se mit en devoir de collationner tous les papiers de famille qui

avaient échappé au feu en 1792, et elle donna avis
à mademoiselle Marois du résultat peu encoura-
geant de ses recherches.

« Mademoiselle,

« J'ai continué, dans l'intérêt de mes enfants,
mes recherches dans les papiers de feu mon beau-
père, votre digne instituteur. Je les ai continuées
afin de découvrir quelque manuscrit qui donnât des
lumières sur son art. Je n'ignore pas que les écrits
où il avait exposé sa méthode ont été détruits pendant la révolution en l'absence de mon époux; cependant il ne serait pas impossible qu'il en restât
des vestiges.

« J'ai trouvé d'abord un mémoire sur une question difficile de l'art nautique; puis à la fin de mes
recherches, j'ai trouvé un cahier peu volumineux,
écrit en chiffres et de la propre main de mon beau-
père. A la vue d'un petit nombre de lettres que j'ai
cru y démêler, et sur l'examen de caractères à peu
près semblables que j'ai aperçus sur divers papiers
épars, j'ai conjecturé que ce cahier contenait des
choses fort importantes et relatives à la méthode
d'enseignement des sourds et muets, mais il m'est
impossible d'y rien comprendre; il faudrait en avoir
la clé, c'est-à-dire savoir quels sont les chiffres qui
représentent chaque lettre de l'alphabet. S'il vous
était possible, mademoiselle, de me donner des

renseignements à cet égard, je vous prierais de me les transmettre. Je vous en aurais la plus grande obligation : tout ce que vous me direz demeurera enseveli dans un profond secret ; c'est la propriété exclusive de mes enfants ; et mademoiselle Lerat et vous, Mademoiselle, possédez seuls maintenant cette précieuse méthode. »

Mademoiselle Marois répondit :

« Je désire, Madame, que les réclamations que vous avez faites pour procurer à vos enfants une éducation telle que vous la désirez, aient le succès le plus complet ; le vif intérêt que doit m'inspirer et que m'inspire tout ce qui tient à mon vénérable et illustre instituteur ; l'éternelle reconnaissance que ses soins et ses bienfaits ont gravée dans mon cœur ne peuvent me laisser voir avec indifférence les nobles et légitimes efforts que vous faites pour faire revivre, en ses descendants, ses talents et l'art précieux qu'il consacra au bien de l'humanité.

« Il me serait bien doux de voir relever ainsi la gloire de son nom ; et rappeler à la postérité les éminents services qu'il a rendus à l'humanité. Mais je dois renoncer à jouir de ce bonheur ; la jeunesse de vos enfants, dont la carrière ne fait que s'ouvrir, lorsque je touche au terme de la mienne, ne peut me permettre l'espoir d'être témoin de cet évènement, et encore moins d'y contribuer ; d'ailleurs, le cercle étroit dans lequel j'ai vécu jusqu'à ce jour,

l'éloignement du monde que m'a toujours commandé, et que me prescrit encore plus impérative-
ment aujourd'hui ma position, seraient de puissants
motifs pour m'empêcher d'y paraître, si, d'un autre
côté, les ans, en s'appesantissant sur ma tête, n'a-
vaient affaibli en moi les moyens que mon illustre
instituteur avait développés, et si le défaut de pratique de son art et de sa méthode ne m'avait laissé
que des notions imparfaites. »

Cette lettre ne découragea pas madame Pereire.
Elle ne pouvait plus compter sur le concours actif de
mademoiselle Marois, du moins elle en appelait de
rechef à son zèle pour l'aider dans les recherches
qu'elle comptait poursuivre dans les papiers écrits
en chiffres que son beau-père avait laissés.

Mais cette ressource elle-même ne devait-elle pas
lui échapper? Pereire n'avait-il pas compté transmettre directement sa méthode à ses enfants? Le
seul mémoire sur son art, dont il fût fait mention,
n'était-il pas celui que lui emprunta, et que ne lui
rendit pas l'abbé Deschamps d'Orléans ; et ce mémoire ne devait contenir qu'une partie de la méthode, soit la théorie de l'articulation, moins le
moyen de faire parler, soit la dactylologie, moins
les dyphtongues?.... Mademoiselle Marois, qui avait
vécu si long-temps dans l'intimité de la famille,
ne connaissait point d'autre mémoire que celui-là;
et si Pereire en eût écrit quelqu'un, il est à croire

qu'il le lui eût communiqué, ou peut-être même confié en mourant?.... Rien ne restait donc de cette méthode, que les souvenirs déjà un peu effacés de mademoiselle Marois. C'est ce qu'explique fort bien la lettre qu'elle écrivit, le 2 octobre 1814, à madame Pereire.

« Vous vous donnez beaucoup de peine, Madame, en cherchant dans les papiers qui vous restent de mon illustre maître, pour trouver quelque manuscrit sur son art d'enseigner à parler aux jeunes sourds et muets ; je ne crois pas que vous en trouviez. Mon digne instituteur était le seul dépositaire de ses connaissances, et il ne les a transmises à personne.

« D'après toutes les faibles idées que j'ai pu ramasser dans mon esprit sur sa manière d'enseigner, je crois qu'il ne pouvait la transmettre à ses descendants que de vive voix, en appuyant sa méthode sur une élève qu'il aurait dressée, et avec laquelle il aurait développé progressivement tout l'art méthodique de son enseignement.

« Je suis du même sentiment que vous, Madame, que les livres eussent été insuffisants pour expliquer cette brillante méthode. Il est malheureux pour le monde entier qu'en perdant mon cher maître on ait eu aussi le malheur de perdre ce trésor qu'il avait acquis après beaucoup de temps, de peine et de fatigue.

13.

« Il y a cependant des instituteurs de sourds et muets en Danemarck et en Russie qui ont réussi à faire prononcer, très-intelligiblement, des mots et même des phrases à leurs élèves. Vous pouvez bien penser, Madame, que ce n'est ni moi, ni mon neveu qui leur avons fourni aucune notion sur cet art.

« Quant au manuscrit rempli de chiffres et de lettres dont vous me parlez, je pense qu'il est relatif à une *machine de mathématique* qu'il avait inventée, et qui par le moyen de divers rouages que l'on faisait mouvoir composaient des règles d'arithmétique. Cette mécanique a été présentée à la cour, qui l'a vue avec surprise. M. Necker, jaloux de l'avoir pour son utilité, l'a demandée à mon maître qui lui en a fait présent. Je n'ai point de manuscrits de mon maître, ni même ne lui en ai connu aucun. »

Pendant dix ans, de 1803 à 1813, ces deux femmes, veuves, l'une de son mari, l'autre de son bienfaiteur, s'entretinrent constamment de lui, des moyens de faire revivre son illustration effacée, de rechercher ses œuvres, d'essayer, même dans une pratique impossible, de retrouver son secret pour le remettre à ses petits-fils : efforts impuissants, anxiété sans résultat. Et quel pouvait donc être cet homme qui occupait, de son seul souvenir, plusieurs générations ? Qu'était-ce donc, ce Pereire dont la belle-fille et l'élève s'entretiennent sans cesse, tandis qu'à Paris un homme consacre les loisirs d'une

longue vie de travail à recueillir ses restes intellectuels? Qu'est-ce donc que cet homme que l'on regrette encore en 1813, comme s'il n'était pas mort
en 1780?.....

C'est que Pereire était plus qu'un homme bon,
juste, dévoué, intelligent ; il était un principe et le
principe est de sa nature impérissable. Aussi retrou-
verons-nous plus tard, non pas des parents, non pas
des élèves, mais des hommes rivaux de Pereire par
position, témoignant le même regret que ces pieuses
femmes de la perte d'une méthode si précieuse.

Après avoir vécu de la pension que lui avait constituée, jusqu'à la révolution, la duchesse de Pen-
thièvre, et ensuite chez son beau-frère à Orléans,
mademoiselle Marois était demeurée seule, sans fortune. Mais Pereire avait fait d'elle une femme accomplie. Il l'avait élevée de telle sorte que le remarquable développement de son intelligence n'avait
rien pris sur l'éducation domestique.

Aussi, quand mademoiselle Marois se vit, à l'âge
de soixante ans, réduite à travailler pour gagner
sa vie, se trouva-t-elle encore capable de choisir
un travail productif, parmi ceux que la sage pré-
voyance de son maître lui avait fait enseigner. Ce
travail consistait à racommoder et à blanchir les
dentelles précieuses, dont la mode renaissait avec
l'Empire. J'ai eu l'occasion de voir, au mois de
décembre dernier (1846), plusieurs dames d'Or-

léans qui ont ainsi donné de l'ouvrage à la respectable élève de Pereire. Toutes ces dames étaient
unanimes pour m'assurer que mademoiselle Marois
faisait des choses surprenantes dans cette humble
profession, qui devient un art quand elle a pour
objet de ressusciter les transparentes vignettes de
Bruges et d'Alençon : mademoiselle Marois y excellait encore à soixante-dix ans.

Cette ressource à laquelle mademoiselle Marois
avait recours, n'était certes pas fort lucrative ; et cependant il lui en restait peut-être une autre, qu'on
aurait bien voulu lui ravir, qu'on lui aurait peut-être
payée, ou qu'on la sollicitait d'exploiter dans les
vues les plus honorables. Il y avait vingt ans qu'elle
avait perdu l'espoir de rendre, au fils de son maître, le dépôt de sa méthode, il y avait dix ans qu'on
ne l'entretenait plus que rarement de la possibilité
de rendre, aux petits-fils de Pereire, un héritage
trop lourd à porter pour des adolescents ; son con-
fesseur, homme aussi pieux qu'éclairé, enthousiaste
de l'art qui avait produit une personne aussi accomplie, la suppliait de vouloir bien prendre chez
elle une pensionnaire dont il eût lui-même fait les
frais, et sur les progrès de laquelle il se proposait
d'écrire jour par jour les détails de cette méthode
qu'il regardait comme la perfection de l'art d'instruire les sourds et muets. Mais les considérations
religieuses, charitables ou philanthropiques que le

digne ecclésiastique fit briller aux yeux de mademoiselle **Marois**, ne la décidèrent pas plus à disposer de ce qu'elle regardait comme le bien d'autrui, que son intérêt personnel n'avait pu le faire.
Inébranlable dans sa résolution de rendre ce dépôt
aux descendants de Pereire seuls ou de l'emporter
avec elle dans la tombe, elle attendit ce qu'il plairait
à Dieu qu'il arrivât. Voici ce que m'écrivait, à cette
occasion, le vénérable doyen du chapitre de Sainte-
Croix d'Orléans, le 13 janvier de cette année.

« Je n'ai rien à vous apprendre sur la méthode
de M. Pereire, ainsi que j'ai eu l'honneur de vous
le dire de vive voix, c'est bien à mon grand regret :
j'en ai admiré les résultats dans mademoiselle
Marois ; ils étaient vraiment extraordinaires. Cette
demoiselle, douée d'une intelligence rare, d'un jugement droit, était le chef-d'œuvre de son maître.
Elle parlait sa langue très-purement ; son organe
était sourd, mais elle articulait pleinement. Il
lui avait appris sa langue par principes ; elle lisait
aisément aussi promptement que nous, écrivait, or-
thographiait exactement ; il y avait suite dans ses
lettres comme dans ses conversations ; je l'ai con-
fessée pendant sept ou huit ans. Elle parlait, je
l'écoutais ; elle me regardait, je lui répondais lentement, et au mouvement de mes lèvres elle ne per-
dait pas une syllabe de ce que je disais. Je l'ai
trouvée très-instruite des choses spirituelles dans

lesquelles elle se soutenait par des lectures pieuses ; elle faisait la méditation à l'aide des réflexions spirituelles du **P.** Berthier ; elle a continué avec moi de *fréquenter* les sacrements, ainsi qu'elle en avait contracté l'heureuse habitude depuis long-temps.

« Vous sentez, Monsieur, que je ne me suis pas décidé sur un point aussi grave, sans m'être bien assuré de son instruction et de ses dispositions à la piété.

« Je vous ai parlé, Monsieur, de la manière dont **M.** Pereire s'agitait et se fatiguait en donnant ses leçons ; il était tout en sueur, quittait son habit, se donnait beaucoup de mouvement, tournait autour de ses élèves ; c'est ce que m'a dit feu **M.** de Billy, qui a assisté une fois, seulement une fois, à Romorantin, à une leçon qu'il donnait en cette ville à deux jeunes sourds et muets du pays. Vous sentez, Monsieur, que ce n'est pas en assistant à une leçon qu'on peut saisir le fond d'une pareille méthode. Tout ce qu'un curieux, comme était **M.** de Billy, a pu m'en dire, c'est que **M.** Pereire palpait les lèvres, la langue, remuait la mâchoire de ces jeunes gens, selon les sons qu'il lui convenait de faire articuler pour rendre une syllabe ou un mot. Un spectateur de la plus grande sagacité ne pouvait fixer son opinion dans une séance d'une heure au plus ; il aurait fallu suivre **M.** Pereire assidûment, et c'est ce qu'il ne permettait jamais. Il ne voulait laisser entrevoir sa méthode à qui que ce fût.

« Oh! que j'aurais voulu pouvoir apprendre quelque chose de cette méthode de la chère demoiselle Marois! Je n'ai pu rien obtenir d'elle, Monsieur, ainsi que j'ai eu l'honneur de vous le dire, il m'a été impossible de la gagner sur ce point..... Malgré le crédit que je pouvais avoir sur son esprit, je me suis arrêté, j'ai cessé de la solliciter, je me suis abstenu d'insister, je voyais que je la contraignais extrêmement : elle était alors presque sur le bord de sa fosse.

« Voilà, Monsieur, tout ce que je puis vous dire sur mademoiselle Marois et sur M. Pereire ; je ne puis que partager vos regrets sur la pérte d'une méthode aussi précieuse, et je vous prie d'agréer, etc...

« *Signé,* Dubois. »

La conversation beaucoup plus explicite que la correspondance m'a permis de recueillir, de la bouche de M. le doyen Dubois, quelques autres détails plus circonstanciés sur mademoiselle Marois et sur les efforts que ce digne ecclésiastique a cru devoir tenter pour perpétuer la tradition de l'art de Pereire. Et d'abord, quand il commença à connaître mademoiselle Marois, elle avait déjà soixante-dix ans ; sa prononciation était parfaite et avait conservé jusqu'à l'accent que son maître lui avait communiqué, et sa voix seule avait perdu sa sonorité ; il me dit ensuite que sa pénitente avait une connaissance plus étendue de l'Ancien Testament que n'en ont d'ordinaire les fidèles, qu'elle lisait assiduement les écritures saintes et quelques Pères de l'Église, sur les ouvrages desquels elle s'entretenait de préférence et d'une façon supérieure à son sexe ; il ajoutait, avec l'expression d'un regret encore vif, qu'il avait long-temps espéré pouvoir faire consentir mademoiselle Marois à prendre, en pension une sourde et muette, à ses frais ; qu'il avait même employé l'autorité de son caractère, et mis en avant les considérations charitables les plus persuasives pour la décider à ne pas taire plus long-temps une méthode, aussi importante que celle de Pereire pour l'amélioration du sort de ses frères en infortune ; mais qu'il avait dû s'arrêter devant la résolution où il vit sa pénitente de ne rendre ce secret qu'aux enfants de son bienfaiteur ou à Dieu.

J'exprime mal sans doute l'accent de vérité et de simple éloquence dont étaient empreintes les paroles de ce vieillard, qui ne pensait plus depuis long-temps qu'à ses devoirs de chrétien, quand je vins l'en distraire pour le prier de jeter un regard rétrospectif sur cet épisode de sa vie. Ses souvenirs, qui revenaient un à un et de si loin avaient dans sa bouche un indéfinissable intérêt. Mais plus la parole est puisante, plus elle est fugitive ; et la déclaration écrite de M. le doyen Dubois reste seule. M. le doyen Dubois reconnaissant que l'Israélite Pereire a su donner à mademoiselle Marois une éducation chrétienne dont la pratique a édifié une ville éminemment catholique, se montre le digne successeur des Abbés d'Azy et Lerat de Magnitot, des R. P. Valois, Cazeaux, de Bailleul, Vanin, qui n'hésitèrent pas à confier à la probité du Juif la direction morale de ces jeunes sourds et muets, qui n'étaient chrétiens, avant la venue de Pereire, que par la foi implicite que confère le baptême.

De 1813 à 1822, mademoiselle Marois n'avait eu que des relations éloignées avec la famille de son bienfaiteur. M. Rodrigues, désespérant de pouvoir étudier par lui-même l'art de faire parler les sourds et muets de naissance, avait laissé tomber une correspondance inutile; madame Pereire, partagée à Bordeaux entre les occupations de son industrie et le soin de ses enfants, écrivait rarement à Orléans; c'est pourquoi mademoiselle Marois savait à peine que ces personnes existassent encore quand elle reçut, de M. Rodrigues, une lettre qui lui apprit que la famille Pereire était réunie à Paris, et qu'il allait marier sa fille au petit-fils de Jacob Rodrigues Pereire. En même temps (1823), ce petit-fils, M. Emile Pereire, demandait à mademoiselle Marois par quels moyens il pourrait rentrer en possession de *cette méthode particulière*, que son aïeul avait laissé à sa famille comme *son plus bel héritage*.

Ce fut comme une résurrection pour cette pauvre vieille demoiselle isolée de recevoir *ces chères lettres,* ainsi qu'elle disait.

Elle fit à M. Emile Pereire la même réponse qu'elle avait faite à son père et son oncle : « La méthode d'apprendre à parler aux sourds et muets n'était pas de nature à être consignée dans une lettre, ni même exposée dans une ou plusieurs conversations. Je le répète, disait-elle en finissant, employez-moi, Monsieur, si vous croyez que mes faibles connaissances puissent contribuer à ressusciter la gloire d'un grand homme. Je verrais avec le plus grand plaisir le petit-fils d'un homme dont le nom me sera toujours cher ; et nous pourrions, lui et moi, converser plus amplement que par écrit. Cependant, âgée de soixante-quatorze ans, ma mémoire s'affaiblit, et l'organe de la parole n'est plus aussi libre qu'il y a trente ans. »

Combien de femmes douées de tous leurs sens écriraient ainsi à pareil âge ?....

Peu de temps après, à la demande de madame Pereire, mademoiselle Marois s'empressa de se rendre à Paris.

Quelle fut son émotion, après quarante-trois ans d'attentes et d'anxiétés, en revoyant la famille de son bienfaiteur ! Elle parlait de Pereire, de sa méthode à tout le monde. Pour répéter l'éloge de son maître, cette digne et si reconnaissante élève avait rajeuni, sa voix était devenue plus sonore. L'impression que produisit sur les personnes qui l'entendirent alors, la parole et l'intelligence de mademoiselle Marois dure encore ; parfois en l'écoutant on se croyait le jouet d'une illusion.... Mais, il faut bien l'avouer, mademoiselle Marois, comme ses plus récentes lettres le faisaient pressentir, avait perdu le souvenir des épreuves variées et délicates par lesquelles son maître l'avait conduite pour la faire arriver du mutisme à la parole spontanée. Que de fois cependant ne prit-elle pas à partie l'un et l'autre des petits-fils de son bienfaiteur, M. Isaac Pereire en particulier, et n'essaya-t-elle pas de leur expliquer, de leur démontrer, de leur faire exécuter les procédés dont elle se souvenait encore ; ces attentifs jeunes gens se prêtaient à ces expériences qu'ils croyaient devoir les conduire vers ce trésor qu'ils cherchaient, l'honneur éternel de leur famille !

Zèle, déférence, esprit, réflexion, tout fut inutile ; il fut démontré que d'immenses, d'infranchissables ellipses de souvenir s'étaient creusées dans la mémoire de la bonne demoiselle, et que, ce qui restait des procédés à l'aide desquels elle avait appris à parler, ne suffirait pas à reconstituer la méthode de J.-R. Pereire !

Tout ce qu'on pouvait faire alors pour rappeler le nom du premier instituteur des sourds et muets en France n'eût pas rendu sa méthode, et ce dernier résultat était, avant tout, avant le bruit, avant l'éclat des luttes et la poussière des polémiques, ce que recherchait la famille de J.-R. Pereire.

C'est pourquoi elle ne s'occupa plus qu'à recueillir les fragments épars de cette méthode. M. Isaac Pereire conduisit mademoiselle Marois à l'Institut des sourds et muets, où M. l'abbé Perrier avait remplacé M. Sicard. Le directeur de l'Institut royal ne put en croire ses sens : s'il connaissait mademoiselle Marois de réputation, il n'avait rien imaginé de semblable au phénomène qu'elle offrait. Quand la stupéfaction du vénérable abbé Perrier fut un peu calmée, M. Isaac Pereire lui annonça le but de sa visite; il lui dit que les rares documents qu'il possédait sur la méthode de son aïeul ne lui permettant pas d'espérer pouvoir continuer lui-même cette tâche de famille, il venait les remettre dans les mains du directeur de l'Institut royal des sourds et muets, afin que, si ces renseignements ne profitaient pas aux descendants de Pereire, ils profitassent du moins aux sourds et muets; et il donna, entre autres notes à M. l'abbé Perrier, la dactylologie complète de Pereire, à l'aide de laquelle on s'exprimait aussi rapidement que par la parole.

Ce dernier devoir rempli, tant à l'égard de leur aïeul qu'envers les sourds et muets pour lesquels les descendants de Pereire ne pouvaient plus rien par eux-mêmes, ils renfermèrent en eux le chagrin que leur causait l'oubli dans lequel descendait sa mémoire, et suivant une de ces incitations du sang également sûres et merveilleuses, que la science démontre, mais dont elle ne connaît pas la loi, ils s'associèrent à ces vastes travaux d'ingénieur pour lesquels leur aïeul avait eu une vocation si marquée.

M. Rodrigues, fidèle jusqu'à sa dernière heure à la promesse qu'il avait faite à son ami, continua, jusqu'à sa mort, à réclamer une place pour Pereire dans toutes les publications où son nom devait figurer ; mademoiselle Marois embrassa une dernière fois cette famille qui était la sienne par le cœur, et retourna à Orléans. Parfois elle cherchait encore à distraire sa pensée des disgrâces réunies de l'âge, de la fortune et du cœur, en tenant MM. Pereire au courant de ses croissantes adversités. C'étaient des accents d'une douleur forte et résignée : « Mademoiselle Lerat, mon amie, est à présent comme en enfance, elle ne connaît plus personne ; c'est un grand malheur. J'ai de mon côté à vous apprendre la triste perte de mon neveu, ma seule consolation sur la terre : Dieu l'a retiré parmi les bienheureux pour le récompenser de ses vertus. Moi, je suis seule, sans parents, que la volonté de Dieu soit faite ! J'ai survécu après tous ; Dieu l'a voulu pour sa plus grande gloire !... »

Quand ils reçurent cette lettre, c'était en 1829, les deux jeunes gens pleuraient cette mère courageuse qui les avait élevés dans l'orgueilleux espoir de continuer la tâche de J.-R. Pereire. Mademoiselle Marois avait alors soixante-dix-neuf ans ! Elle vécut encore quatre ans, et avec elle disparut le dernier témoignage de l'art qui avait fait l'admiration des plus grands hommes du dix-huitième siècle.

Voilà à quelle déception aboutit le dévouement séculaire d'une famille, et de trois générations de cette famille, à une question de science et d'humanité.

Pendant quarante-six ans, et trente-six ans avant tout compétiteur sérieux, Pereire a soigné, nourri, élevé des infortunés qui étaient encore pour tout le monde un objet de pitié ou d'effroi ; pendant quinze ans, son fils se débat contre les nécessités qui le tiennent éloigné de cette tâche, qui est son héritage, et il meurt sous l'oppression des obtacles qui l'étreignent. Pendant quinze ans, ses petits-fils sont nourris et élevés dans le sentiment de ce qu'ils doivent à leur aïeul : *Souvenez-vous, leur dit leur pieuse mère, que vous êtes les petits-fils de Jacob-Rodrigues Pereire.*

Et ils sont à peine devenus hommes, qu'ils se mettent à rechercher leur glorieux héritage ; mais vainement ; il n'y a plus rien. Les voix animées par leur aïeul se sont éteintes, la tradition n'existe plus, les récits anciens sont égarés dans des livres oubliés, la pensée du maître a perdu son dernier interprète, tout est fini pour Pereire. On pourra graver sur le tombeau de l'abbé de l'Épée les caractères dactylologiques que Pereire a fait connaître et complétés, que l'abbé de l'Épée a dénigrés ; personne ne réclamera. Il n'y aura plus d'histoire possible de cette pensée morte : le préjugé, le fanatisme, régneront seuls sur ce champ ouvert, au nom de la charité, à la plus coupable des spoliations, à la spoliation des créations de l'esprit.

Mais non, il m'a suffi de rappeler les faits oubliés et de citer les dates, ces chiffres plus éloquents que tous les autres chiffres, pour prouver que J.-R. Pereire fut, de 1734 à 1760, le premier instituteur des sourds et muets, le seul qui les eût fait parler. Me sera-t-il donné aussi de retrouver la méthode de Pereire, *cette méthode* que Buffon signalait comme *très-ingénieuse* et *qui intéressait,* disait-il, *le bien public ?*....

FIN DE LA PREMIÈRE PARTIE.

ANALYSE RAISONNÉE

DE LA

MÉTHODE DE PEREIRE.

A la voix de l'abbé de l'Épée, le premier Institut national pour l'éducation des sourds et muets s'ouvrait en 1778. Hommage impérissable rendu à son ardent prosélytisme, à sa charité sans bornes pour une classe d'infortunés, cette fondation est le premier acte officiel, cette date est le moment précis où le Gouvernement s'est constitué le curateur des sourds et muets; cet événement et cette date ne représentent rien de plus.

Mais les passions, qui ne respectent ni le droit, ni l'histoire, datèrent de ce fait et de ce jour l'ère d'émancipation des sourds et muets.

De l'instant où ce mensonge a été mis à la place de la vérité proclamée par Buffon, un concert tacite, un complot de silence s'est organisé contre le nom et la mémoire de Jacob-Rodrigues Pereire, et il n'y a plus eu d'histoire possible de l'art d'instruire les sourds et muets.

Taisant les noms, on a dû taire également les

faits et la tradition scientifique de l'art. Aussi cette imposture a pesé, et pèse encore de tout son poids, sur les maîtres et sur les élèves formés à cette école. Cette imposture porte sur les faits, et les faits ont disparu devant elle; elle pèse également sur les méthodes, car elle a terni de son souffle le miroir de la tradition : c'est cette tradition qu'il s'agit maintenant de faire revivre.

Dans la première partie de cet ouvrage, j'ai remis.-Pereire à sa place, j'ai montré Pereire antérieur à tous, Pereire instituteur actif et assidu des sourds et muets, avant que personne en France songeât à leur donner quelques leçons périodiques.

Il s'agit maintenant, dans cette seconde partie, de faire revivre la tradition de cet art qui était déjà une science long-temps avant de devenir l'objet d'une Institution nationale.

Je n'insisterai pas sur les pratiques individuelles ou religieuses qui ont précédé les théories savantes, comme les élans du cœur devancent les créations de l'esprit. Des individus, des corporations, mus par le sentiment chrétien le plus respectable, ont, de temps immémorial, tenté de faire concevoir à quelques sourds et muets nos conventions sociales, et principalement d'élever leur âme emprisonnée dans le silence, jusqu'à la compréhension des idées religieuses et générales qui rattachent l'individu à ses semblables, en Dieu.

Ce que Pierre Ponce, le premier que nous sachions, fit en Espagne, George Dalgarno, en Écosse, d'autres le tentèrent également en Italie, en Allemagne, en Angleterre, en France, partout où la charité a ouvert les portes de l'avenir à l'esprit humain.

Les faits relatifs à ces pratiques, presque toutes empiriques, sont épars dans les livres, et quelques-uns d'entre eux reçurent la plus grande publicité dans les premiers volumes des *Mémoires des savants étrangers,* que publia l'Académie des sciences, de 1750 à 1760. Il est donc parfaitement inutile d'insister sur ces faits authentiques. Mais il y en a d'autres non moins intéressants, et ce sont précisément ceux dont Pereire avait pris connaissance.

On a vu M. Lucas, entrepreneur de bâtiments à Gange, essayer d'instruire le jeune Saboureux de Fontenay, et réussir à développer son intelligence à l'aide du procédé empirique qui consiste à donner une plus grande extension à l'usage des signes ou de la pantomime. On a vu le certificat que les habitants notables de Châteauneuf délivrèrent en 1790 à mademoiselle Marois, certificat qui constate également que cette jeune fille de sept ans, toute pauvre qu'elle était, avait été apprise à s'exprimer par les procédés empiriques. On a vu enfin le jeune d'Azy d'Etavigny, placé dans une maison religieuse d'Amiens, où l'on comptait, en 1740, un professeur et plusieurs élèves sourds et muets.

Pereire avait recueilli, au sujet de ce dernier établissement, en particulier, des détails qui sont entièrement inédits et qui ont un haut intérêt.

L'ancienne abbaye de Saint-Jean d'Amiens étant comprise dans le périmètre des fortifications que Henri IV faisait élever, ce prince donna aux religieux un autre terrain, sur lequel un des sourds et muets, élève de cette pieuse institution, construisit, d'après ses propres idées, l'édifice qui se voit encore aujourd'hui dans un des faubourgs de cette ville.

Pereire possédait en outre deux interrogatoires subis par écrit par un élève de cet établissement : ces deux pièces sont trop importantes pour ne pas être conservées.

Premier interrogatoire par écrit, subi par le nommé Defaye, sourd et muet élevé dans l'abbaye de Saint-Jean d'Amiens (1).

Demande. — Il est venu cette année à Chaulnes un homme de l'Académie des sciences, qui a trouvé

____

(1) On a cru devoir conserver, dans la reproduction de ces pièces, avec l'orthographe du temps, les fautes mêmes du manuscrit.

si extraordinaire ce qu'on lui dit que vous saviez lire et répondre à ce qu'on vous écrivait, qu'il ne l'a jamais voulu croire, à moins que vous ne mettiez une réponse au bas de ce que je vous écrirais. Ainsi, vous me ferés plaisir d'y répondre sur le champ, devant moi, pour le convaincre de ce qu'il a cru impossible.

Réponse. — On dit que je ne sçay pas lire et escrire, j'ay bien lû et escrit ; M. le fils de M. le duc de Chaulmes et mademoiselle sa sœur sont *venu* à l'abbaye de Saint-Jean d'Amiens pour voir nos muets.

Demande. — Dites moi, je vous prie encore, ce qu'on dit des affaires de Pologne.

Réponse. — On dit que les affaires de Pologne vont bien, Le Roy de Pologne est à Dantzick.

Demande. — Certifiés vous à présent que c'est vous même qui avés écrit ceci, et signés votre nom au bas.

Réponse. — Je m'appelle Defaye.

Deuxième interrogatoire, également écrit, et portant pour suscription : Questions pour le muet d'Amiens.

Demande. — Vous donnés tous les jours, Monsieur, de nouvelles preuves de votre pénétration ; mais permettés moi de vous demandés si vous vous apercev*és* qu'il vous manque quelque faculté, quelque chose enfin que possèdent les autres hommes, et si vous av*és* quelque idée de ce qui vous manque?

Réponse. — Monsieur, si j'avois les facultés que les autres hommes possèdent, j'aurois parlé comme ils parlent ; mais je n'ay pas l'usage de la parole et de l'ouye, voilà l'idée que j'ay de ce qui me manque, je suis soumis à la volonté de Dieu.

Demande. — Je vous prie de me dire encore si vous compren*és* la suite et la liaison de tous les mots qui entrent dans un discours ordinaire, et si vous entend*és* la force de chaque mot en particulier?

Réponse. — Je ne suis pas docteur, j'ay bien de la peine de comprendre la suite et la liai*ti*on de tous les mots qui entrent dans *la* dictionnaire.

Demande. — Vous me paroiss*és* au fait des affaires de Pologne. Quel intérêt le Roy de France prend-il à l'élection de Stanislas ?

Réponse. — Le Roy prend l'intérêt de son épouse à l'élection de Stanislas, *son gendre.*

Demande. — Je prie M. Defaye de vouloir bien mettre à côté des questions qui sont derrière cette page-ci, la réponse bien en détail pour mieux convaincre celui qui les a proposées.

Signé, LE VIDAME D'AMIENS.

Je certifie que personne n'a *dict* à M. Defaye les

réponse qu'il a *mise* en *marje*. Que j'estois seul avec luy, que personne n'a veu les questions avant qu'il y ait respondu, que cela a esté fait devant moy, et que tout ce qu'il a escrit vient de luy seul.

Le douze décembre 1733.

Signé, LAMARCK.

Est-il probable que Pereire ne possédât que ces documents dont la date est précieuse, et qui éclairent les premiers pas de l'inventeur? Quoi qu'il en soit, Defaye écrivait ceci en 1733, c'est-à-dire un an avant que Pereire manifestât à un savant de Bordeaux le désir de s'entourer des documents historiques et des ouvrages qui avaient paru sur l'éducation des sourds et muets. Pereire savait donc qu'il n'était pas le premier dans la pratique de l'enseignement des sourds et muets. Il savait que de toutes parts les écoles catholiques recelaient, en ce genre comme en tant d'autres, des trésors de charité ; il savait que les moines d'Espagne et d'Italie, les religieuses de Caen et du faubourg Saint-Antoine à Paris, des ecclésiastiques à Amiens et dans beaucoup d'autres lieux oubliés aujourd'hui, continuaient cette œuvre de charité qui était sans nom, parce qu'elle était sans art et presque sans fruit.

La pratique de ces personnes charitables consistait à essayer de familiariser les sourds et muets avec les habitudes sociales les plus faciles, de leur ouvrir l'intelligence des mots par les signes, et de leur donner l'intelligence des abstractions par la lecture; mais combien peu de sourds et muets arrivaient à ce degré de développement? Pour un élève qui savait écrire comme Defaye, pour un qui devenait architecte et reconstruisait l'abbaye de Saint-Jean, combien d'infortunés restaient cinq ans et plus dans ces écoles, comme y resta cinq ans le jeune d'Azy d'Étavigny, sans rien apprendre; combien d'intelligences, emprisonnées dans ce langage mimique, ne pouvaient franchir cette enceinte matérielle, et prendre leur vol dans l'aire des pensers !

Mais à côté de cette œuvre chétienne, d'autant plus digne d'admiration, que ceux qui s'y vouaient la perpétuaient sans gloire ni profit, il y avait, ne disons pas une science, mais une mise à l'étude de la question de l'éducation des sourds et muets.

C'est d'abord Jérôme Cardan qui pose le premier les bases de la méthode physiologique d'instruire et de faire parler les sourds et muets (*parali-pomenon,* l. 3, cap. 8). Ce chapitre, grand comme une prophétie, commence par ces mémorables paroles : « *Possumus efficere, ut mutus legendo audiat, ac scribendo loquatur.* »

Ensuite, Fabrizio d'Acquapendente dans un des premiers ouvrages de physiologie qui aient été publiés, *de visione, voce, auditu,* qui traite dans le même sens que Cardan la question théorique de l'enseignement des sourds et muets.

Puis, Van Helmont, Wallis et Bonnet qui, sans concert possible, appliquent presque simultanément le principe physiologique de la restitution de la fonction de la parole, et s'attachent, ou du moins paraissent s'attacher exclusivement à l'enseignement de l'articulation. Le docteur Amman les suit dans cette voie plutôt expérimentale que pratique; car Van Helmont, Wallis, Bonnet, Amman, font plutôt des expériences sur un ou deux sujets que des élèves proprement dits.

Quoi qu'il en soit, à partir de 1700, la démonstration scientifique de la possibilité de rendre la fonction de la parole au sourd de naissance est, sinon complète, du moins satisfaisante : il est démontré qu'il est possible 1° d'instruire les sourds et muets; 2° de les faire parler; 3° de leur faire prendre leur part dans la communion intellectuelle de l'espèce humaine.

Voilà quels étaient les antécédents scientifiques de la question, quand Pereire fut conduit à l'étudier, *par l'intérêt qu'il portait à une personne muette.*

C'était en 1734 : Pereire avait donc le choix entre une pratique facile et vulgaire et une science à peine indiquée sous les formes mystérieuses de son temps. Il connaissait la pratique empirique des écoles catholiques, il reçut, des mains du bibliophile de Bordeaux, qu'il avait consulté, les livres des physiologistes avec cette promesse: *Vous surpasserez aisément ceux qui vous ont précédé.*

Il préféra suivre les traces des savants.

Que trouva Pereire dans leurs livres?.....

Il y trouva le principe de l'éducation physiologique des sourds et muets, et rien de plus ; car, d'une part, Pereire n'avait pas quitté Cadix sans connaître l'alphabet manuel gravé dans l'ouvrage de Bonnet, et, d'autre part, aucune des théories d'articulation publiées en Espagne, en Allemagne, en Hollande et en Angleterre, ne pouvait s'adapter à l'enseignement de l'articulation de la langue française.

Mais pourquoi ces ouvrages d'hommes éminents ne fournissaient-ils à Pereire aucune méthode positive de l'art qu'ils annonçaient?.... Parce que la science était encore secrète dans le courant du dix-huitième siècle. S'en plaindre, comme fait de Gerando, quand il dit : « On ne peut assez déplorer que Wallis se soit borné à indiquer par quelques aperçus rapides ce qui formait l'essence de sa méthode. » C'est exprimer un sentiment honorable, mais ce n'est pas juger sainement les circonstances.

Avant la Révolution, le savant, retranché dans sa science comme le seigneur dans son manoir,

jouissait de sa découverte comme d'un fief ne re-
levant que de Dieu et de son génie. Le secret se
perpétuait ainsi de génération en génération, dis-
paraissait quelquefois avec la race qui l'avait exploité
et n'appartenait, par aucun droit social, à la communauté. On a donc tort de s'indigner, avec quelques écrivains, de l'usage que Wallis et tant d'autres ont fait de ce droit de leur temps : le juge
de certains faits historiques, ce n'est ni vous, ni
moi, c'est le sens moral de l'époque pendant laquelle ils se sont produits. Or, le sens moral du
dix-huitième siècle admettait aussi absolument
que celui des siècles précédents, le droit absolu
de l'individu à la chose qu'il avait trouvée : droit
de premier occupant, épave de l'esprit.

Voilà pourquoi Pereire, au lieu des méthodes
qu'il cherchait dans les livres, n'avait trouvé qu'un
principe.

Ce principe, posé par Jérôme Cardan, consistait
dans la restitution d'une fonction, sur deux qui
manquent au sourd et muet, c'était le principe
physiologique.

Mais entre ce principe et son application, il y
avait, dans tous les auteurs, un *lapsus* d'une étendue incalculable, place vide qu'aurait dû occuper la
théorie même de la pratique ; or, cette théorie, plus
ou moins parfaite, plus ou moins applicable, semblait détachée de l'œuvre des devanciers de Pereire

comme à l'emporte-pièce, c'était la part de l'inventeur, la part du secret.

Dans cet état normal de la question, Pereire n'hésita pas un instant entre les empiriques comme le sieur Lucas, entrepreneur de bâtiments à Gange et les physiologistes, entre ceux qui continuaient et perfectionnaient le mutisme des sourds de naissance et ceux qui leur enseignaient la parole, même en faisant mystère des moyens qu'ils employaient, il n'hésita pas, dis-je, et travailla dix ans.

Il étudia la question sous toutes ses faces.

Il envisagea d'abord la nature de la surdité, sinon dans son essence pathogénique, du moins dans ses conséquences fonctionnelles, et il se trouva en état de formuler, à ce point de vue pratique, une division de la surdité, qui mérite d'être adoptée; car personne n'a encore trouvé mieux ni plus juste.

Il remit à la fonte l'alphabet manuel espagnol et en fit sortir une sténographie volante qui suit la course rapide de la parole.

Il analysa les phénomènes de la production de la parole avec une finesse et une précision que personne n'a atteintes avant lui, ni même depuis lui. Les principes sur lesquels il appuyait sa théorie de la parole, sont vrais comme la nature et puissants comme la vérité.

Sa méthode pédagogique enfin était excellente, ses succès l'ont confirmée.

Entrons dans l'analyse de ces travaux qui ont duré quarante-six ans. Ils se résument en une pratique dont, trop peu soigneux de sa renommée, Pereire n'a laissé connaître que ce qu'il ne pouvait réserver : car, à l'exception des premiers succès qu'il a pris soin de faire constater par l'Académie des sciences, il ne nous a pas seulement conservé les noms de ses élèves ; il ne les a même pas comptés !... Quarante-sept ans après sa mort, un historien impartial (de Gerando) n'en connaissait plus que douze ; ceux-là, il est vrai, ont parlé plus haut que sa modestie.

Mais l'étendue de ses travaux se laisse mesurer dans quelques écrits brefs et substantiels où la pensée transperce de toute part l'enveloppe des mots et des réticences.

En parcourant le mémoire que Pereire a lu à l'Académie des sciences en 1749, et celui dont l'Académie ordonna l'impression dans le cinquième volume des *Mémoires des savans étrangers,* on ne saurait trop admirer l'air superbe des gens qui ont reproché à Pereire le secret qu'il entendait garder sur sa méthode, lui qui a été plus clair, plus précis que tous ses détracteurs. Mais passons : armé de sa pratique et de sa théorie, montrons comment il a, le premier et le dernier en France, continué et perfectionné cette doctrine de l'enseignement physiologique des sourds et muets.

Les premiers travaux de Pereire en cette partie ont eu pour objet le diagnostic de la surdité.

Quantité de sourds et muets, d'idiots, d'enfants dont les fonctions de la parole sont anéanties ou suspendues par suite de convulsions, ou dont les organes de la parole sont mal conformés, paralysés, etc., etc., tous ces sujets se présentaient à Pereire, surtout dans le premier âge, avec des symptômes communs en apparence, et si difficiles à diagnostiquer, qu'encore aujourd'hui ce n'est souvent qu'après une année passée dans les instituts destinés aux sourds et muets, que ceux de ces enfants qui appartiennent à d'autres catégories d'infortunés reçoivent leur *exeat*.

Ce n'était certes ni dans Bonnet, ni dans Van Helmont, ni dans Amman, que Pereire pouvait trouver une ligne, un mot, une indication sur ce travail préalable, sur ce diagnostic différentiel d'infirmités dont une seule ressortissait de son art. Il se tira cependant fort bien, et tout seul, de cette analyse comparée. Il établit à son usage des différences délicates quoique capitales, qui lui permirent de distinguer les sujets que son talent pouvait rendre à la société. Grâce à ces travaux préparatoires, il n'admit jamais, dans son pensionnat, d'enfants incapables de profiter de ses soins ; il refusa les idiots comme étant absolument incapables d'éducation, suivant l'opinion qui régnait encore il y a quelques années ; il éloigna les enfants dont les organes de la parole étaient paralysés, etc., etc.....; enfin peu de jours lui suffisaient à établir cette distinction capitale, comme nous l'avons vu faire à Bordeaux pour le jeune French (page 109, 1re partie), et il ne tomba jamais, lui, dans une confusion qui a coûté et qui coûte encore aujourd'hui tant de larmes à de pauvres enfants, tant de déceptions et de peines perdues à des instituteurs plus charitables qu'éclairés.

Mais dans cette étude préparatoire de la question, le diagnostic de la surdité ne suffisait pas seul pour introduire à la question de l'enseignement. Après avoir distingué les sourds et muets des autres infortunés qui leur ressemblent à beaucoup d'égards, il fallait les étudier eux-mêmes, et voir si parmi eux il n'y avait point quelques différences, soit essentielles, soit relatives. Ici encore, aucun auteur n'avait rien dit qui pût éclairer les investigations de Pereire.

Non-seulement les physiologistes, Cardan, Van Helmont et autres n'avaient indiqué aucune classification entre les sourds ; mais l'anatomie, renfermée dans ses plus grossières généralités, n'avait pas encore reconnu et nommé toutes les parties de l'organe auditif. L'anatomie de l'oreille de Duvernay n'avait pas encore paru, la physiologie des sens n'était pas encore écrite par Lecat ; à plus forte raison, les travaux d'anatomie pathologique et de physiologie spéciale n'existaient pas, et vainement eût-on cherché dans le monde un livre d'otologie ; il y avait tout à faire, observation, classification, etc.

Quoique Pereire fût littéralement au milieu du vide, il sentit tout d'abord qu'il avait devant lui, sous la dénomination générale de sourds et muets, des individus qui différaient essentiellement et qu'il avait besoin de distinguer pour les traiter efficacement. Après avoir séparé les sourds et muets des imbécilles, des paralysés, il fut donc conduit à caractériser les diverses sortes de sourds et muets par les différences manifestes ou obscures du désordre de leurs fonctions auditives.

Ce second travail ne put être fait, dans mon opinion, que concurremment avec divers essais d'éducation ; et je pense ainsi, parce que la division des sortes de surdités donnée par Pereire se trouva être la base exacte de sa méthode d'enseignement. On peut donc croire que la méthode et la division sont deux travaux qui se concertèrent parallèlement dans sa tête, et qui en sortirent simultanément le même jour, au même point de perfection. Ce qui fortifie en ce point mon opinion, c'est que Pereire faisait précéder la publication de sa division des sourds et muets en trois catégories, de l'affirmation suivante, qui est pour ces infortunés une sorte de déclaration de leur droit à prendre part à la communion intellectuelle de la parole.

« *Presque tous les sourds peuvent parvenir, au moyen d'une instruction convenable, à distinguer, même sans le secours de la vue, un nombre plus ou moins considérable de mots articulés, et il y en a parmi eux qui pourront être mis en état d'étendre cette connaissance à tous les mots en général.* »

Après avoir énoncé ce fait scientifique que les essais et les doctrines de ses devanciers ne laissaient pas pressentir, et qui lui appartient en propre, Pereire expose ainsi sa théorie de la surdité et les bases de sa classification.

« Tous les muets qui sont l'objet ordinaire de mon art, c'est-à-dire tous les muets qui ne sont tels qu'à cause d'une surdité plus ou moins parfaite qui les empêche d'ouïr et d'imiter d'eux-mêmes les sons des paroles, se distinguent naturellement en trois espèces ou trois classes.

« Les sourds et muets dont la surdité est totale ou absolue, constituent la première espèce; la seconde comprend tous ceux qui ont l'ouïe sensible à des bruits plus ou moins grands, sans pouvoir néanmoins avoir aucune idée des sons de la voix; et enfin, les muets qui composent la troisième classe, sont ceux qui joignent à la sensibilité des bruits la faculté de distinguer quelques-uns des sons de la voix.

« Les sourds absolus ou de la première espèce sont les moins communs. La privation totale de

l'ouïe ne saurait cependant les empêcher de s'apercevoir de certains bruits, par une espèce de tact qui
leur tient, en quelque sorte, lieu de l'ouïe, et que,
sans la sagacité qu'une longue expérience peut
seule faire acquérir, il est aisé de prendre pour
l'ouïe même. Il y a mille occasions où , sans être
avertis par la vue, les sourds, en général, et ceux
de la première espèce en particulier, s'aperçoivent,
non-seulement d'un canon qu'on tire, d'une voiture
qui marche, d'un tambour qui bat, mais encore d'une
porte qu'on ferme, d'une chaise qui tombe, d'un
gros instrument à corde dont on joue, même d'une
personne qui parle à l'ordinaire, pour peu qu'ils la
touchent ou qu'ils touchent seulement le siége où
elle sera assise ; et tout cela produit chez ces sourds
une espèce de tressaillement analogue à celui que
nous éprouvons lorsqu'un carrosse passe sous une
voûte dont nous sommes voisins. Ces sourds de la
première espèce peuvent encore percevoir des sons
par le *contact,* comme il sera dit plus loin.

« La seconde espèce de sourds et muets est in-
comparablement plus nombreuse que les deux autres. Ceux-ci ont, en général, la faculté d'entendre et
de discerner le bruit du tonnerre, le son d'une cloche,
le cri ou la voix d'un homme ; mais de quelque
façon qu'on prononce auprès d'eux différentes syllabes ou seulement deux voyelles différentes, comme
a et *o,* ils n'y sauraient trouver d'autre dissemblance

que celle d'un bruit plus ou moins grand ; on peut,
par analogie, se former une idée assez juste de cette
surdité, en fermant les yeux et en faisant attention
que, quoiqu'il soit facile , en cet état de cécité si-
mulée, de reconnaître une différence sensible entre
le jour et les ténèbres, et même entre une moyenne
clarté et une autre plus grande, on chercherait en
vain à apercevoir des couleurs : ce qui, pour le dire
en passant, est le cas où se trouvent aussi le plus
grand nombre des aveugles-nés.

« Les sourds et muets qui composent la troisième espèce, sont ceux qui entendent des bruits
plus ou moins considérables, mais qui peuvent encore
distinguer les sons de quelques voyelles, ou concevoir au moins des idées un peu distinctes de ces
sons, lorsqu'on les prononce devant eux avec pré-
caution. Je compare cette sensation à celle que nous
éprouvons, si, en tenant les yeux ouverts, nous
interposons entre l'œil et les objets une ou plusieurs
gazes, en sorte que sans cesser de voir ces objets,
les couleurs en soient plus ou moins effacées : le
nombre plus ou moins grand des gazes interposées
peut donner l'idée des divers degrés de surdité compris dans cette troisième espèce de muets. Il y en a
même parmi eux dont nous pouvons nous représenter plus immédiatement et plus exactement la situation en nous bouchant simplement les oreilles.

« Cette troisième classe serait la plus nombreuse

de toutes, si je ne la considérais que sur les enfants encore à la mamelle, et jusqu'à l'âge de trois ans ou environ. Mais dans le cours de ces premières années, beaucoup de ces enfants meurent par suite des infirmités même qui causent leur surdité, et beaucoup aussi en guérissent, de sorte qu'il ne reste guère plus de cette troisième espèce de sourds parmi les adultes qu'il n'y en a de la première. »

Suivent des considérations sur les causes de la surdité qui prouvent que Pereire savait sur l'ouïe tout ce que l'on en pouvait connaître de son temps. Mais la citation de cette partie de ses mémoires qui ne traite pas directement de sa *méthode* m'entraînerait trop loin. On sera certainement frappé comme nous de l'immense quantité d'observations que Pereire a dû réunir pour arriver à cette division de la surdité, et de la sagacité merveilleuse avec laquelle il a discerné à la fois les genres et jusqu'aux causes de chaque genre de surdité.

Là, d'ailleurs, ne se bornaient pas les travaux de physiologie otologique de Pereire. On retrouvera tout à l'heure la même observation patiente et lucide dans ses aperçus relatifs à la perception des sons chez les jeunes sourds-et muets. Que de recherches la seule formule de cette division de la surdité n'a-t-elle pas coûtées, si l'on songe qu'il n'y avait rien avant elle et qu'après..... Mais les faits valent mieux que des raisons.

En fait donc, un otologiste distingué, le docteur Hubert Valleroux, critiquant, au point de vue pathologique, la division récemment formulée par le célèbre professeur Rosenthal de Berlin, la recommande cependant aux hommes qui s'occupent de l'enseignement des sourds et muets. Or, cette classification comprend :

« 1° la *surdité propre*, dans laquelle la faculté d'entendre les sons articulés est complètement abolie; 2° la *dureté de l'ouïe*, dans laquelle cette faculté est tellement affaiblie, qu'on ne peut entendre les sons articulés qu'au moyen d'un appareil particulier; 3° *l'altération ou diminution de l'ouïe*, dans laquelle la faculté d'entendre les sons articulés par la voix naturelle, pèche par défaut de précision. » On voit que cette classification est moins précise et moins explicite que celle de Pereire, et il est à croire que si le docteur Hubert Valleroux en avait eu connaissance, il l'eût recommandée de préférence aux instituteurs de sourds et muets comme guide pratique de l'enseignement.

Il y a plus, depuis Pereire, aucun des bienfaiteurs des sourds et muets ne s'est enquis de ce qu'était physiologiquement un sourd et muet, aucun n'a recherché les moyens de reconnaître les divers modes de la surdité, aucun n'a présenté une division des muets en espèces, genres, etc.; et les sourds de toutes les catégories, les plus sourds

15.

comme les moins sourds, les sourds et muets et les demi-sourds non muets, et les muets non sourds, et les sourds non encore muets, mais qui tendent à le devenir si on les abandonne à leur infirmité croissante, se voient confondus dans les écoles françaises, et également condamnés au mutisme de par la puissance des signes méthodiques. C'est pourquoi, après trois ans d'écoles, les sourds qui parlaient un peu naturellement, ne disent plus un mot, grâce à la puissance du *langage de la nature.*

Cette classification de Pereire est donc encore aujourd'hui le dernier mot du diagnostic de la surdité, comme elle en fut le premier; c'est sur elle, et non sur d'autres que doivent porter les méthodes d'enseignement; c'est sur elle que l'inventeur a fondé toute sa pratique. Vérifiée par l'expérience, cette classification représente la surdité dans les diverses phases que l'éducation doit embrasser par ses procédés divers. Ainsi, la surdité absolue demande pour être corrigée d'autres moyens d'éducation que la surdité qui laisse percevoir les bruits, mais non la voix; et celle-ci, d'autres encore que la surdité qui laisse arriver au sensorium une perception plus ou moins imparfaite de la voix humaine.

Mais avant de suivre Pereire dans les divers phases de sa pratique, considérons les instruments d'éducation qu'il avait su réunir pour parfaire son œuvre.

Et d'abord Pereire entrait en communication immédiate avec ses nouveaux élèves à l'aide de la
dactylologie.

La dactylologie est une écriture volante, faite en
l'air avec les doigts, et destinée à remplacer la parole.

C'était primitivement un simple alphabet de
vingt-cinq lettres que Bonnet avait fait graver dans
son livres (*Abecedario demonstrativo*, page 130,
1ᵉʳ édition). Tel qu'il était là ouvert à tout venant,
et tel qu'on l'emploie dans nos écoles, Pereire n'en
faisait pas un grand cas : voici l'opinion qu'il profes-
sait sur l'usage de cet alphabet.

« L'alphabet manuel, connu en Espagne, est plus
nuisible que profitable pour instruire les sourds et
muets. Il est vrai que j'ai emprunté à cet alphabet
plusieurs signes du mien, ainsi que je l'ai déclaré
en 1749 devant l'Académie des sciences. Par la perfection que je lui ai procurée, j'ai, pour ainsi dire,
donné l'âme à un corps sans vie. Et sans cela, je
me serais bien gardé d'en faire usage, surtout pour
une langue (le français), où souvent les mêmes sons
se rendent par différentes lettres, où, plus souvent
encore, l'usage exige l'assemblage de plusieurs caractères pour représenter un son simple, enfin, où
chaque lettre est susceptible de plus d'une valeur et
devient nulle dans quelques rencontres. »

Aussi Pereire n'en recommanda-t-il jamais le secret à ses élèves ; c'est pourquoi l'abbé de l'Épée

a pu dire : « Un jour, ce Monsieur (Saboureux de Fontenay), me trouva faisant une leçon à une sourde et muette, il nous montra à l'un et à l'autre l'alphabet d'une seule main dans l'espace d'un demi quart-d'heure; en sorte que j'achevai la leçon avec cet alphabet plus commode, l'ayant commencée avec celui des deux mains. C'est lui-même qui m'a rappelé ce fait dont je ne me souvenais plus. »

L'abbé de l'Épée confondait, en outre, avec la dactylologie de Pereire ce simple alphabet espagnol, tantôt objet de ses railleries, tantôt premier levier de sa propre pratique (1).

Or, la dactylologie du premier maître était un syllabaire rapide, exact reproducteur de tous les sons articulés de la langue française.

Nous avons dit que le manuscrit en fut remis par M. Isaac Pereire entre les mains de M. l'abbé Perrier, directeur de l'Institut royal de Paris en 1823.

Et maintenant, qu'est devenue cette dactylologie, dont l'alphabet enseigné par Saboureux à l'abbé de l'Épée, alphabet encore en usage dans l'Institut de Paris, n'est que la première et lourde ébauche?.....

On en demanderait vainement communication à

____

(1) Je commence, dit-il, p. 161, par apprendre à mes élèves les vingt-quatre lettres de l'alphabet avec le secours de la dactylologie; je m'en sers aussi pour les noms propres (*Institution*, etc.).

l'Institut de Paris? On ne l'y trouverait pas; à M. Lerat de Magnitot? Son grand âge ne lui permettrait pas de retrouver dans sa mémoire les souvenirs de ces formes rapides et fugitives comme tous les modes d'improviser la pensée. En l'absence de la tradition, consultons les trop rares écrits du maître et de son savant élève.

Voyons d'abord ce qu'en dit Saboureux de Fontenay.

« Il me faut maintenant, mademoiselle, expliquer l'alphabet manuel dont M. Pereire se sert pour s'épargner l'inconvénient d'avoir la plume à la main, afin d'éviter la lenteur de l'écriture dans l'instruction des sourds et muets, et dont mon oncle et M. Pereire ont fait usage pour m'instruire de la religion.

« C'est une espèce d'alphabet manuel à l'espagnole, contenu dans les doigts d'une seule main. Il est composé de vingt-cinq signes des lettres de l'écriture courante, sans y comprendre ces deux *k* et *w*, qui ne sont point en usage dans la langue française; et, en outre, des signes que M. Pereire a inventés dans la seule vue de faire concorder exactement cet alphabet manuel avec les lois de l'orthographe et de la prononciation française. Ainsi il y a autant de sons de la prononciation qui sont au nombre de trente-trois ou trente-quatre, et autant de liaisons de lettres de l'écriture ordinaire, qui se montent à trente-deux et plus (chaque liaison fai-

sant un seul son dans la prononciation), qu'il y a de
signes dans l'alphabet manuel que je nomme pour
cette raison DACTYLOLOGIE, mot adopté par **M.** Pereire. Il est vrai qu'il y a des lettres et des liaisons
de lettres qui changent de son suivant les mots où
elles se trouvent placées ; la dactylologie exprime
bien tous les sons représentés ou avec une seule
lettre, ou avec une seule liaison de lettres, par conséquent on voit qu'elle renferme, en tout, plus de
quatre-vingts signes. Dans cette dactylologie, on
se sert de la main comme de la plume pour tracer
en l'air les points, les accents, pour marquer les
lettres grandes et petites, et les abréviations usitées ; on fait remarquer dans le mouvement des
doigts les repos longs, moyens, brefs et très-brefs
que l'on observe dans la prononciation. La dactylologie contient aussi les signes des chiffres, des
unités, des dixaines, des centaines, etc......, de
façon à exprimer expéditivement les grands nombres et les opérations d'arithmétique ; ainsi la dactylologie est aussi commode, aussi prompte, aussi
rapide que la prononciation même, et aussi expressive que l'écriture bien faite.

« Il est libre d'ajouter d'autres signes à la dactylologie, dans la vue de la soumettre aux règles de
la prosodie, du chant, de la poésie, etc... ; mais on
peut également, si on veut, ne retenir qu'un alphabet manuel qui contient seulement les signes de

tous les sons de la prononciation, ce qui est fort commode pour les gens sans étude.

« S'il y a des personnes qui trouvent à redire aux signes de tout alphabet manuel, je leur réponds qu'elles sont précisément à l'égard des signes de la dactylologie, qu'elles ne connaissent pas, dans le cas où sont les sourds et muets au regard des sons de la prononciation, qu'ils n'entendent pas.

« Avec le secours de la dactylologie, on peut également parler aux sourds et aux aveugles. M. Pereire et moi, nous nous trouvâmes un jour dans une chambre, dans le temps qu'il faisait une nuit si noire, que nous ne pouvions pas nous entrevoir. M. Pereire ayant besoin de me parler, me prit la main et remua distinctement mes propres doigts selon les règles de la dactylologie; le sens du tact, ébranlé par les mouvements de mes doigts dirigés par sa main, me fit comprendre nettement tout ce qu'il voulait me dire. Il continua quelques fois de me parler de la même manière, dans des jours d'hivers très-obscurs, et lorsque nous ne pouvions pas avoir de lumière, je l'entendais avec la même facilité. La dactylologie mérite donc d'être aussi habituelle que l'écriture ordinaire. »

Voyons maintenant ce que le maître a laissé entrevoir de la puissance de sa dactylologie, dans le mémoire qu'il remit à l'Accadémie des sciences en 1763.

« Dans l'alphabet manuel espagnol, dont l'Académie a vu un exemplaire imprimé que j'ai fait venir d'Espagne, chaque position de la main ne fait que rappeler à l'esprit la figure d'une lettre, sans égard pour les variations de sa valeur, de façon que pour dire *chapeau,* par exemple, il faut faire sept signes correspondants aux sept caractères de ce mot, lesquels paraissant successivement sur la main et disparaissant à l'instant même, exigent dans l'élève une contention d'esprit continuelle et un effort de mémoire qui le laissent dans l'incertitude, jusqu'à ce que les sept signes étant achevés, il comprenne que le tout ne forme que deux syllabes, *cha-peau,* ainsi qu'il nous arriverait, si au lieu de prononcer de suite les deux syllabes, on ne faisait que nous nommer les sept lettres *c, h, a, p, e, a, u,* qui les composent.

« Mon alphabet manuel, que je nommerai désormais ma *dactylologie,* nom inventé par M. de Fontenay, mon ancien élève, est exempt de tous ces inconvénients et réunit nombre d'avantages. Il remédie aux difficultés de l'orthographe, l'enseigne insensiblement aux muets, leur sauve le désagrément de l'étudier, ainsi que la peine rebutante d'épeler les lettres pour apprendre à lire ; enfin, il prévient et sauve les équivoques de la prononciation et de l'écriture de toutes sortes de mots.

« Le mystère de tout cela consiste principa-

lement en ce que ma dactylologie n'a pas moins
en vue les sons du langage que les lettres dont on
se sert pour les indiquer ; et que, conséquemment,
chaque position particulière des doigts y désigne à la
fois, d'une part, la disposition et l'action des organes
de la parole propres à produire le son, et d'autre
part le caractère ou les caractères que l'orthographe
usuelle exige pour représenter ce même son.

« Ainsi, non-seulement ma dactylologie procure
à mes élèves la facilité de prononcer toutes sortes
de mots sans hésiter, et de les écrire correctement
(avantage que l'articulation ne saurait produire
pour les hommes même qui ont l'usage de tous
leurs sens), mais elle me sert encore, *et même sin-*
gulièrement, à corriger les vices de leur articulation, et à établir sur le champ l'activité organique
nécessaire à leur bonne prononciation ; et cela,
parce que par l'habitude que mes élèves contractent
de mes signes, chaque signe se trouve bientôt lié
dans leur esprit à une disposition particulière des
organes de la parole, qui est toujours et constamment la même pour le même son.

« Comme ma dactylologie indique à tout moment
plusieurs lettres par un seul signe, on conçoit aisément qu'elle doit être expéditive : elle l'est en effet,
au point de pouvoir aller de pair avec l'articulation
des personnes qui prononcent lentement, et six ou
huit fois plus vite que la plume ne saurait faire.

« On peut au besoin s'en servir dans l'obscurité en y substituant le tact à la vue.

« Elle n'a environ que trente positions fondamentales des doigts, et peut être facilement apprise par quiconque aura le moindre intérêt de s'en servir. Si je la donne au public, comme j'ai dessein de le faire, je suis persuadé que la simple curiosité la rendra bientôt beaucoup plus connue que les autres alphabets manuels qu'on voit dans les colléges. Elle a déjà été apprise et est pratiquée par des personnes qui voient souvent mes anciens élèves ; et je ne dois pas passer ici sous silence que **M.** le duc de Chaulnes n'eût point de peine à en saisir les vingt-quatre premiers signes, et à les répéter dans moins d'un quart-d'heure : les personnes les moins habiles y parviendront au plus tard en quelques jours, ce qui suffit pour justifier ce que je viens de dire et les éloges de l'Académie elle-même, qui a dit dans un de ses rapports : « Nous pensons aussi que l'alphabet manuel de M. Pereire deviendra d'autant plus commode, si son auteur le rend public, que cet alphabet est extrêmement simple et expéditif, par conséquent aisé à apprendre et à pratiquer. »

Ces deux fragments, celui-ci de Pereire et celui-là de Saboureux de Fontenay, sont les deux seules pièces authentiques sur lesquelles on peut encore apprécier la dactylologie.

Ni Pereire, ni Saboureux n'ont dit, il est vrai,

toute leur pensée à cet égard; mais à leur point de vue respectif, le maître en large théoricien, l'élève préoccupé de l'utilité pratique de cet instrument, ont laissé de cette puissante machine à faire penser et parler les sourds et muets, un plan assez net pour permettre de la reconstruire.

Ainsi, Saboureux de Fontenay, plus préoccupé de la pratique dactylologique que de la parole, donne le nombre des signes, leur gravité, leurs usages divers; il ne manque à son explication qu'un tableau gravé de positions de la main.

Le maître, au contraire, ne s'arrête guère à donner des quantités ni des explications pratiques; il va droit au fait philosophique, et expose l'influence de son langage manuel sur l'ensemble de sa méthode; pour lui, la dactylologie est: 1° un mode de transmission de la pensée; 2° un mécanisme propre à mettre en jeu les organes de la prononciation; 3° un procédé mnémotechnique pour rappeler à l'usage de la parole les muets qui auraient encore peu d'attrait pour ce mode de communication intellectuelle qu'ils n'entendent pas; 4° un langage tactile pour les aveugles ou pour les sourds de naissance qui se trouvent privés de lumière. C'est sur ce dernier principe que l'abbé Deschamps a exposé, d'après Pereire, de fort bonnes idées qui ont été depuis recueillies et mises en pratique dans les instituts destinés aux jeunes aveugles.

Sur ces données du maître et de l'élève, il doit être facile aux hommes spéciaux de reconstruire, à quelques modifications près, la dactylologie, ce puissant levier d'éducation; ce doit être plus facile qu'il ne l'est de retrouver les signes méthodiques dont se servait l'abbé de l'Épée, les signes que l'abbé Sicard a substitués à ceux de son maître, les signes qu'improvisent chaque jour des milliers de sourds et muets, et qui passent avec le caprice de ceux qui s'agitent en vain pour les transmettre ou les fixer.

Quelques hommes de mérite ont déjà tenté, à côté ou à la suite de Pereire, de donner aux sourds et muets une écriture volante qui exprimât littéralement les mots de notre langue française.

M. Dudésert, directeur de l'école des sourds et muets de Caen, a abandonné les emprunts que la tradition de cette école avait faits aux signes naturels de l'abbé de l'Épée et de Sicard, et, sans revenir à Pereire, qu'il ne semble pas connaître, il a composé, pour ses élèves, un langage purement manuel, qui correspond exactement aux mots, de manière à pouvoir rendre chacun d'eux dans un discours par une traduction rigoureuse et fidèle : ses signes sont, en effet, suivant le vœu du respectable abbé Jamet, une sorte de *prononciation des mots d'une langue.*

M. Recoing (1823), reconnaissant l'insuffisance de l'alphabet manuel, le ridicule et la vacuité des signes prétendus méthodiques, a inventé à l'usage de son propre fils sourd et muet, un *Syllabaire dactylologique,* que de Gerando appelle *une Tachygraphie dactylologique.* Dans ce syllabaire manuel, la position de la main, des doigts, du poignet, donne quatre ordres de signes qui peuvent s'exécuter simultanément, et dont chacun représente un, deux, trois, et même jusqu'à quatre signes. Ce syllabaire se compose de quatre-vingt-six signes pour les voyelles et les consonnes, et de seize signes supplémentaires. Soixante signes sont affectés aux consonnes, vingt-six aux voyelles, etc..... « Ce syllabaire, dit de Gerando, est d'une grande rapidité et moins sujet à l'équivoque que la sténographie ; par ce procédé, l'éducation du jeune Recoing est aussi complète qu'on puisse l'attendre d'un jeune homme de son âge. »

Donc, M. Recoing cherchant un langage manuel, est arrivé à un nombre de signes à peu près égal à celui que Saboureux assigne à la dactylologie de Pereire, et a obtenu pour résultat de rendre possible aux sourds et muets *l'éducation ordinaire* par les *procédés ordinaires,* résultat que Pereire atteignit le premier avec sa dactylologie.

Une différence fondamentale distingue cependant ces deux instruments de communication, c'est que le syllabaire Recoing n'a pas de rapports avec les mouvements des organes de la parole, et ne

saurait servir par conséquent, ni de moyen pour
faire parler, ni de procédé mnémotechnique pour
rappeler aux sourds de naissance les différentes
positions que doivent prendre leurs organes de la
parole quand ils veulent exprimer leur pensée de
vive-voix.

Enfin, les signes des chiffres, des nombres, de
la musique, de la poésie, ne se trouvent pas non
plus représentés dans ce syllabaire; mais ce sont
là des lacunes accessoires eu égard à l'importance
du principe même.

Le principe, à savoir la possession d'une écriture volante, rapide et précise, écriture qui parle
aussi correctement aux yeux que la parole parle
à l'ouïe, écriture facile à lire, facile à écrire, facile à
apprendre, voilà le principe fondamental sur lequel
les véritables amis des sourds et muets doivent se
concerter. Mais pour réussir dans cette recherche
commune, on devra remonter loyalement au principe de Pereire et à sa formule. Or, la formule des
signes dactylologiques de Pereire est celle-ci :
chaque signe représente une émission articulaire de
la parole, et en outre, chacun de ces signes indique
et rappelle constamment au sourd les mouvements
qu'il doit faire pour produire chaque articulation.

Voilà le principe.

Voilà la formule.

Que ceux des instituteurs de sourds et muets qui

ne sont pas encore morts pour la science, se mettent donc à l'œuvre laissée par Pereire, qu'ils s'y mettent en commun et de bonne foi, et les sourds et muets rentreront dans les conditions psychologiques de l'espèce humaine.

Hors de là, il n'y a que fiction, mensonge, exploitation monstrueuse pour les uns; pour les autres, isolement, déception et découragement.

Nous avons vu que la dactylologie n'était pas seulement une langue, qu'elle était un moyen d'introduire les sourds et muets à l'usage de la parole articulée, et de les fortifier dans l'usage de cette fonction acquise; car, selon l'expression de l'inventeur, « chaque position particulière des doigts y désigne à la fois la disposition et l'action des organes de la parole propres à produire un son. »

La dactylologie servait à Pereire de premier levier d'articulation dans l'enseignement de la parole à ses élèves; car il ne croyait pas que la seule inspection des mouvements de l'individu qui parle (lecture sur les lèvres), pût enseigner au muet à parler lui-même; tout au plus, pensait-il qu'un sourd et muet, absolument muet, pouvait saisir le sens d'une conversation à l'aide de ce procédé quasi-devinatoire. Voici comment il s'en exprime, une première fois, quand il montre que la dactylologie doit venir en aide à la lecture sur les lèvres pour mettre les organes internes de la parole en mouvement utile ; et une seconde fois, quand il réduit à sa juste valeur la part qui revient au regard dans la perception de la parole.

« Je conviens, dit-il en premier lieu, et la chose est sensible, que si l'inspection du mouvement des lèvres pouvait suffire pour faire tout comprendre aux sourds et muets et pour corriger en eux les vices d'articulation, il faudrait préférer ce moyen à celui de ma dactylologie, quelque commode qu'il soit pour cet usage, puisque tout le monde se sert du premier et qu'il faut apprendre le second. Mais quoique j'aie mis de mes élèves en état de suivre une conversation familière avec des personnes qui ignorent ma dactylologie, il ne faut pas s'imaginer que cela puisse réussir également sur toutes sortes de sujets, ni que sur ceux-là même qui auraient le plus de pénétration, les mouvements apparents des organes de la parole du maître puissent servir exactement, *tout seuls*, à remédier aux fautes de la prononciation des élèves. Car, outre que le mécanisme producteur de la plupart des sons se dérobe à la vue, l'œil ne saurait trouver de différences marquées entre la formation de la pluspart de ceux qui lui sont sensibles. Comment, par exemple, corriger un *ba*, un *pa*, un *ma* mal articulés, lorsqu'on ne peut faire connaître à la simple vue la moindre dissemblance entre ces trois syllabes ? J'en dis autant de *fa* et *va*, de *ta* et *da*, etc..... »

« S'il est possible néanmoins à des yeux instruits et pénétrants de suivre le sens d'une conversation familière, sans le secours de l'ouïe, ainsi qu'on le voit aujourd'hui par l'exemple de la jeune fille qui doit l'usage de la parole à la bienfaisance de M. le comte de Saint-Florentin, c'est que les gestes ordinaires de ceux qui lui parlent, et les circonstances dans lesquelles se fait la conversation, se joignent dans son esprit vif et sensé à des mots que sa vue peut saisir en tout ou en partie, et lui donnent lieu de deviner ceux qui lui échappent : semblable à un déchiffreur habile, qui par la seule connaissance de quelques mots ou de quelques lettres sur chaque ligne d'un écrit, parvient facilement à l'intelligence de tout son contenu. »

Lorsque Pereire écrivait ceci, il avait en vue de prémunir ses imitateurs contre la partie la moins positive de son enseignement, cette lecture sur les lèvres dont la compréhension dépend toujours moins de l'intelligence du sourd que de la pureté de l'articulation des personnes qui parlent au sourd ; c'est sous l'empire de cette préoccupation qu'il disait, comme il a toujours dit de sa propre personne et de ses propres mérites, le moins pour le plus. Remplissant à l'égard de ses élèves le rôle qui revient à la nourrice, à la mère, rôle dont les résultats devraient être acquis dans le sein de la famille avant que le sourd et muet soit confié à l'instituteur, Pereire enseignait patiemment la lecture sur les lèvres à des enfants, à des jeunes gens dont tout autre que lui eût désespéré : Dazy avait seize ans, Saboureux, quatorze, quand Pereire leur apprit à parler et à lire sur les lèvres. La possibilité d'enseigner au sourd et muet la lecture sur les lèvres est aujourd'hui un fait acquis. En Espagne, en Italie, en Allemagne, les sourds et muets lisent ainsi. A Paris, un jeune homme devenu sourd à l'âge de quatre ans et devenu muet pendant son séjour dans l'Institut royal, par suite de l'enseignement qu'il y recevait, M. Dubois, a depuis réappris à parler et à lire sur les lèvres et s'efforce d'enseigner ce qu'il sait à de jeunes sourds et muets. Je pourrais citer d'autres exemples, mais malheureusement, ils sont rares en France et protestent isolément contre le mutisme auquel des méthodes empiriques ont condamné des sourds de naissance.

Revenons à notre objet. Pereire regardait la lecture sur les livres comme insuffisante pour enseigner l'articulation, et il considérait l'articulation seule comme insuffisante pour enseigner la parole articulée et sonore; c'est pourquoi il enseignait ses élèves à la percevoir par la lecture sur les lèvres, à la produire dans toute sa plénitude par des gymnastiques spéciales.

Ce que j'ai dit ci-dessus suffit à montrer combien il fallait de cœur à cet homme pour descendre des hautes pensées qui lui étaient familières à cette pratique fatigante, et en apparence puérile qui consiste à passer des heures devant de pauvres enfants, pour leur faire arriver les perceptions les plus délicates ou les plus secrètes de la parole humaine : cette tâche eût rebuté des mercenaires, Pereire s'en chargeait. « C'est l'affaire d'un maître à lire ou d'une gouvernante, » disait l'abbé de l'Épée. « Si j'avais le temps, reprenait suffisamment Sicard, je m'abaisserais à ce metier de maître d'école, » et Pereire continuait pendant des années cette pratique devant laquelle on l'a vu, tout couvert de sueur, persévérer jusqu'à sa mort.

Mais pour l'enseignement même de la parole, son grand cœur et son dévouement de quarante-six ans ne suffisait plus. C'était dans une étude profonde de la nature intime de la surdité, des divers degrés de la surdité et de l'influence de ses modes particuliers sur le *sensorium* qu'il fondait ses gymnastiques de la parole, que personne n'égala jamais.

On comprend de suite que selon les espèces et les degrés de surdité qu'il avait reconnus, Pereire devait procéder diversement, et que les gymnastiques spéciales auxquelles il soumettait ses élèves devaient varier en quelque sorte avec chaque sujet.

Mais pour ne pas nous embarrasser dans les détails infinis de cette pratique admirable, reprenons les grands caractères sur lesquels Pereire, et après lui les otologistes allemands, ont fondé la division symptômatique de la surdité.

Surdité absolue, surdité qui permet de percevoir certains bruits, mais non la voix, surdité qui laisse arriver une perception confuse, incomplète ou inégale de la parole; ces trois sortes de surdité ont pour résultat égal le mutisme, mais ne sauraient être corrigées également par les mêmes moyens.

Appuyons-nous aussi sur les observations physiologiques et psychologiques qui servent de base à la véritable méthode de faire parler les sourds de naissance. Ici encore Pereire va se montrer supérieur, non-seulement aux empiriques qui ont voulu imiter son art, mais encore aux physiologistes qui l'avaient précédé dans la voie scientifique.

Pereire entre ainsi en matière :

« Tous les sourds et muets, sans en excepter ceux de la première espèce, forment des cris et articulent d'eux-mêmes, plus ou moins clairement, et font entendre quelques syllabes, d'ordinaire labiales ou dentales, avec un accent plus ou moins nazal; et cette faculté ne laisse pas de leur être souvent fort utile.

« On concevra comment des sujets qui n'ont pas l'idée des sons de la voix peuvent néanmoins en former et s'en servir à propos, en faisant réflexion qu'ils n'ont pas plus besoin que tous les autres enfants de rien apprendre pour crier dès qu'ils viennent au monde ; et que pour produire dans les mois qui suivent leur naissance certaines articulations, il leur suffit de chercher à imiter une disposition des organes que le tact et la vue , dès leur plus tendre enfance, leur rendent très-sensibles et très-appréciables sur les autres personnes, et dont mille circonstances journalières leur font voir et connaître dans la suite l'utilité.

« Car la surdité, de quelque espèce qu'elle soit, ne saurait empêcher un enfant, ni de sentir sur le sein de sa nourrice le trémoussement que cause dans cet organe l'émission de la voix, ni de remarquer le mouvement des lèvres qui accompagne constamment l'émission de la voix.

« Et même, plus un enfant sera sourd, plus il aura d'aptitude pour sentir de bonne heure ces effets de la voix, étrangers à l'ouïe, et il ne lui en faut pas davantage pour se trouver bientôt en état de prononcer plus ou moins clairement, *papa, mama, taba, ababa,* et d'autres syllabes qu'on entend d'ordinaire prononcer aux muets et dont le mécanisme est également sensible à la vue.

« Cette considération m'a porté à penser que plusieurs sourds et muets, qu'on s'imagine n'être tels que par accident, à cause qu'on les a entendus prononcer d'abord quelques mots ou quelques syllabes plus distinctement ou en plus grand nombre que par la suite, sont néanmoins de vrais sourds de naissance, mais auxquels il est arrivé qu'en quittant les bras qui les ont portés, ils oublient, en tout ou en partie, ce qu'ils n'y ont appris que par le tact, et ne retiennent plus guère que les articulations que leur vue a pu leur faciliter.

« Je crois également que ce n'est pas moins par le secours du tact et de la vue que par celui de l'ouïe, que tous les enfants en général apprennent à prononcer les premiers mots ou demi-mots qu'on entend sortir de leur bouche; et, qu'incapables encore de l'application d'esprit que demande l'imitation des diverses articulations qu'ils ne feraient qu'ouïr, ils demeureraient plus long-temps qu'ils ne le font sans savoir rien dire, si on avait soin de se cacher et de ne les point porter ou toucher quand on leur parle. Mais je ne pourrais m'arrêter à expliquer les raisons de ceci sans trop m'écarter de mon objet (1).

« Le plus ou le moins de syllabes ou de mots entiers qu'un sourd et muet non instruit prononce, et le plus ou le moins de netteté de sa prononciation peuvent faire deviner la nature de sa sur-

______

(1) Si Pereire s'était arrêté à expliquer ces raisons, il donnait un exposé complet de sa découverte, et par conséquent de sa méthode, ce qui n'était pas dans ses intentions, puisque l'objet du mémoire de 1763 était uniquement de confondre le prétendu inventeur Ernaud.

dité. Le ton de sa voix l'indique encore mieux; ce ton étant d'ordinaire glapissant dans les plus sourds, sensiblement moins aigre chez ceux de la seconde classe, et assez naturel dans ceux de la troisième.

« Néanmoins, on se tromperait encore à ces signes des diverses espèces de surdité, si l'on ne tenait pas compte dans chaque espèce du plus ou moins d'esprit, de pénétration, de vivacité, de l'âge, du tempérament, du sexe, etc..... L'erreur ici peut s'étendre jusqu'à faire confondre les divers genres de mutisme : j'ai vu des muets purement sourds qu'on prenait pour des imbécilles, et des muets purement imbécilles qu'on croyait sourds.

« Les sourds et muets, nouveau sujet de surprise peut-être, perçoivent la parole par le tact.

« Cette sensation a lieu lorsqu'en parlant à ces sourds, on approche la bouche de leur oreille, de leur visage ou de quelque autre partie assez sensible de leur corps, telle que la main. Alors, l'air qui forme la prononciation de celui qui leur parle, y fait sentir des impressions aussi différentes entre elles que le sont les syllabes qui les occasionnent: ces vibrations suffisent pour faire distinguer et reconnaître, sans autre moyen, plusieurs articulations, et l'on voit maintenant que c'est à l'aide de ce moyen, comme je l'ai prouvé pour le jeune d'Etavigny, que les muets de la première espèce, c'est-à-dire parfaitement sourds, pourront distinguer quelques mots.

« Les muets de la seconde espèce sont capables d'un bien plus grand nombre de connaissances de ce genre que ceux de la première, puisqu'ils ont plus qu'eux la faculté d'entendre des bruits. Mais il ne faut pas croire pour cela qu'ils puissent trouver une grande ressource dans leur ouïe et leur tact, à moins qu'on n'y ajoute le secours de la vue, et qu'il ne s'agisse de leur parler de choses qui leur soient familières.

« Il n'y a donc, suivant moi, que les muets auxquels la surdité n'empêche pas de reconnaître quelque différence entre les sons des voyelles, c'est-à-dire les muets que je nomme de la troisième espèce, qu'on puisse habituer à entendre *auriculairement* ce qu'on voudra leur dire ; encore suis-je persuadé qu'ils ne pourront jamais parvenir à bien distinguer par l'ouïe toute seule que les discours habituels des personnes qui leur sont familières. »

Après avoir posé ces principes et les avoir appuyés sur sa pratique, Pereire conclut qu'il est le premier qui ait trouvé la possibilité de *tirer parti non-seulement de l'ouïe, mais encore du tact des sourds et muets pour la perception et l'intelligence des mots*. Pereire faisait cette déclaration à l'Académie des sciences en 1763.

Bien que Pereire, comme Wallis, « ne veuille

pas s'arrêter à donner toutes ses raisons, » il se montre plus explicite que tous ses devanciers ou que ses imitateurs.

Il a étudié la surdité, les désordres fonctionnels et les incapacités intellectuelles qui en dérivent; il a fait passer par le creuset de son observation des sujets de tous les âges, et particulièrement des enfants au berceau. Épiant ainsi toutes les manifestations de l'infirmité qu'il cherche à vaincre, il a surpris le rapport qui lie le sourd avec le monde vivant et agissant, il a conçu le parti que l'on pourrait tirer du tact, cette touche centrale du clavier des sens, brisé dans le sourd et muet; il a généralisé cette conception à l'aide d'expériences inouïes jusqu'à lui, et, guidé dans cette investigation par sa sagacité seule, il arrive à trouver la loi des rapports sensorials de l'homme avec son milieu.

La loi des rapports sensorials de l'homme avec son milieu, cette loi qu'aucun contemporain de Pereire ne soupçonnait, lui, la trouve, et il asseoit sa méthode de faire parler les muets sur cette loi que le dix-neuvième siècle vient à peine de formuler en ces termes : « Tous les sens accomplissent leurs fonctions au moyen d'un toucher plus ou moins modifié. »

Le passage de Pereire que je viens de citer est évidemment la paraphrase expérimentale de cette loi, dont il pouvait dire en toute justice *qu'il l'au-*

rait formulée s'il en avait eu le temps? Et qui ose-
rait dire à cette heure que Pereire apprit à parler
aux sourds et muets par la méthode de Bonnet?...

Pereire apprenait à parler aux sourds et muets
en appliquant à leur enseignement cette loi de *l'i-
dentité des perceptions sensoriales*.

Ainsi donc, il ne croyait pas que la parole fût
tout entière dans l'articulation, et il cultivait en ces
élèves la voix humaine et naturelle, au point qu'il
leur communiquait son propre accent, l'accent étranger, qu'il n'avait jamais pu dépouiller entièrement.

Il enseignait donc l'articulation par la vue, le
toucher et la mémoire des mouvements dactylologiques.

Il enseignait la voix humaine par la perception
tactile des vibrations sonores.

Il enseignait l'intonation par le geste.

Il enseignait l'accent par la mesure.

Cette méthode si simple, quoique la part de ces
divers enseignements dût varier avec chaque sujet,
ne souffrait d'exception fondamentale que pour la
troisième espèce de sourds et muets, pour ceux qui
percevaient certains sons de la voix humaine. Pereire réservait pour ceux-là une gymnastique habile et graduée des organes de l'audition; il parvenait presque toujours à cultiver en eux ce sens
atrophié, et à lui donner des perceptions, sinon
bien claires, du moins plus étendues, perceptions

dont il tirait un précieux secours pour l'enseignement de la parole.

Entrons maintenant dans quelques détails d'application de cette loi de solidarité des modes perceptifs.

Lorsque Pereire se trouvait en présence d'un
sourd de la première espèce, mais les cas en sont
rares et Pereire n'en traita que deux parmi lesquels
se trouvait le jeune d'Etavigny, en présence de
cette malheureuse exception, Pereire développait le
tact de ses élèves au point de leur faire percevoir
les bruits, la voix, et toutes les modifications que
les vibrations des cordes vocales apportent à l'individu. Il faisait suivre l'éducation de ce sens fondamental par des exercices d'imitation qu'il concen-
trait sur les organes vocaux. Par le développement
du tact conduit jusqu'à l'exquisité (et depuis que
Pereire a ouvert cette voie, les jeunes aveugles
font bien voir jusqu'où pourrait aller la perfection
de ce sens si on le développait systématiqnement
par l'éducation), Pereire obtenait : 1° une perception très-nette des vibrations sonores à défaut
du son lui-même ; 2° un sentiment assez vrai de
l'impression causée par ces vibrations sur ses élèves
pour les porter à les produire d'eux-mêmes ; 3° une
connaissance assez familière de l'articulation pour
que ses élèves lussent sur les lèvres et imitassent
l'articulation du langage humain.

Chez les sourds de la seconde espèce, les bruits étant naturellement perçus par l'ouïe, Pereire avait moins de peine encore à faire pénétrer la perception de la voix par le tact, et il ne modifiait guère les procédés ci-dessus indiqués.

Mais pour les sourds qui ont une connaissance plus ou moins obscure de la voix humaine, Pereire ajoutait à ses précédentes gymnastiques des exercices directement applicables à la culture de l'audition. Le rôle de la perception tactile s'amoindrissait; l'ouïe rentrait en possession, au moins partielle, de la perception et les exercices se faisaient à peu près ainsi pour ces demi-sourds : Pereire se plaçait en face de son élève, bien qu'un peu de côté, la face à la hauteur de la tête de l'enfant, un cornet à la main dirigé vers l'oreille du sujet, et ouvert de façon à ce que l'élève ne perdît pas un seul mouvement des organes de l'articulation du maître. Dans cette attitude, celui-ci émettait un mot, soit *papa;* l'élève percevait, par l'ouïe et à l'aide du cornet, la voix proprement dite, tandis qu'il percevait par le regard, la forme articulée de la parole; et il devenait ainsi capable de parler.

Ces exercices sont tous indiqués dans le mémoire de Pereire, dont l'Académie des sciences ordonna l'impression dans le cinquième volume des *Mémoires des savants étrangers.* Moi-même je les ai répétés sur plusieurs sourds et muets, et ce n'est pas sans émotion que j'ai vu se vérifier une à une toutes les assertions de l'inventeur.

Mais c'est surtout la perception des bruits par le tact qui m'a causé une grande joie. Je l'ai observée sur des sourds des trois catégories indiquées dans la classification de Pereire.

Un sourd de la troisième espèce percevait très-bien la parole par le tact ; mais il la percevait également à l'aide du cornet et de la lecture sur les lèvres.

Un sourd de la seconde espèce répétait beaucoup mieux mes paroles quand elles lui arrivaient par la voie du tact que quand il ne la percevait que par l'ouïe à l'état de bruit vague et d'articulation.

Enfin, un sourd de la première espèce, un sourd qui n'entend rien, chez lequel la perception de l'ouïe est morte, me fit comprendre par signes qu'il percevait, par le tact, quelque chose de ce que je lui disais, et que, dans quelque temps, il me comprendrait mieux et qu'il espérait pouvoir m'imiter. Il est juste d'ajouter que les parents de cet enfant regardent comme inutile de lui apprendre à parler, et que l'expérience n'eut pas de suite.

Par le tact donc, Pereire donnait à ses élèves, même aux sourds de surdité absolue, comme d'Azy d'Etavigny, un sentiment assez positif des vibrations de la voix humaine pour leur enseigner à la produire eux-mêmes. Cette découverte, que pas un des devanciers de Pereire ne semble avoir soupçonnée, et dont aucun de ses successeurs ne s'est inquiété, est cependant le levier le plus sûr des progrès du sourd et muet. Car d'une part, si cet infortuné est restreint à l'emploi des signes mimiques, il demeure isolé; s'il articule sans se sentir parler, et la vibration de sa propre voix vivante peut seule lui donner ce sentiment, s'il articule par les procédés indiqués dans Bonnet et Amman, suivis par quelques instituteurs modernes, il n'éprouve aucun plaisir à communiquer par cette parole morte avec les hommes, il ne peut dire avec bonheur comme Mademoiselle Marois, *nous nous entretiendrons de vive voix;* ni avec orgueil comme Saboureux, *je ne me souviens presque plus d'avoir été sourd et muet.*

Mais il y a plus : pour le monde, c'est chose horrible que d'entendre *ces parlants de nouvelle fabrique,* comme dit l'abbé de l'Épée des élèves auxquels on s'est contenté de faire ouvrir la bouche pour dire A, et arrondir les lèvres pour dire O, etc., etc... Ils articulent, qui bien, qui mal, presque tous imparfaitement, mais ils ne parlent pas, car leur voix est morte dans leur gosier, elle n'a pas de vibrations sonores; lui demandera-t-on des intonations et de l'accent?

Pereire sentait si bien que la parole ne réside pas toute entière dans l'articulation, que quand il eut trouvé cette route merveilleuse du tact pour faire percevoir la voix aux sourds de naissance, quand il eut restitué la voix vibrante et sonore aux sourds et muets, il ne crut pas encore avoir accompli toute sa tâche.

Considérant que si, d'une part, la parole dans son état physiologique, c'est-à-dire en tant que *fonction* est toute entière comprise en ces deux termes, articulation et phonation ; d'autre part, la parole psychique, c'est-à-dire en tant que *faculté* intellectuelle et passionnelle, a deux modes d'expression, l'intonation et l'accent, Pereire osa se poser le problème de l'enseignement aux sourds de ces deux modifications intellectuelles de la parole, qui sont à cette faculté ce que la couleur est au dessin.

Le même esprit d'observation qui lui avait fait découvrir que la perception des vibrations sonores arrive par tact, lui enseigna que l'intonation a son point d'appui dans les mouvements de la tête, des bras, des épaules, des muscles intercostaux en particulier, et que l'accent de la parole se module sur la mesure de ces mêmes mouvements. C'est pourquoi avec le geste, avec ce geste qu'on lui a vu employer à Romorantin, il donnait l'intonation à la parole de ses élèves, véritable prodige consigné en ces termes dans le premier rapport de Buffon à l'Académie sur le jeune d'Azy d'Etavigny. « L'élève de M. Pereire parle à son gré haut ou bas, fait sentir la différence dans les tons, entre la demande et la réponse, la prière et le commandement, etc..... »

Or, Pereire avait fait sentir et exécuter ces différences à d'Azy d'Etavigny, son second élève connu, en 1749, plus de vingt ans avant qu'on s'avisât de décréter que la parole était une misérable langue artificielle de tout point inférieure à la belle langue des signes méthodiques, naturels, universels, etc...

Et avec la mesure, Pereire enseignait l'accent lui-même, cette musique du langage qui est d'une délicatesse désespérante. Il enseignait l'accent à ses élèves, si bien que Saboureux avait pris le débit oratoire, faisait des discours, et que Lecat lui reconnaissait les qualités de l'orateur; si bien que mademoiselle Marois avait conservé cinquante ans après la mort de son maître cet accent étranger que Pereire n'avait jamais pu dépouiller entièrement.

Ainsi donc, dans le seul enseignement de la parole aux sourds et muets, là où les devanciers et les successeurs de Pereire n'ont vu qu'une mimique des mouvements de l'articulation, lui, a distingué : 1° l'articulation; 2° la voix; 3° l'intonation; 4° l'accent. De cette analyse complète de la fonction et de la faculté de la parole, Pereire a déduit toutes les gymnastiques propres à restituer tout ensemble, aux sourds et muets de naissance, la fonction et la faculté de parler.

En présence de ce monument de patience et de sagacité, il fallait avoir la candide crédulité du bon abbé de l'Épée pour dire: « En suivant les conseils de Bonnet, trois ou quatre séances avancent beaucoup la besogne de faire parler les muets. » Il fallait avoir l'audace de Sicard pour s'écrier : « Donnez-moi des commissionnaires et j'en ferai des professeurs de parole pour mes élèves. »

Enfin, par cette méthode dont on voit tous les éléments, Pereire apprit à parler à tous ses élèves.

Quel bonheur pour ces infortunés de n'avoir pas été instruits par un maître qui aurait eu en pitié nos *langues artificielles,* ou demandé des *commissionnaires* pour en faire des *professeurs de parole.*

Mais l'homme ne s'exprime pas seulement par des paroles, tout parle en lui ; *la figure de l'homme est le grand livre de ce qui se passe dans le secret de son cœur, disait mademoiselle Marois.* Le maître de mademoiselle Marois se gardait bien de négliger ce puissant commentaire du langage, la mimique. « Rousseau et Buffon, rapporte encore la plus chère élève du premier instituteur des sourds et muets, ont été très-assidus à suivre les gradations de notre intelligence qu'ils ont prise dès le néant, et qu'ils on vu Pereire conduire sans effort jusqu'à l'art de la parole, jusqu'à la merveille de la compréhension, jusqu'à ce trésor précieux de nous faire aimer la lecture même des choses abstraites, et, le dirai-je, *jusqu'à la connaissance de l'intérieur des hommes par les inflexions de toute leur figure.* »

Les inflexions de TOUTE LEUR FIGURE : admirable

définition de la mimique donnée par une sourde de naissance à laquelle Pereire avait appris à parler !

Pereire enseignait à ses élèves l'art de percevoir et d'exprimer par la mimique tout ce que le geste et l'attitude peuvent exprimer. Seulement il se gardait de confondre ce mode d'expression, toujours accessoire et complémentaire, avec un langage propre et indépendant de tout autre. Son bon sens élevé ne lui avait pas laissé entrevoir que l'on essaierait de faire une langue, une langue universelle de cette pantomime dont le sourd et muet, réduit par l'inculture à l'isolement, se sert pour exprimer ses quelques sentiments et le petit nombre de ses besoins ; sa haute probité ne lui permettait pas de soupçonner que pour faire pièce à la révélation chrétienne, les philosophes mettraient le langage *naturel* des signes bien au-dessus de la misérable langue que nous avons le malheur de parler ; enfin, le hasard de ses études avait encore contribué à lui donner la mesure de ce prétendu langage naturel, primitif, antérieur et supérieur à nos pauvres langues *artificielles*.

On se souvient qu'en sa qualité d'interprète du Roi, Pereire avait été chargé d'étudier le langage sauvage d'Otaïti. Il était donc mieux placé que personne pour connaître cette fameuse langue primitive, antérieure et supérieure à nos conventions orales. Qu'y avait-il vu ? une langue parlée restreinte à un petit nombre de mots, et dont chaque mot empruntait à divers gestes ses acceptions variées ; il n'avait encore vu là le geste employé que comme commentaire de la parole. Pereire eût eu affaire à un sauvage plus primitif que celui de Bougainville, qu'il aurait pu trouver une langue moins riche en mots, mais non un langage exclusivement *gestif :* il faut avoir rêvé sauvage comme Condillac, et n'en avoir jamais étudié comme en étudia Pereire, pour croire que l'homme est plus mal doué, en fait de langage, que le singe ou le perroquet.

Et pourtant, il nous faut entrer dans cette aberration mentale qui consiste à supprimer la parole et à la remplacer par le geste.

Les personnes charitables qui ont de tout temps, et particulièrement dans les cloîtres, instruit des sourds et muets à l'aide des gestes et de l'écriture, se servaient des signes institués par le sourd et muet lui-même. Elles le faisaient pour le bien, et réussissaient quand l'enfant avait une intelligence supérieure : il restait encore bien isolé, mais il devenait capable de quelque chose.

L'abbé de l'Épée, à un point de vue plus philosophique, avait conçu l'espoir d'utiliser ces signes, au point de faire communiquer d'égal à égal, tous les sourds et muets, entre eux et avec les personnes qui voudraient bien apprendre ses signes méthodiques. Il croyait à la signification indéfinie de ces signes, il croyait le monde embrasé de la philantropie qui le consumait, c'était dans toute la sincérité de son cœur qu'il estimait avoir trouvé une langue universelle. Son illusion consistait à croire qu'avec cette langue le sourd et muet, bien que restant isolé du commerce intellectuel et parlé, serait du moins compris de tous les sourds et muets et des personnes charitables.

Sicard ne resta pas à ce point de vue purement philanthropique. Il saisit au bond la foudre lancée par Condillac, le Grand-Prêtre du sensualisme.

« L'homme, dit Sicard, on ne peut en disconvenir, avait deux moyens pour l'expression de ses idées, la parole et le geste ; l'une bornée aux objets sensibles ; l'autre embrassait en entier le monde matériel. Quel choix entre ces deux moyens devait donc faire l'homme, en supposant qu'il eût un choix à faire, et que la parole ne lui fût pas plus naturelle que le geste ?.... Quel peuple aura si bien choisi les mots qu'ils soient compris par tous les autres peuples ? En passant au-delà des limites de son territoire, chaque nation sera muette ; mais la nation qui emploira les gestes ne sera muette nulle part. C'est que cette langue est *la langue de la nature.*

« Le geste, c'est la langue des *idées sensibles* et des idées morales. Mais est-il également la langue des idées qu'on appelle plus particulièrement abstraites, et qui appartiennent à l'intelligence ? Oui, sans doute, si cette langue, comme j'essaie de le prouver, emprunte ses expressions à celle des objets et des actions physiques. Car, si tel mot de la langue physique *passe,* par extension et par figure, dans le domaine de la langue métaphysique, pourquoi le signe manuel qui est la fidèle traduction de ce mot-là n'y *passerait-il* pas aussi. Il est donc vrai que, même pour l'expression des idées métaphysiques, la langue des signes pourrait être *préférée* à la langue parlée. Et cette langue, si elle eût obtenu cette *préférence,* n'eût pas eu le sort incertain de sa rivale; elle n'eût pas eu à se garantir de la rouille des siècles; et peut-être, qu'étant devenue la langue unique, la langue universelle, elle n'eût fait de tous les peuples qu'une grande famille, où les vertus des premiers âges se fussent conservées avec les premiers signes qui en auraient retracé le souvenir consolateur. »

Puis, ajoute-t-il, il résultera de l'éducation par les signes que les sourds-muets seront plus et mieux instruits que le plus grand nombre des enfants de leur âge; mais ils devront cet avantage au malheur d'être nés sourds-muets; et encore le langage des signes ne doit point avoir de dictionnaire, chaque sourd et muet doit inventer instantanément les signes dont le besoin se fait sentir; d'où il suit que *tous les hommes se comprennent à l'instant;* que les signes ainsi improvisés par chacun et d'âge

17.

en âge se transmettent sans aucune de ces altéra-
tions qui dénaturent, détruisent les misérables langues parlées; et de cette perpétuité des signes résulte le bonheur commun, la fraternité universelle.
Ainsi, entre deux langues à son choix, l'homme a
pris la pire;

L'abbé de l'Épée croyait avoir trouvé le verre,
Sicard promettait de faire les lunettes; et il ne
fit qu'une lanterne magique.

Le prestige de sa parole facile et de sa mise en
scène pleine de ressources, ne suffirent pas d'ailleurs à couvrir, aux yeux même de ses contemporains, la pauvreté de l'invention.

Cette invention consistait en ceci:

Les individus nés sourds n'ayant, se disait-il,
aucune perception ni aucune idée de la parole, s'expriment par signes. — Ils s'expriment par signes,
parce qu'on ne leur apprend pas à s'exprimer autrement.

Donc, les signes sont leur langage. — Comme le
paysan signe d'une croix n'ayant pas eu de maître
d'écriture.

Donc, les signes peuvent servir de mots pour former une langue. — Oui, dans la limite où le signe
est faisable et compréhensible, mais non au-delà.

Donc, la langue des signes naturels est possible,
trouvée, la voilà!....

Sans doute, il eût été prudent, avant de proclamer

cette rare découverte, avant même de se mettre à la poursuite d'une pareille invention, de se faire deux importantes questions, l'une relative à la nature même du geste humain, l'autre relative à la délimitation de son action.

Le geste est, de sa nature, rigide et absolu comme toute écriture idéographique ; il représente la chose ou l'idée de la chose, il est immodifiable : voilà pourquoi Pereire avait dit, à la première vue de cette merveille, et de son plus fin sourire : *vous avez donc autant de signes que de mots ?* Et voilà encore pourquoi il avait formulé, contre le langage des signes, cette sentence qui restera : *c'est une écriture chinoise.*

Mais Pereire faisait encore trop d'honneur à la langue des signes méthodiques en la comparant à l'écriture chinoise ; car l'écriture chinoise emprunte ses traits indéfinis à toute la nature, tandis que le signe naturel ne peut ressortir que d'un geste, d'une attitude, d'une expression de l'être humain, d'une *inflexion de la figure humaine,* selon la magnifique définition de mademoiselle Marois.

Or, que peut exprimer une *inflexion de la figure humaine ?* C'était-là la question qu'il fallait se faire d'abord.

Elle peut : 1° peindre les sentiments que nous font éprouver tous les agents extérieurs ; 2° reproduire par une harmonie imitative plus ou moins grossière et toujours fort imparfaite, certains objets usuels et certains actes familiers.

Le signe naturel peut aller jusque-là, il ne saurait aller plus loin.

Maintenant, pour étendre son action aux idées abstraites, on l'a assujetti à une méthode. Voyons donc ce que peut y ajouter une méthode.

Il est très-vrai que l'on a montré à Paris des sourds et muets gesticulant des discours, des fables, etc..... Mais le public admis à ces représentations avait le discours imprimé sous les yeux, ou suivait le nœud de la fable dans sa mémoire et *croyait* comprendre. Cette substitution d'opérations intellectuelles n'a été l'objet d'aucune réclamation ; mais la matière propre à de semblables mirages est limitée ; sous peine d'être trahi par la mémoire même des auditeurs, on a dû suspendre les représentations dans lesquelles le public était le véritable acteur. Il n'y a plus aujourd'hui de ces séances solennelles dont La Fontaine faisait les honneurs : *le loup et l'agneau* était usé, *la cigale et la fourmi* était connue, *le renard et le bouc* avait fait son temps, *la grenouille* avait crevé dix fois dans sa peau ; on s'est arrêté *au singe qui montre la lanterne magique,* et il était temps.

Le spectacle est donc fermé, et pour apprécier cette langue universelle, que n'avait pas rêvée Leibnitz, recourons à ses apologistes les plus déclarés.

Sicard, qui n'est pas médiocrement content de son œuvre, s'exprime ainsi :

« Le célèbre inventeur, l'abbé de l'Épée, trouva dans les différentes combinaisons des signes l'équivalent de toutes les idées. Ainsi, tous les mots de la langue française eurent leurs correspondants dans celle des muets. Rien n'était plus facile que de faire passer dans leur mémoire, et même de les y graver, les mots et les signes à la fois. La nomenclature une fois retenue, les sourds et muets ne devaient plus avoir de peine à écrire les mots pour les signes et à faire les signes pour les mots. Des pages entières des livres les plus abstraits furent ainsi copiés sous la simple dictée des signes par les élèves de l'abbé de l'Épée. Mais comprenaient-ils le sens de ce qu'ils écrivaient? Comme serait compris le sens d'un morceau de Tacite par des écoliers à qui on dirait la signification nue et isolée de tous les mots.

« Voilà ce qui manquait aux découvertes de l'inventeur. Comment l'inventeur n'a-t-il pas soupçonné qu'il n'était pas compris? C'est qu'il désirait toujours de l'être, et que ses élèves avaient réellement l'air de le comprendre, parce qu'un mot écrit à la suite d'un autre détermine souvent la signification du premier, le troisième celle du second, des *à peu près* suffisaient pour donner l'intelligence de quelques phrases simples.

« C'est ici la réponse aux plaintes des parents (1)
qui, revoyant leurs enfants après leur éducation, se
flattaient qu'ils pourraient communiquer avec eux
par écrit, et qui n'en obtenaient qu'un *oui* ou un
non, sans que jamais ces infortunés sussent faire
une question d'eux-mêmes, ou répondre par plus
d'un mot à celles qu'on leur adressait. C'est ici
l'explication de ces exercices douteux en plusieurs
langues où tout était l'effet de la mémoire, où le
sourd-muet n'avait pas eu plus de peine à retenir
des mots latins, anglais, espagnols, italiens que des
mots français, parce que le sens total d'aucune phrase
n'avait été compris.

« Mais, dira-t-on, comment l'inventeur n'a-t-il
pas vu l'imperfection de ses moyens?

« C'est que satisfait de ses premiers succès, déjà
si grands, si merveilleux, et effrayé de tout ce qui
lui restait à faire, son cœur avait besoin de jouir

______

(1) « Hélas! il arrive trop souvent que des parents venus à
l'institution royale pour visiter leur enfant, s'étonnent de ne plus
être entendus de lui comme il l'étaient il y a quelques années,
ou même quelques mois : ils accusent la nature, versent parfois des larmes en voyant l'infirmité de leur fils ou de leur fille
s'accroître avec le temps : infortunés, qui ne se doutent pas que
le progrès du mal est ici le résultat de l'éducation!... » Ainsi
se passent encore les choses aujourd'hui, en 1847, comme en
1774. Voyez Paris, tom. II, p. 457, par Esquiros.

après avoir péniblement cherché, et de se reposer à ce terme heureux de sa course.

« Comment, dira-t-on encore, les témoins journaliers de ses travaux n'ont-ils pas découvert ce qui manquait à sa méthode?

« C'est qu'on assistait rarement plus d'une fois à ses leçons; que ses admirateurs n'y voyaient que des résultats, et qu'une admiration soudaine et un respect commandé par le spectacle d'un vénérable vieillard entouré d'une foule d'infortunés, dont il était autant l'idole que le bienfaiteur et le père, enchaînaient toutes les langues à la fois, et que chacun s'interdisait jusqu'aux moindres doutes qui auraient pu affaiblir son enthousiasme religieux. Et qui aurait pu, assistant pour la première fois aux leçons de cet homme célèbre, être à l'abri de l'illusion que causait aux philosophes eux-mêmes cette merveille unique?

« Bien loin d'avoir des objections à faire, on se reprochait de ne pas comprendre assez pour admirer davantage. »

C'est l'élève chéri, le successeur choisi de l'abbé de l'Épée qui s'exprime dans ces termes, que l'on comparera avec fruit à ceux du jugement que Buffon et l'Académie des sciences ont porté sur les résultats positifs de la méthode de Pereire.

Trouve-t-on l'opinion de Sicard suspecte de partialité ou de jalousie?.... Nous le voulons bien.

Mais l'abbé de l'Épée lui-même écrivait à Sicard, le 18 décembre 1785, — il est vrai que ceci est confidentiel : — « Quoi ! mon cher confrère, vos élèves ne savent pas encore écrire de petites phrases sous la dictée des signes ! à quoi vous amusez-vous ? Vous voulez absolument en faire des écrivains, quand notre méthode n'en peut absolument faire que des copistes. Vous avez assisté à toutes mes leçons publiques ; vous avez vu si jamais les spectateurs ont exigé de mes élèves ce que vous espérez des vôtres. Si on leur a proposé quelquefois des questions à répondre, c'était de petites demandes familières et qui sont toujours les mêmes ; et cependant, vous avez vu les plus grands personnages de la cour et de la ville, et même des princes étrangers n'en pas exiger davantage. N'est-ce pas assez pour votre gloire d'être destiné à partager la mienne ! Et que nous faut-il pour l'obtenir ? que vos élèves sachent *écrire sous la dictée des signes.* »

Il ne fallait que cela, c'était assez pour contenter les duchesses, « qui se reprochaient de ne pas comprendre assez pour admirer davantage. »

Est-ce assez limpide et transparent?... Cependant les élèves de l'abbé de l'Épée parlaient?.... Non, ils récitaient ; ils écrivaient du moins? Oui, mais seulement sous la dictée ; ils dissertaient sur la trinité, les sacrements, la philosophie? Hélas ! oui,

mais toutes ces dissertations étaient apprises par
cœur.

Je m'arrête, et je dis comme de Gerando, après
qu'il eût cité ces incroyables lettres, « Je m'abs-
tiens d'en tirer les conséquences. »

L'abbé de l'Épée se contentait de ce succès, il ne
croyait pas, même après avoir discuté avec Saboureux de Fontenay, que l'on pût aller plus loin;
ausssi appelait-il tout le monde à ses leçons publiques; ceux qui n'y allaient pas de bon gré, il les y
conviait. « Pereire, invité par l'abbé de l'Épée à
être témoin de ces exercices, témoigna qu'ils ne lui
paraissaient rien laisser à désirer; et en cela Pereire accorda moins peut-être à la conviction qu'à
la politesse. » C'est de Gerando qui le dit (p. 494,
t. 1), et on peut l'en croire.

De Gerando était en effet un admirateur fanatique
de l'abbé de l'Épée. Si son équité naturelle, aidée
des documents que lui fournit M. J. Rodrigues,
ne lui permit pas de taire le nom de Jacob Rodrigues Pereire, il a toujours montré une prédilection
excessive pour l'abbé de l'Épée, et pour tout ce qui
tient à cet homme justement célèbre par sa charité,
sinon par la portée de son malheureux système, et
nous pouvons le prendre pour juge en dernier ressort de cette question de l'éducation des sourds et
muets par le langage des signes.

Voici le jugement que de Gerando porte sur ce

langage que l'abbé de l'Épée appelait *la véritable manière* d'instruire les sourds et muets, et que l'on a depuis élevé à la hauteur d'une *méthode*.

C'est une justice à rendre à de Gerando, que de reconnaître qu'il explique fort impartialement l'attitude de Pereire et de l'abbé de l'Épée.

« Pereire, dit-il, n'a point élevé de discussion sur la méthode de l'abbé de l'Épée. Ce fut au contraire l'abbé de l'Épée qui entra lui-même dans la lice. »

Après avoir reconnu que les attaques de l'abbé de l'Épée contre Pereire sont au moins puériles, de Gerando commence son appréciation des travaux de l'abbé de l'Épée par cette phrase qui en dit plus, implicitement, que toutes les critiques. « Quel que soit le jugement que l'on porte définitivement un jour sur les procédés imaginés par l'abbé de l'Épée..... » Puis il continue, et je vais le laisser parler.

« L'abbé de l'Épée considéra que le sourd-muet possède déjà, dans les signes ou gestes, un langage qui lui est propre. Et il pensa dès lors que pour lui enseigner nos langues artificielles il n'était plus question que d'exécuter une véritable traduction.

« Cette idée est aussi simple que naturelle ; elle est d'une exécution facile, en tant que la pantomime du sourd-muet constitue un langage correspondant à nos langues conventionnelles, c'est-à-dire renfermant des signes pour les mêmes idées et pouvant former un dictionnaire.

« Mais l'idée de l'abbé de l'Épée ne se bornait pas à cette étroite application ; cette idée était absolue ; il voulait que l'éducation du sourd-muet toute entière ne fût qu'une traduction continuée. Cependant la matière manquait à une traduction ainsi prolongée. La nomenclature de la pantomime des sourds-muets est extrêmement pauvre, comparée à celle de nos langues.

« Dans cet état de choses, que dût faire l'abbé de l'Épée? Il fut contraint, par une nécessité impérieuse, de composer lui-même au sourd-muet, sur les premiers rudiments informes de la pantomime apportée par celui-ci, un second langage mimique, additionnel, complémentaire, mais infiniment plus étendu. Il s'imagina que ce nouveau langage, réuni au précédent, formait encore avec celui-ci la langue maternelle du sourd-muet.

. « Telle fut l'origine des *signes méthodiques*.

« L'abbé de l'Épée avait donc deux sortes d'instruments de communication avec son élève : l'un, ce langage mimique, l'autre, l'écriture ; ces deux instruments de communication, mis en rapport mutuel, formaient son système de traduction.

« Plus tard, il joignit l'alphabet manuel et l'articulation artificielle elle-même.

« Les élèves les plus avancés de l'abbé de l'Épée répondaient de vive voix aux questions qui ne demandaient qu'une réponse affirmative ou négative, avec le terme de politesse qu'on y joint toujours; ils y joignaient, en cas de besoin, des phrases courtes, comme: *je ne sais pas, je ne pourrai pas, je ne l'ai pas vu.* Ils ne pouvaient d'eux-mêmes aller au-delà, ni former une proposition liée, fût-ce même la description d'un objet sensible. Ils écrivaient constamment sous la dictée. Dans les exercices publics, l'élève n'agissait jamais par lui-même; mais seulement d'après les signes de son instituteur. Il soutenait des thèses publiques, et sur les sujets les plus relevés, comme *sur la définition de la philosophie;* mais le bon abbé de l'Épée se hâte d'ajouter avec ingénuité *que les arguments étaient communiqués d'avance.* L'abbé de l'Épée employait beaucoup le latin, *même avec ceux de ses élèves qui ne l'entendaient pas.*

« Nous devons le dire sans détour, il est connu que les élèves de l'abbé de l'Épée ne pouvaient d'eux-mêmes exprimer une de leurs pensées, rendre compte d'une de leurs actions dans une phrase de leur composition. Le respectable instituteur s'était persuadé qu'un semblable résultat était absolument impossible à obtenir : prévention bien extraordinaire, sans doute, quand il nous entretient lui-même à diverses reprises des travaux de

Saboureux de Fontenay, et des conversations qu'il avait avec cet élève de Pereire. »

J'arrête ici mes citations, par respect pour la mémoire d'un homme qui fut réellement le bienfaiteur des sourds et muets, en ce qu'il consacra sa fortune à les secourir, sa vie à demander pour eux des asiles. Il eût mieux fait sans doute de préconiser la méthode qui a produit Saboureux, que d'inventer son projet de langue universelle à l'usage, ou pour parler plus juste, au détriment des sourds et muets; mais si la charité est aveugle comme la foi, elle n'en est pas moins respectable.

Et maintenant quels progrès a faits cette langue des *signes naturels assujettis à une méthode,* en passant des mains de l'inventeur dans celle de Sicard et de ses succeseurs? Des progrès fort douteux, si l'on s'en rapporte à l'opinion de de Gerando qui commence son examen de cette méthode dans les termes suivants : « De toutes les questions qui restent à résoudre relativemeut à l'art d'instruire les sourds et muets, celles qui sont encore les plus controversées, et dont la solution paraît la plus *difficile* et la plus *délicate,* sont celles qui concernent la fonction qui, dans cet art, peut être assignée aux signes mimiques. » La question me semble moins *difficile* à résoudre en prenant Pereire pour guide, que *délicate* en s'obstinant à suivre les inventeurs de la méthode empirique ; et l'opinion de de Gerando lui-même suffit à la résoudre. « Ce langage des signes offre à sa naissance autant de dialectes que d'individus qui l'emploient. Lorsqu'il devient commun à plusieurs sourds et muets, il prend un caractère conventionnel, et chaque communauté de sourds-muets a son dialecte distinct. Il est quelquefois arbitraire ; il est quelquefois variable ; il est souvent indéterminé, il est ordinairement plus propre à frapper l'imagination qu'à éclairer l'esprit. Ce dictionnaire du sourd-muet sera très-pauvre, il ne peut avoir plus de signes qu'il n'a acquis de connaissances. Il sera peu analytique, la pensée n'y est pas décomposée en éléments : une extrême ambiguité doit donc rester empreinte dans la nomenclature mimique. La pantomime ne peut avoir ni la délicatesse, ni la richesse du dessin.

« Vouloir *peindre fidèlement aux yeux* toutes les productions de la pensée humaine, d'une manière satisfaisante pour les besoin d'une instruction sérieuse, c'est entreprendre au-delà de la puissance de l'art. Ce langage mimique, institué lui-même par le sourd-muet et qu'il apporte avant son instruction, est extrêmement pauvre. Il ne peut en effet s'étendre au-delà du cercle très-étroit des idées que le sourd-muet a pu acquérir. On a imaginé de compléter ce l'angage ; de là ce double ordre de signes artificiels auxquels l'abbé de l'Épée a donné le nom de *signes méthodiques*. Ce langage

pour lequel on revendique le titre de langue naturelle et universelle, on ne s'en est point servi jusqu'à ce jour pour moyen de commercer avec ses
semblables, on n'y a guère cherché qu'un intermédiaire qui, placé entre les idées de l'esprit et les
mots de nos langues, pût leur servir de lien. Mais
d'abord, cette interposition est-elle nécessaire ?
Mais pourquoi cette interposition serait-elle plus nécessaire au sourd-muet qu'à l'enfant ordinaire ? Nous
concevons ce système lorsqu'il s'agit de tirer parti
des signes mimiques dont le sourd-muet est déjà
pourvu ; mais cette idée est radicalement fausse
dès qu'on veut l'appliquer à un nouvel ordre de
signes mimiques donnés au sourd-muet pendant
le cours de son éducation. Il ne faut pas l'oublier, les
signes du langage mimique ne peuvent jamais peindre qu'un objet déjà connu ; ils ne peuvent par eux-
mêmes étendre les connaissances. L'utilité des signes méthodiques, comme flambeau d'intuition, di-
minue dans la même proportion que l'imitation
dont ils portent l'empreinte, devient moins rigoureuse ; leurs inconvénients croissent dans une proportion semblable, et l'on ne saurait s'arrêter dans
cette route dès qu'on y est engagé une fois. *Dès
qu'ils ne dispensent point d'une véritable explication, ils deviennent, relativement à l'enseignement
logique de la langue, ce que le débit est à l'orateur.*

« Si nous consultons l'expérience et le témoigna-

ge des faits, si nous prenons le langage des signes
méthodiques tel qu'il existe dans les *exemples* qui
nous sont connus, nous sommes forcé de convenir que nous y rencontrons bien rarement ces
expressions qui se font comprendre de tous à la
simple vue, sans hésitation, dans toute leur valeur.
Nous-même qui visitons chaque jour les classes où
les signes méthodiques servent de moyen d'enseignement, avons-nous appris, je ne dirai pas à en
exécuter quelques-uns, mais à deviner leur signification quand nous en sommes témoins? Cette pantomime, dont l'expression devrait être si vraie, et
l'interprétation si naturelle, *qu'elle réclamait le titre
d'universelle,* n'est-elle pas une véritable énigme
pour tous ceux qui n'en ont pas fait une étude assi-
due?

« Ne voyons-nous pas des instituteurs de sourds-
muets accoutumés à converser avec ces infortunés,
lorsqu'ils arrivent dans un institut où *règnent les
signes méthodiques,* être condamnés eux-mêmes à
un noviciat de plusieurs mois, pour obtenir la clé
de ce langage. Il y a plus, et dans les divers instituts où ce langage est adopté, ce ne sont point les
mêmes signes qui sont en usage; les élèves et les
maîtres, appartenant à des instituts différents, qui
viennent à se rencontrer, ne peuvent, *avec les signes seuls,* s'entendre les uns les autres. *C'est ce
dont nous avons eu occasion de nous convaincre*

par nous-même à différentes reprises. Enfin, ces *signes méthodiques* ont-ils, même pour les sourds et muets instruits avec leurs secours, une valeur pleinement assurée, toujours égale? Qu'on en juge.

« Un passage d'un auteur français, renfermant un trait d'histoire facile à décrire fut remis à l'un de nos répétiteurs de sourds-muets des plus habiles. Traduit par celui-ci à six élèves choisis parmi les plus instruits, lesquels furent alors invités à restituer, dans un discours écrit, le texte qui leur avait été dicté en signes, aucune de ces versions n'est conforme aux autres; aucune d'elle n'est entièrement conforme au texte français; *il n'en est aucune qui ne renferme quelque contre-sens.* La vérité est ici notre but; la franchise est pour nous un devoir impérieux dans un travail que l'intérêt de l'humanité a commandé. J'avouerai donc que, pour ma part, depuis plus de treize ans que j'ai l'honneur de siéger dans l'administration de l'Institut royal des sourds-muets, je ne suis point encore parvenu à comprendre un seul discours de nos élèves dans le langage mimique. »

Mais de Gerando va encore plus loin, s'il se peut, dans la confession de la vérité quand il conclut ainsi :

« Cette langue des signes méthodiques, simplifiée par la réduction, telle qu'elle a été inventée par les abbés de l'Épée et Sicard, et réellement

employée par eux ; cette langue, qui est l'essence,
le pivot de leur méthode, tant exaltée par les uns,
tant critiquée par les autres ; cette langue, *dont le
mérite doit décider du reste de leur méthode*, nous
ne la découvrons, nous ne la possédons pas encore ;
l'abbé de L'Épée ne nous en a donné aucun exemple ; l'abbé Sicard nous donne une chose toute dif-
férente ; l'un et l'autre se contentent de nous dire
qu'elle se forme dans la pratique, par la réduction
et l'ellipse des descriptions pantomimiques. »

Ainsi, de l'aveu de Sicard, la langue des signes
méthodiques n'a jamais existé que dans l'imagination de son vénérable inventeur, et, de l'aveu de
de Gerando, la langue des signes méthodiques ou
non méthodique n'a jamais existé.

Mais du moins, cette langue pourra-t-elle jamais
exister ?

Si ce problême pouvait être résolu, il l'eût été
par Bebian, le plus capable et le plus consciencieux
des hommes qui travaillèrent à sa solution. Mais
c'est pure utopie, et en voici les principales raisons :

Le signe, de sa nature, est absolu.

Le nom est relatif et modifiable indéfiniment.

Chaque signe a d'autant moins d'extension qu'il
a plus de compréhension.

Chaque mot a d'autant plus d'extension qu'il a
moins de compréhension.

La langue des signes, indéfinie en principe, est

limitée à un certain nombre de signes consentis,
et ne peut rien faire comprendre au-delà du sens de
ce petit nombre de signes consentis.

La langue des mots est limitée, mais avec le nombre de mots actuellement connus dans chaque langue, chacun peut exprimer et faire comprendre,
non-seulement toutes les idées acquises à l'esprit
humain , mais encore toutes les idées à venir.

Avec les signes consentis, on ne peut exprimer
que des idées consenties, on ne peut rien communiquer, rien apprendre de neuf.

Avec les mots, un homme peut s'initier seul à
toutes les découvertes de l'espèce humaine, et en
grossir le lumineux faisceau.

La langue des signes est une langue d'initiés,
une langue stationnaire.

La langue des mots est la langue du progrès.

Qu'importe donc que le mot soit prononcé,
gravé, imprimé, dessiné en l'air par la dactylologie, ou par un télégraphe ou encore porté à cent
lieues par un courant électrique? Le mot est et demeure l'expression fidèle, incessamment mobile de
la pensée mobile comme lui ; le mot, c'est l'esprit,
et, dans son acception vivante , c'est la parole.

Voilà pourquoi Pereire voulait que ses élèves
parlassent, ou du moins pensassent avec des mots
et non avec des signes ;

Voilà pourquoi il repoussait le langage des signes

gestifs, bien qu'il accordât au geste un si grand rôle dans l'éducation ;

Voilà pourquoi il a su donner à ses élèves une compréhension si sûre des inflexions de la figure humaine, que quand l'abbé Sicard est venu demander communication de la méthode de Pereire à mademoiselle Marois, cette noble fille lui répondit avec courage : Vous êtes le dernier homme auquel je remettrais le dépôt que mon maître m'a confié.

L'abbé de l'Épée, Sicard, de Gerando, nous ont dit leur opinion sur le langage mimique imposé aux sourds et muets dans nos écoles ; le raisonnement nous conduit à le juger comme eux ; mais l'expérience ne le condamne pas moins.

En premier lieu, les sourds et muets, à quelque catégorie qu'ils appartiennent, cessent absolument de parler et presque tous d'émettre des sons du moment qu'on les initie aux conventions mimiques de l'école ; il en résulte que les organes de la parole et de la respiration s'atrophient, que la bouche meurt dans l'inertie, et prend une attitude immobile, que les voies aériennes se dessèchent, et qu'après avoir été passifs de toutes les maladies accidentelles de ces voies, le plus grand nombre des sourds et muets de nos écoles meurent de phtysie laryngienne ou pulmonaire : infaillible résultat de l'usage d'une langue plus naturelle que la parole. Cette observation, confirmée par une longue expérience, est de Gall.

La suivante est de moi : plus le sourd et muet devient habile dans le langage des signes plus il devient incapable des fonctions actives que demande la société aux individus.

Ce résultat physiologique était facile à prévoir. En créant des fonctions factices et anormales aux organes moteurs, on devait s'attendre à les voir perdre peu à peu de leur aptitude aux fonctions mécaniques desquelles la majeure partie des hommes tirent leur existence.

Ainsi donc, le langage des signes méthodiques, en le supposant aussi naturel qu'il l'est peu, aussi universel qu'il ne l'est pas, aussi clair qu'il est obscur, ne conduirait encore ses malheureux adeptes qu'à cette double fin, l'incapacité de vivre du travail de leurs mains et la phtisie.

Cependant, les sectateurs des signes méthodiques ont tous fini par exprimer sur l'enseignement de la parole aux sourds et muets quelques opinions qui les constituent en flagrant délit d'infidélité envers leur utopie.

Ainsi, l'abbé de l'Épée, après avoir exposé l'idée sur laquelle devait reposer sa langue universelle, consacre un chapitre de son *Institution* au *moyen unique de rendre totalement les sourds et muets à la société*. Et, selon lui, l'unique moyen de les rendre totalement à la société est de leur apprendre à entendre des yeux et à s'exprimer de vive voix.

Après sa *Théorie des signes,* Sicard, lui aussi, publia, en 1819, *l'Art de parler.* Il déclara, dans l'avant-propos : « Le sourd et muet n'est totalement rendu à la société que lorsqu'on lui a appris à s'exprimer de vive voix et à lire la parole dans le mouvement des lèvres. Ce n'est qu'alors seulement, ajoute-t-il, que l'on peut dire que son éducation est entièrement achevée. »

Puis, en 1834, le Conseil d'administration de l'Ecole des signes de Paris décrète que les élèves devront parler.

Mais un arbre ne peut porter que ses propres fruits.

Le promoteur des signes méthodiques eut quelques élèves qui récitèrent et répondirent par oui et non ; mais il n'eut jamais la satisfaction de les entendre parler.

L'auteur de la théorie des signes ne put jamais montrer dans ses prestigieuses représentations qu'un seul sourd de naissance parlant, et cet enfant avait été entièrement élevé dans sa famille.

Le Conseil supérieur de l'Institut royal ne fut pas plus obéi par les maîtres que par les élèves.

Enfin Itard, mon illustre maître, avait fondé dans ce même Institut royal une classe de perfectionnement où les élèves les plus avancés cesseraient d'user des signes et apprendraient à parler ; mais les élèves du cours fondé par Itard continuent à se servir des signes, et peuvent-ils parler ?...

Non.

Pas plus que les élèves de l'abbé de l'Epée et de Sicard, et pas plus que ceux qui ont passé depuis trente ans dans l'Institut royal ; ils sont condamnés au mutisme :

1° Parce que l'usage de la pantomime exclue celui de la parole et donne aux sourds et muets une répugnance invincible pour l'exercice de cette fonction.

2° Parce que le principe de l'utopie mimique préoccupe toutes les têtes dans les écoles des signes.

3° Parce que le petit nombre de professeurs qui enseignent la parole sincèrement, c'est-à-dire avec la conviction que cet enseignement est bon, n'ont pas la plus légère notion de la fonction qu'ils prétendent mettre en jeu dans leurs élèves, et se bornent, comme Bonnet, Amman et l'abbé de l'Épée, à faire imiter les mouvements de l'articulation.

4° Parce que les élèves qui ont appris l'articulation artificielle, et qui n'ont aucune connaissance de l'émission des sons de la voix, ni de leur mesure, ni de l'accent de la parole humaine, cessent bientôt de parler quand ils voient la pitié que leur mutisme inspirait se changer en dégoût.

5° Parce que Sicard, dans le dépit que lui causa l'impossibilité d'égaler Pereire, a pris le sourd et muet, sourd du chef de son infirmité, muet du chef des instituteurs qui ne lui ont pas enseigné la parole, et en a fait un SOURD-MUET. De deux infirmités, dont l'une est le fait de la nature, l'autre le fait des hommes, Sicard en a fait une seule et irremédiable infirmité à laquelle il a imposé le nom de *surdi-mutité*.

Et voilà, en un seul mot, le fait qui pèse sur nos écoles et opprime toute la théorie de l'enseignement. On a menti en niant la méthode de Pereire, et le mensonge a conduit à ce crime de faire des sourds de naissance, des sourds-muets, c'est-à-dire des sourds aussi irrévocablement muets qu'ils sont irrévocablement sourds.

Telle est l'histoire déplorable de l'enseignement de la parole aux sourds et muets depuis Jacob-Rodrigues Pereire.

On voit que cette question du langage que l'on enseignera aux sourds et muets n'est pas seulement importante en elle-même; elle décide réellement de l'avenir des sourds et muets.

Arrivons maintenant à l'examen de la méthode pédagogique.

Les sourds et muets habitués à revêtir leur pensée des formes mimiques, ne penseront pas plus avec des mots que les écoliers ne pensent en grec, car le français sera pour eux langue morte, et toute étude en français leur sera une traduction pénible. Voilà pourquoi les élèves de nos instituts ont besoin de livres courts, écrits pour eux (livres qui, pour le

dire en passant, n'existent pas encore); voilà pourquoi, après cinq ans d'études, le plus grand nombre d'entre eux ne comprend rien à la lecture des
traités les plus vulgaires sur lesquels ses maîtres ne
lui ont pas fait faire de *versions* en signes. Que si,
au contraire, le sourd et muet se sert usuellement
d'une langue phonétique quelconque, il pensera
dans cette langue, lira dans cette langue sous quelque forme qu'il l'emploie ou quelle se présente à
lui : parole, lecture, écriture, dactylologie, tous
ces instruments de perception et d'expression de
la pensée lui seront familiers; il aura la possibilité
de tout apprendre par la lecture.

Au contraire, à part quelques rares et brillantes
exceptions, les élèves instruits par les signes méthodiques ne sont jamais capables de continuer eux-
mêmes leur développement intellectuel; tandis que
ceux qui ont en main l'instrument commun de la
pensée, la parole sous toutes ses formes sensibles,
peuvent s'initier et s'initient en effet d'eux-mêmes
à tous les progrès de la race humaine.

Le savant Lecat avait déjà remarqué la précision
des procédés pédagiques employés par Pereire. L'habileté avec laquelle le premier instituteur des sourds
et muets identifiait dans l'esprit de ses élèves les
choses avec leur nom, n'avait pas échappé à sa sagacité, et le fameux chapitre IV de *l'Institution* de
l'abbé de l'Epée n'est qu'un calque grossier du pro-

cédé que Lecat rapporte avoir vu employer par Pereire. Ce dernier demandait à la vérité *douze ou quinze mois pour instruire ses élèves dans cette première partie de son art,* et pour le reste de l'éducation plusieurs années. Ce temps consacré à l'étude paraissait trop long à l'abbé de l'Epée, qui ne donnait que deux leçons par semaine à ses élèves ; mais la nature, moins impatiente, accorde plus de quinze mois aux enfants ordinaires pour ce travail d'appellations, et Pereire y réussissait en quinze mois, ce que Lecat appelle un résultat prodigieux, un chef-d'œuvre de sagacité.

C'est cette division de l'enseignement en deux parties, l'une d'appellation des objets, l'autre de grammaire et de logique générale, que M. Recoing a suivie dans l'éducation de son fils avec l'aide du syllabaire dactylologique et de la parole.

Une fois le nom imposé aux choses, tous les rapports intellectuels deviennent possibles entre l'élève et le maître, ou les personnes qui s'intéressent à son avancement.

Est-ce à dire que Pereire, content de ce résultat préalable, abandonnait ensuite ses élèves au hasard des méthodes d'enseignements usitées dans les écoles ordinaires ? Nullement ; ici encore la question si spéciale en apparence de l'éducation des sourds et muets s'élargissait sous l'ampleur de son regard. Saboureux va nous mettre sur la voie de cette seconde partie de la méthode de Pereire.

« Conformément à la manière dont un enfant apprend le français, M. Pereire me trouvant âgé de treize ans presque accomplis, s'est attaché d'abord à me donner la connaissance des mots d'un usage presque journalier et des phrases fort communes, telles que, par exemple :

Ouvrez la fenêtre.

Fermez la fenêtre.

Ouvrez la porte.

Fermez la porte.

Allumez le feu.

Couvrez le feu.

Apportez la bûche.

Dressez la table.

Donnez-moi du pain, etc.

« Puis, me voyant suffisamment instruit en fait de dialogues d'un usage habituel, il a évité de faire les gesticulations devant moi. En même temps qu'il me parlait par les doigts, à l'aide de l'alphabet manuel à l'espagnole, qu'il avait augmenté et perfectionné. C'était pour me mieux accoutumer au langage, me faire perdre efficacement l'habitude de causer par signes à ma manière, pour me mieux exercer à entendre les phrases familières, me faire tenir prêt à exécuter toutes choses conformément au sens que présentait à mon esprit le langage dont on se servait pour exprimer ce qu'on voulait me commander, à répondre tout seul aux questions aisées et difficiles, à produire de moi-même les pensées. A cet effet, il m'obligeait de lui raconter ce qui s'était passé journellement, à lui rapporter ce qui s'était dit, à causer, à converser, à raisonner, à disputer avec lui ou avec d'autres sur toutes choses d'un usage habituel qui nous venaient dans l'esprit, à écrire des lettres de ma façon à quelques personnes de ma connaissance, à répondre aux lettres que l'on m'écrivait, etc. Par ce moyen, je suis parvenu à connaître d'une manière sensible et habituelle la valeur des pronoms, conjugaisons, adverbes, prépositions, conjonctions, dont M. Pereire m'a ensuite donné bon nombre d'exemples frappants sur le modèle desquels il m'a obligé d'en produire d'autres de ma façon.

« Me trouvant suffisamment avancé dans cette sorte de langage d'un usage habituel au bout de six mois, M. Pereire m'a enseigné en second lieu à conjuguer les verbes, puis à décliner les pronoms et enfin à construire des phrases et à exprimer grammaticalement, et d'une façon et d'une autre tout ce qu'il fallait dire, raconter, etc.

« Si on prise bien ces réflexions, on sentira que pour instruire superficiellement un sourd et muet il suffit de lui donner l'intelligence des noms des choses visibles et d'un usage habituel, tels que sont les aliments, les habillemens ordinaires, les parties, meubles et immeubles d'une maison ; d'appliquer

son esprit sur les actions passées sous ses yeux , et
de lui expliquer les dialogues d'un usage journalier. Le reste de l'instruction n'est pas aisé et coûte
trop de contention d'esprit : je veux dire par le
reste de l'instruction, l'art d'enseigner à comprendre
comme il faut la valeur des mots contenus dans
toutes les parties du discours, à s'en servir à propos, à composer conformément aux règles grammaticales et au génie particulier de la langue, à
saisir l'intelligence des matières et à exprimer de
mille manières différentes un même fonds d'idées,
de pensées, de réflexions, de raisonnements. Je
vous apprendrai, mademoiselle, que l'explication
exacte et nette des termes intellectuels, abstraits et
généraux, est une des parties de l'instruction la plus
difficile et capable de rebuter et le maître et l'élève ;
elle oblige le maître à chercher dans ce qui se passe
journellement en ce monde les circonstances propres à faire parvenir son élève à l'intelligence de ces
idées. Je choisirai les exemples du mot *faute* pour
vous faire comprendre cela.

« Quand l'élève sait ce que c'est que *faute,* on lui
dira que la *faute* contre Dieu s'appelle *péché ;* que la
faute contre la société se nomme *crime ;* que l'on
appelle *péché originel* la *faute* d'Adam, dont on voit
la même punition exercée sur sa postérité ; que la
punition des *fautes* ordinaires s'appelle ou correction, ou châtiment ; que la punition du *péché* se

nomme ou pénitence, ou damnation ; que la punition du *crime* se dit tourment, ou supplice, con-
damnation, etc. Il faut y joindre nombre d'exemples
pour mieux développer l'intelligence ou la raison
de l'élève.

« Arrivé à ce point, et ayant pour but d'entrer plus
avant dans l'intelligence des façons de parler figu-
rées et sublimes que l'usage consacre à la religion,
de m'en faire sentir les raisons et l'application
comme il faut, M. Pereire a porté son attention à tirer des exemples assez sensibles de ce qui se passe
à chaque instant dans l'esprit pour me faire comprendre les idées intellectuelles exprimées en mots
et en phrases : par exemple, pour exprimer le mot
justice, parce que j'avais vu supplicier des crimi-
nels, on m'a fait remarquer que si on ne conduisait
à la mort un assassin qui avait tué un homme, il
aurait tué tous les hommes ; c'est pourquoi, en le
condamnant à la mort, on lui a ôté le pouvoir de
faire du mal à personne, et aussi, pour rendre tout
le monde bon. La *justice,* a-t-on ajouté, était cette
faculté de punir les méchants, de récompenser les
bons, d'empêcher tout le monde de faire du mal, et
de le porter à faire du bien. Les circonstances dans
lesquelles j'étais placé quand on m'a parlé de la
justice ont achevé de me faire bien saisir le mot *justice.*

« Pour s'assurer de mon intelligence du langage,

il m'a obligé de lui expliquer les leçons en d'autres termes ; il m'a excité à lui faire bien hardiment des questions à mon tour ; il m'a fait faire avec lui, et avec des personnes de notre connaissance, des réflexions, méditations, conférences sur la religion ; il a pris plaisir à disputer avec moi. M. Pereire et mon oncle se sont amusés à me mener voir des expériences de physique, des cabinets de curiosités, etc., à rendre visite dans différentes maisons et à promener à la campagne. Leur principale vue a été de m'accoutumer à répondre juste aux questions de la compagnie, à entendre le français ordinaire, et de me faire connaître d'une façon sensible l'usage du monde. J'ai profité bien fréquemment de mes loisirs pour aller tout seul dans les maisons où je savais que l'on s'amusait, par amitié, à causer, à converser avec moi, à m'entretenir, à m'instruire de toutes choses d'un usage habituel, de manière que j'ai appris la signification de beaucoup de termes que ne me montraient ni M. Pereire ni mon oncle, et le sens de bien des phrases dont ils ne se servaient pas. J'ai reconnu depuis que c'était là le principal but de M. Pereire et de mon oncle, qui voulaient me rendre intelligible le langage, qu'ils reconnaissaient pour un excellent maître, et me faire sentir la force des termes relativement aux impressions, aux circonstances et aux personnes.

» Dans les compagnies, j'ai commencé à prendre les façons de parler figurément, de l'élégance des termes, de la délicatesse des expressions, de la finesse des tours, des ornements du discours, etc... Depuis que j'ai quitté M. Pereire et mon oncle, j'ai perfectionné cette idée par la lecture des ouvrages d'un style sublime et relevé. En dernier lieu, me trouvant suffisamment avancé dans la connaissance de la grammaire, de la doctrine chrétienne et de la Bible, vers la quatrième année de mon instruction, M. le duc de Chaulnes, mon parrain et protecteur, qui, pendant les trois premières années de mon instruction, m'avait déjà fait subir des examens sur mes connaissances, et avait déjà pris plaisir à me donner des conseils, m'a fait l'honneur de me commander des ouvrages suivis de ma façon. Alors, M. Pereire et mon oncle m'ont fait composer des cahiers sur des matières qu'ils avaient choisies pour me les donner à traiter ; ils m'ont fait remarquer des fautes de français et quelques erreurs dans les cahiers, et me les ont fait corriger. C'est de cette manière que, grâce au Créateur des esprits et de tous les hommes, je suis parvenu à entendre aisément le français, et à m'énoncer avec facilité en écrivant. Sur la fin de la cinquième année de mon instruction, j'ai quitté M. Pereire et mon oncle. »

Dans tout ce qu'il dit sur la manière dont il a été instruit par Pereire, aidé de son oncle Lesparat,

Saboureux réserve constamment la question de méthode qui ne lui appartenait pas. Cependant, il ressort de son récit qu'en suivant cette méthode, la première phase de l'enseignement, qui durait quinze mois plus ou moins, selon l'intelligence des sujets, et qui n'avait pas duré un an pour Saboureux, « mettait le sourd et muet en état de comprendre tous les phénomènes sensibles et usuels, de faire verbalement de courtes réponses, et de rendre compte à soi-même ou aux autres des faits dont il a été témoin. »

Ce premier degré d'enseignement, cet enseignement primaire du sourd et muet, comme on dirait aujourd'hui, étant acquis, il était loisible de pousser son éducation aussi loin que celle de tous les autres enfants. « Ce n'est point à la dactylologie, remarque l'abbé de l'Épée, que les disciples de Pereire sont redevables des connaissanses qu'ils ont acquises, c'est à leurs lectures. » Les élèves de Pereire devenaient donccapables de lire et de s'instruire eux-mêmes, après quinze mois au plus d'instruction, tandis que ceux de l'abbé de l'Épée et de ses successeurs « instruits par la voie de signes méthodiques, ont, selon de Gérando, t. 2, p. 561, un éloignement marqué pour le genre d'études qui se fait dans les livres. »

Le second degré de l'enseignement chez Pereire n'offre donc rien de remarquable, sinon qu'il était devenu aussi accessible aux sourds et muets qu'il l'est pour les enfants ordinaires. Mais n'est-ce rien?... ou plutôt n'est-ce pas là le chef-d'œuvre de l'art, de réparer l'incapacité attachée à une irremédiable infirmité?

Jusqu'ici j'ai à peine trouvé la place d'indiquer un puissant levier d'éducation auquel Pereire a eu recours pour développer l'intelligence de ses élèves ; je veux parler du soin qu'il mettait à développer leur sens, particulièrement leur regard et leur tact. Ayant conçu l'identité de fonction des modes perceptifs, cet homme profond n'eut pas de peine à déduire de ce principe les avantages qu'il retirerait d'un plus grand développement donné aux perceptions de la vue et du toucher en l'absence de celles de l'ouïe. C'est pourquoi, non-seulement il développa les fonctions de la vue dans le but de faire percevoir plus sûrement toutes les modifications qu'apporte la prononciation dans les organes de la parole ; non-seulement il développa le tact dans le but de faire percevoir les vibrations de la voix, à défaut de la sonorité, mais encore il étendit le perfectionnement physiologique de ces deux sens (précieux intermédiaire de l'intelligence, sentinelles vigilantes, mais sans consigne souvent); à tous les ordres de phénomènes intellectuels et moraux. Mademoiselle Marois nous a dit jusqu'à quel point Pereire avait développé en elle le sens de la vue, car il lui suffisait de regarder quelques instants une personne pour lire sa conscience sur son visage, la face d'un homme étant devenu pour elle ce qu'elle appelait *le grand livre de ce qui se passe dans le secret du cœur*. Et Pereire avait poussé l'éducation du sens du toucher encore plus loin, s'il est possible, puisque le vénérable M. Lerat de Magnitot rapporte que sa sœur et sa mère tenaient, par l'intermédiaire de ce sens, des conversations longues et suivies.

Pour les hommes qui savent la date précise des découvertes scientifiques, l'application à l'éducation des sourds et muets, de lois physiologiques qui n'existaient pas encore dans la science, a de quoi saisir d'admiration. Qu'un praticien applique de notre temps à la pédagogique générale ou particulière les lois découvertes ou démontrées par Lecat, Bichat, Müller, Leuret, il n'y a rien en cette application qui doive surprendre; que dans un traité d'éducation des idiots, j'aie été amené par la force même du problême que j'avais sous les yeux, à formuler les principes de l'éducation du système nerveux et à en déduire, pour l'application, une série de gymnastiques propres aux appareils perceptifs, c'est la moindre des conséquences que comportent les principes posés par le génie. Mais qu'un homme ait déduit par la seule justesse de son coup d'œil intellectuel, et avant que la science qui a nom physiologie du système nerveux existât, pour qu'un homme, dis-je, déduisît de son observation isolée, toutes les applications possibles de cette science qui n'existait pas, à la solution du problême qu'il étudiait, qu'il résolvait seul dans toutes ses parties, c'est ce qui sera, de l'aveu de tous les hommes compétents, la plus grande preuve de sagacité et d'imagination que Pereire ait pu donner. Son analyse de la surdité est précieuse, sa dactylologie est pleine de ressources, son mode d'enseigner aux sourds les vibrations de la voix est audacieux, mais son application à l'éducation, de la physiologie des sens qui n'existait pas et qu'il devinait, est le chef le plus fécond de son esprit créateur.

C'est dans cette application de la physiologie des sens que l'abbé Deschamps a trouvé les arguments qu'il a développés en faveur de l'éducation possible des jeunes aveugles par le tact, proposition que ne tarda pas à réaliser Haüy dans un institut national.

C'est dans cette application de la physiologie des organes phonateurs que le même abbé Deschamps a trouvé la substance de son mémoire sur le bégaiement, mémoire qui contient *in extenso* la méthode de guérir les bègues, que l'on a couronnée comme une invention toute récente.

Par cette application de la physiologie des sens à l'éducation, Pereire a ouvert la série de toutes les méthodes spéciales d'éducation, et en a posé les principes : les sourds, les aveugles, les bègues, les idiots même lui sont redevables de la première application rationnelle du principe physiologique à l'aide duquel on peut les élever, les guérir ou les soulager : initiative bien autrement féconde que la découverte d'une langue naturelle des signes.

Nous sommes maintenant en état de réunir les moyens dont Pereire se servait pour réussir dans l'œuvre que l'on considérait avant lui comme impossible :

1° Un diagnostic différentiel de la surdité et des affections avec lesquelles on peut la confondre ;

2° Une division physiologique des diverses espèces de surdité ;

3° Une application, judicieusement limitée aux premiers rapports entre le maître et l'élève des *signes* institués par le sourd et muet avant qu'on ait essayé de l'instruire ;

4° Une application très-étendue de la mimique générale, à l'éducation des sourds de naissance dans la mesure vraie où la mimique exprime les affections de l'âme, commente et complète les expressions du langage reçu ;

5° Un syllabaire dactylologique servant tout ensemble de moyen de communication, de procédé artificiel pour faire articuler et de procédé mnémotechnique pour aider à l'émission de la parole spontanée ;

6° Une bonne théorie de l'articulation de la langue française pour l'enseignement de la prononciation et pour celui de la lecture sur les lèvres ;

7° La substitution du tact à l'audition pour la perception des vibrations de la parole humaine, à l'usage des sourds complètement privés de la perception des sons ;

8° L'enseignement des intonations et même des accents par les attitudes, la mesure et les mouvements propulseurs de la voix ;

9° Des gymnastiques propres à développer l'audition chez les sujets qui perçoivent encore, avec les bruits, quelques sons de la voix humaine ;

10° Des gymnastiques spéciales de la vue et du tact dirigées dans le but de faire percevoir par ces deux sens tous les phénomènes physiques destinés à être perçus par l'ouïe dans l'individu normal ;

11° Un enseignement limité aux besoins vulgaires, pour la classe la plus nombreuse et la plus pauvre : enseignement qui s'accomplissait en moins de quinze mois ;

12° Un enseignement également supérieur, dans l'ordre intellectuel et dans l'ordre moral, pour les enfants de la classe aisée qui peuvent dépenser de quatre à cinq ans à s'instruire : moitié moins de ce que nous passons dans les colléges.

Tels étaient les puissants leviers d'éducation que Pereire avait su se créer ; tels étaient les éléments de sa méthode ; voyons maintenant comment il les employait.

Quand Pereire était consulté pour un enfant sourd et muet, et avant de se charger de son éducation, son premier soin était de s'assurer si l'enfant qu'on lui présentait rentrait bien réellement dans la catégorie des pauvres délaissés qu'il accueillait chez lui. Dans les instituts de sourds et muets on a senti le besoin de confier ce travail préparatoire à des médecins, preuve certaine que ce besoin était une nécessité ; autrement dit, que les instituteurs des sourds et muets n'avaient pas, n'ont pas encore les capacités requises pour l'accomplir.

Pereire recherchait ensuite à quelle classe de sourds il avait affaire. C'était véritablement en cette recherche que commençait l'application positive de sa méthode. Dans cet ordre d'investigation, il dut à la fois créer les procédés mécaniques, la théorie et la pratique de ces expériences délicates pour lesquelles les médecins otologistes sont aujourd'hui entourés d'instruments parfaits.

Après avoir distingué la surdité, qui a pour conséquence principale le mutisme, des autres affections qui retranchent l'enfant de la société ; après avoir placé son sujet dans une des catégories de la surdité que sa perspicacité avait découvertes, Pereire procédait aux prolégomènes de l'éducation.

Pour cela, il entrait en communication avec son

nouvel élève à l'aide des gestes dont celui-ci avait l'habitude d'user dans sa famille ; par ce moyen, le maître prenait possession de son élève, notant ses aptitudes, enregistrant ses connaissances, ses idées acquises et ses dispositions morales.

Pereire ne tardait pas à enseigner son syllabaire dactylologique, concurremment avec l'écriture et les premiers rudiments de la parole. La concordance de ces trois modes d'expression de la pensée n'était présentée en premier lieu que comme l'expression obligée des rapports les plus nécessaires de l'enfant avec ce qui l'environnait. Son père, sa mère, le pain, le vin, les aliments, les meubles, étaient ainsi nommés et présentés sous la triple forme intellectuelle de la dactylologie, de l'écriture et de la parole. Le besoin aidant, et l'enfance a tant de besoins ! le sourd et muet retenait vite ces modes expressifs de tous ses rapports nécessaires. En étendant le cercle des besoins de l'enfant, le maître étendait aussi, à volonté et rapidement, son triple dictionnaire. En même temps les gymnastiques sensoriales se faisaient ; le demi-sourd était placé dans les circonstances les plus propres à développer la perception des sons de la voix humaine ; les sourds des deux premiers degrés étaient soumis plus particulièrement aux épreuves délicates de la perception des vibrations par le tact, et tous ensemble exerçaient leurs organes de l'articulation dans de longues séances d'imitation.

Cependant, et tandis que ce travail préparatoire s'effectuait, les élèves, loin d'être abandonnés à leur commun mustisme qui n'eût pu que s'aggraver par la contagion de l'exemple, vivaient en rapport constant avec Pereire, avec sa famille et avec quelques savants visiteurs qui applaudissaient à leurs efforts en les secondant. Il n'y avait là, ni classe murée à la bienveillance saine et éclairée, ni représentations offertes à la curiosité des ignorants désœuvrés : rien ne se faisait pour la montre, tout avait pour objet l'avancement des élèves. Aussi, sous les regards vigilants ou intéressés des Lecat, des Rousseau, des Buffon, des duc de Chaulnes, des comte de Saint-Florentin, des Diderot, des Necker, etc., il n'y avait pas un petit prodige destiné à faire oublier ses infortunés condisciples; on voyait au contraire tous les enfants confiés à Pereire se développer à la fois.

Après six, dix ou quinze mois, au plus, le sourd et muet était prêt à entrer dans l'instruction ordinaire sur le même pied que les enfants ordinaires. S'il n'entendait pas mieux, il lisait la parole sur les lèvres; il parlait et écrivait d'ailleurs, et si ces deux modes d'expression de sa pensée ne présentaient pas encore en lui les caractères de la perfection, si sa voix était encore voilée, peu accentuée, etc., il avait en revanche, comme complément de son langage, la dactylologie, qui lui servait ensemble de troisième langue et de rappel mnémotechnique de l'articulation.

Aidé de ces trois instruments d'expression, parfaitement identiques au fond, le sourd et muet s'avançait avec fermeté sur le terrain difficile de l'éducation.

Ici, sans modifier, que nous sachions, le programme de l'instruction officielle du temps, Pereire s'appuyait sur deux grandes lois qui n'en font qu'une, et qui sont à elles seules la pierre angulaire de toutes nos connaissances : Pereire ne présentait jamais à ses élèves une seule idée sans la définir par son contraste, sans la préciser par ses analogues. J'ai cité les modèles que rapporte Saboureux de cet excellent mode d'exposition des idées.

Mais le sourd et muet, habitué à identifier les trois modes d'expression de sa pensée, la parole, la dactylogie et l'écriture, ne tardait pas à s'élancer hors de cette région de l'enseignement où il reste purement passif. Stimulé par la parole des personnes qui ne lui parlent que dans le but de l'instruire, stimulé par sa curiosité à suivre la pensée fixée dans les livres, ce qui lui est plus facile que la lecture sur les lèvres, l'enfant sort de la maison de Pereire, va, vient, interroge, regarde, comprend, entre en rapport avec tout ce qui est esprit. Pereire l'a laissé faire, l'a laissé aller ; mais il le saisit au retour de ces excursions, et lui demande : Qu'as-tu vu? qui as-tu interrogé, qu'as-tu appris? C'est alors que le sourd et muet, obligé de réfléchir sur ses actes et sur ses pensées, apprend à employer les mots et les règles qu'il a vu employer dans les circonstances analogues à celles où il se trouve. C'est alors que l'élève devient écrivain, orateur, professeur de sourds et muets. Son éducation est terminée.

Pereire lui a appris par-dessus tout à vivre, c'est-à-dire à produire et à échanger d'égal à égal avec tous les hommes, des choses, des idées, des sentiments. Tous les élèves de Pereire arrivaient à ce but d'une éducation bien faite.

Et pourtant cette méthode fut délaissée... Parce qu'elle était secrète, dit-on? Mais on peut juger maintenant à quoi se réduit le mystère dont l'inventeur paraissait couvrir son œuvre. Pereire a dit, en réalité, tout ce que l'on peut théoriquement dire sur sa méthode. S'il n'a pas enseigné la manière dont il s'y prenait, ce que j'appellerais presque le tour de main de sa pratique, c'est que cette chose ne se transmet pas verbalement, et ne peut se communiquer que de praticien à praticien. Tout homme instruit comprendra la méthode de Pereire ; tout professeur de sourds et muets, qui aura du zèle, devra retrouver cette partie pratique de l'art.

Sans doute, la nationalité de Pereire influa sur

le sort de sa méthode ; et Palissot avait raison de
dire que si Pereire n'eût pas été juif, il aurait reçu
un accueil plus empressé. Mais d'autres causes se
réunirent à celle-là pour le faire oublier.

Ainsi je ne fais nul doute que le plus actif ennemi
de Pereire ne fut l'esprit qui soufflait de la bouche
de l'abbé de Condillac : pour détrôner Dieu, le sensualisme pouvait bien sacrifier un juif. Malheureusement, l'abbé de l'Épée ne vit pas qu'on se servait
de lui et de son langage naturel pour nier la doctrine chrétienne : il eût certes détesté ses admirateurs s'il avait connu le prix du concours qu'ils lui
apportaient, et il eût rendu les armes à Pereire,
comme les avait rendues le R. P. Vanin, si la grandeur de son apostolat ne lui avait pas fait illusion
sur la misère de son utopie.

A l'active charité de l'abbé de l'Épée succéda la
remuante activité de son élève, qui se dit tour-à-
tour abbé Sicard, citoyen Sicard, monte en chaire,
parle, écrit, organise des exhibitions d'élèves, et va
même jusqu'à diriger des représentations de théâ-
tre (1).

Le nom de Pereire fut donc tu, sa méthode niée ;
tous les instituteurs des sourds et muets par les si-

(1) On sait que la pièce de Bouilly sur l'abbé de l'Épée, fut
écrite à l'instigation de Sicard.

gnes, acceptèrent de Sicard le mot d'ordre d'ignorer le nom et l'œuvre de Pereire.

Cependant, le progrès de l'esprit humain ne pouvait être complètement arrêté par ces écoles de mutisme. Des pères renonçaient, pour leurs enfants, à l'enseignement des signes naturels, et les instruisaient par la méthode physiologique, avec des succès proportionnés à leurs lumières.

Quelques rares professeurs français protestaient contre les tendances de l'école officielle, mais sans oser prononcer le nom défendu.

J'ai dans les mains des lettres de la plupart des instituteurs de sourds et muets de France ; presque aucun d'eux ne répond à mes questions sur Pereire ; un seul exprime le regret de ne pas connaître sa méthode, dont il a pu apprécier la supériorité par les résultats.

Toutefois, malgré la propagande de l'école empirique, le nom et la méthode de Pereire ont pénétré en Europe.

Bjornstein a traduit les Mémoires de Pereire et les rapports de Buffon ; d'où il est résulté qu'en Russie, en Suède, en Danemarck et en Allemagne, on a suivi plus ou moins la méthode physiologique.

C'est à MM. Guyot, de Groningue, qu'est due l'initiative des progrès les plus récents. Ils ont abandonné l'emploi des signes, appelé la parole, institué un enseignement général, utile, professionnel. Ils ont fait rentrer l'enseignement dans la voie physiologique ; et, à leur suite, l'Allemagne, le Nord tout entier sont en progrès sur nous.

En Italie, M. le professeur Pecchioli, de Pise, supprime également les signes, enseigne la parole, la petite dactylologie et l'écriture, comme moyens de communication intellectuelle.

En Espagne, Hernandez a repris la tradition de l'art né en Espagne, et que les succès factices de l'école empirique avaient fait rétrograder ; il continue la tradition de P. Ponce et de J.-R. Pereire.

La France presque seule reste sous le poids de l'utopie qui s'appelle la langue des signes naturels.

Comment sortirons-nous de cette fiction décevante, où le sourd et muet s'atrophie, où la charité se consume en vains efforts ? En appelant la bonne foi au secours de la science et la philantropie.

Il y a deux moyens de sortir de cette position où l'honneur et l'humanité souffrent également :

Le premier est indiqué par Pereire, il est dans sa méthode, dans le principe développé en 1763 ; le second est dans notre loyauté.

Le premier moyen est complexe, il consiste en ceci.

Dans tous les cas où un enfant paraît atteint de surdité, on doit avoir recours à un des otologistes qui se sont partagé la science et l'autorité d'Itard, MM. Ménières, Hubert-Valleroux, Deleau en France.

Ce sont eux qui, suppléant à l'incapacité absolue des rivaux de Pereire en matière de diagnostic différentiel, sont seuls capables de porter un jugement sérieux sur l'état d'un enfant. Cette science, l'otologie, que Pereire a, l'on peut dire, ouverte, car il n'y en avait pas de trace avant sa division de la surdité, cette science peut encore rendre quelques services dans tous les cas où la surdité est le résultat d'un vice de la constitution générale. Le médecin peut alors, dans le premier âge, et il ne le pourrait pas plus tard, modifier la constitution générale du sujet, réagir contre l'occlusion des voies auditives, raviver la sensibilité décroissante des organes de l'ouïe, etc. Le succès de ces tentatives est variable, mais il doit être tenté.

L'otologiste ne négligera pas d'ailleurs de conseiller à la famille l'emploi de toutes les gymnastiques auditives propres à surexciter l'organe qui se meurt : Pereire faisait ainsi.

Mais le plus beau rôle dans ce traitement, en quelque sorte préventif, est sans contredit celui de la mère. Pereire lui a tracé la route que son amour doit suivre pour arriver jusqu'au cœur de son enfant. C'est sur le sein de sa mère que le sourd et muet peut et doit apprendre à parler, et à recueillir la parole sur les lèvres qui le caressent. Cette idée au lieu d'être ce qu'elle est, une immense découverte, n'offrirait au praticien qu'une impossibilité,

cette idée n'en resterait pas moins le trait le plus
touchant d'une âme exquise, le tableau le plus tris-
tement vrai d'une réalité désespérante : celui d'une
mère, pressant son fils dans ses bras, cherchant
à faire arriver jusqu'à son âme, avec les battements
de son cœur, la voix de son amour! Mais le pauvre
sourd et muet n'a pas entendu, et les bras de la mère
tombent désespérés avec ses larmes.... Reprenez
courage, femme, la science vient à votre secours,
en marchant sur vos traces.

Elle vous dit, Pereire vous dit de ne pas abandonner votre enfant à des mercenaires, à son infirmité; tenez-le long-temps et toujours sur votre sein;
que les mouvements de vos lèvres frappent ses yeux,
que les soulèvements et les vibrations de votre poitrine frappent la sienne et se communiquent à ses
poumons. Dans cette attitude, nommez-lui avec les
mouvements de vos lèvres les objets qu'il désire et
que vous lui présentez, accentuez votre parole par
le geste, soutenez-en l'émission avec la mesure, et
votre fils imitera tout ce qu'il a vu et senti, la parole sortira de son mutisme.

Si cette éducation première est bien faite, et elle
le serait si l'on n'apprenait pas aux femmes tout ce
dont elles auront besoin à la place de ce dont elles
n'ont que faire; si cette éducation première était
bien conduite, le sourd et muet entrerait dans nos
écoles comme et avec les autres enfants, *capa-*

ble, selon l'expression de Pereire, *d'apprendre et de pratiquer quelque art ou quelque science que ce soit, si l'on en excepte seulement, à l'égard de la pratique, les choses pour lesquelles l'ouïe est indispensablement nécessaire.*

Mais admettons que la mère besogneuse ou plus occupée de bals et de concerts que de son enfant, ait négligé de lui donner le premier enseignement. C'était le cas où s'étaient trouvés tous les élèves de Pereire, à sept, à treize, à seize ans même, quand on les lui confiait. Que faire alors ?...

Alors il y a une chose très-simple à faire, et dont l'exemple, imité de Pereire, se trouve à notre porte. Dans la principauté de Wurtemberg tous les instituteurs primaires sont tenus de savoir enseigner les sourds et muets. Demandons moins ; demandons qu'une dactylologie, qu'un syllabaire dactylologique soit adopté, que son exercice soit obligatoire pour les hommes qui s'occupent d'éducation, et qu'il soit substitué, dans toutes les écoles, à l'alphabet manuel des deux mains qui sert aux écoliers français. Il ne faut pas trois jours pour apprendre une dactylologie de quatre-vingt ou de cent signes, il ne faut pas un mois à des doigts d'écolier pour y exceller, et dans un mois on aura fait une révolution. Les sourds et muets pourront tous entrer dans nos écoles de haut et de bas enseignement, ils y trouveront des frères, des maîtres avec lesquels ils parleront une langue, qui ne sera point universelle, il est vrai, mais qui est la langue commune à trente-quatre millions d'hommes, la langue des chefs-d'œuvre de l'esprit moderne.

Une fois le sourd et muet admis dans nos écoles, ou dans quelques écoles choisies à cet effet, sera-t-il difficile de lui apprendre à parler?... Si Pereire l'a pu, d'autres le peuvent. En suivant sa méthode, on aura des maîtres chargés de faire percevoir les vibrations de la voix par le tact, ce qui doit s'exécuter individuellement; tandis que d'autres maîtres, dans les exercices collectifs leur feront exécuter les mouvements de l'articulation, le geste modérateur et renforcateur de la voix, la mesure : cet exercice se fera par groupes de sujets qui manœuvreront ainsi comme des soldats. Ces manœuvres gymnastiques plaisent à l'enfance, stimulent son ardeur, centuplent ses moyens naturels. J'en ai donné, je crois, un des premiers exemples, en faisant exécuter des gymnastiques de parole et de coordination des mouvements à quatre-vingt-dix idiots et épileptiques, dans le service que j'ai organisé, par ordre du ministre de l'intérieur, à Bicêtre pour ces infortunés.

Ce que j'ai pu faire faire à des idiots, ce que Pereire a fait exécuter à des sourds et muets de treize et de seize ans même, doit être facile pour de jeunes sujets placés de bonne heure dans des conditions favorables. Je ne dis pas que c'est l'affaire d'un *maître à lire ordinaire* ou qu'un *commissionnaire* y suffira; mais un homme de moyenne portée intellectuelle et de grande bonne volonté y réussirait.

Dès que le sourd et muet commencera à lire ainsi sur les lèvres et à coordonner avec son articulation, sa voix, ses gestes et sa mesure, fiez-vous au besoin d'expansion qui projette l'enfance hors d'elle-même, fiez-vous aux excitations de la curiosité, de la camaraderie, de la passion; ayez même quelque confiance dans l'enseignement des classes, où le sourd suivra aussi bien, et plus attentivement, la leçon que ses camarades, et vous aurez à douze, à quinze, à dix-huit ans, de jeunes sourds-parlants capables de vivre commé tout le monde : et j'entends par vivre, je le répète, la faculté d'échanger d'égal à égal ses sentiments, ses idées, ses produits.

Voilà ce que faisait Pereire, et ce que n'ont pas fait ses rivaux et ses successeurs.

Voilà ce que voulait Pereire, mais il sentait que les temps, les écoles, les institutions n'étaient pas mûres pour appliquer cette méthode; et, dans cette conviction, il gardait cette méthode en héritage à ses enfants, comme un inestimable joyau dont la monture n'était encore ni fondue ni ciselée.

Mais il ne suffit pas de retrouver la véritable méthode, la méthode physiologique d'instruire les sourds et muets, pour pouvoir l'appliquer. Comme un malheureux artiste qui aurait essayé de copier et de produire sous son nom quelque chef-d'œuvre ignoré, serait réduit à enfouir ce trésor de l'art pour échapper à la honte de sa fraude, de même ceux qui ont grossièrement imité l'art de Pereire sont condamnés à nier sa méthode, et ne pourraient la reconnaître aujourd'hui sans avoir fait préalablement, au nom de leurs maîtres à eux, une amende honorable au nom et à l'œuvre qui ont été enfouis par les pseudo-inventeurs.

Aussi, est-ce en vain que Buffon a prononcé.

Aussi, est-ce en vain que de Gerando a reconnu que les résultats obtenus par Pereire étaient supérieurs à ceux des maîtres qui ont voulu faire oublier le nom et l'œuvre de l'inventeur.

Aussi, malgré les plus honorables et les plus graves suffrages, le syllabaire de **M.** Recoing n'a pu être introduit dans l'Institut royal des sourds et muets, parce qu'il y eût été une protestation de tous les instants contre la théorie des signes, en faveur de la dactylologie de Pereire.

Aussi, bien que l'on en soit réduit à dire : « Nous reviendrons toujours, en fait de sourds-parlants, aux élèves du fameux Pereire, c'est à retrouver son secret et à en étendre l'usage que consiste en définitive le progrès de l'éducation dans nos écoles (1); » bien que l'on reconnaisse la nécessité de faire parler les sourds, et, bien qu'on avoue l'impossibilité où

(1) Paris, tome 2, page 139; 1817, par Esquiros.

l'on est de faire mieux et autrement que Pereire, on n'en continue pas moins à se servir des signes et à nier les principes posés par Pereire.

Il ne suffit donc pas de connaître le bien pour le réaliser, il faut l'aimer et le confesser. Il ne suffit donc pas de savoir que Pereire usait d'un syllabaire dactylologique facile à reconstituer, d'une théorie positive du tact facile à appliquer à l'audition, d'une méthode de coordination des gestes et de la mesure avec la voix, méthode qui s'est perpétuée depuis Pereire dans le traitement des bègues ; il ne suffit donc pas de reconstruire l'enseignement de Pereire tout entier pour le faire appliquer ; il faut reconnaître et honorer celui qui a conçu, institué et pratiqué pendant une existence de quarante-six ans ce précieux enseignement : c'est là le dernier, et je dirai presque l'unique moyen de rentrer dans la voie de l'enseignement physiologique.

Donc la première, l'essentielle condition de régénération des sourds et muets, est de reconnaître que leur premier instituteur en France fut Jacob-Rodrigues Pereire.

La première, l'essentielle condition de progrès dans cette voie de charité où l'intelligence de l'abbé de l'Épée égara son cœur, est de mettre le principe de l'éducation physiologique à la place de la manière empirique.

La première, l'essentielle condition d'avenir pour

la classe si nombreuse et si malheureuse des sourds et muets, est de poser sur le même piédestal dans l'Institut royal des sourds et muets de Paris :

JACOB-RODRIGUES PEREIRE, premier instituteur des sourds et muets en France. 1734 — 1780.	CHARLES-MICHEL DE L'ÉPÉE, premier directeur de l'Institut national des sourds et muets. 1771 — 1789.

Cette réparation étant faite au droit et à l'histoire, la science, dégagée du poids d'un odieux mensonge, reprendra son essor, le progrès se continuera, et la promesse solennelle que Pereire faisait à l'Académie des Sciences, en 1749, sera accomplie :

Les sourds de naissance parleront et deviendront aussi capables que les autres hommes de tout ce qui ne dépendra point de l'ouie. — Il n'y aura plus de sourds-muets, il y aura des sourds-parlants.

FIN.

TABLE DES MATIÈRES,

DEUXIÈME PARTIE.

Analyse raisonnée de la méthode de Pereire.

FIN DE LA TABLE.